D1705085

Michel e Colette Collard-Gambiez

Un uomo che chiamano CLOCHARD

Quando l'escluso diventa l'eletto

EDIZIONI LAVORO / ESPERIENZE / MACONDO LIBRI

© copyright 1998
Librairie Arthème Fayard

© copyright 1999
Edizioni Lavoro Roma
Via Lancisi 25

titolo originale: *Quand l'exclu devient l'élu*
traduzione di Mario Bertin e Roberto Cincotta

copertina di Rinaldo Cutini
in copertina: foto di Attilio Cristini

composizione: Typeface, Cerveteri (Roma)
finito di stampare nel novembre 1999
dalla tipolitografia Sograte
Città di Castello (Pg)

Un uomo che chiamano
CLOCHARD

Alle donne e agli uomini
la cui vita è raccontata in questo libro
tenerezza e gratitudine

Alle donne e agli uomini
che ci hanno aiutato in modi diversi
a portare a termine quest'opera,
in particolare a Isabelle D.,
il nostro più profondo ringraziamento

La vera solitudine è quando guardi un fiore meraviglioso e non puoi dire: «Guarda com'è bello». Questa è la vera solitudine. Non poter condividere questa bellezza con qualcuno.

Gino, un uomo che vive sulla strada

Introduzione

Le società occidentali sembrano sempre più sensibili alle questioni essenziali riguardanti l'uomo e, allo stesso tempo, sempre più preoccupate per la condizione di persone e gruppi che subiscono processi di esclusione o che vivono in situazioni di grande precarietà. Molti pensano addirittura che la lotta contro la miseria costituisca la sfida prioritaria per la pace e il vero progresso dell'umanità. Si tratta di un'acquisizione della coscienza sociale contemporanea, anche se persistono forze che alimentano i riflessi di autodifesa e di rigetto di tutto ciò che si presenta come una minaccia al nostro benessere. Il compito appare comunque immenso. La miseria, infatti, che a noi incute paura come la morte, nonostante i numerosi provvedimenti legislativi e le innumerevoli e ripetute iniziative concrete, invece di diminuire, aumenta.

Molte sono le voci, generose e intelligenti, che si levano da più parti allo scopo di far meglio comprendere e di alleviare la sofferenza dei poveri, in particolare di quelli che si trovano in uno stato di completo abbandono: i senzacasa. Era necessario, allora, aggiungere a quelle voci la nostra? Siamo stati indecisi a lungo, anche se avevamo il desiderio di condividere con altri ciò che andavamo scoprendo nel corso delle nostre peregrinazioni. Amici, parenti e altre persone che venivano a conoscere la nostra esperienza, ci hanno poco a poco convinto dell'importanza di comunicare quello che abbiamo ricevuto in tanti anni di vita condivisa con le persone che vivono sulla strada.

Scopo di questo libro è innanzitutto offrire una testimonianza d'un mondo che, pur essendoci in qualche misura familiare, resta tuttavia un mondo strano ed estraneo: il mondo dei mendicanti, degli erranti, dei senza lavoro, dei senzacasa, degli esclusi dai rapporti sociali, che sempre più spesso incrociamo nelle strade delle nostre città, che talora si erigono d'improvviso davanti a noi supplichevoli, come per fermare la nostra folle corsa e ricondurci alla ragione. Portare una testimonianza di questo mondo per farlo comprendere, per invitare le istituzioni e gli attori politici e sociali a trovare il tempo di ascoltare, con l'aiuto di coloro che operano sul campo, allo scopo di adottare provvedimenti e intraprendere azioni che favoriscano una vera partecipazione dei più poveri alla vita sociale. Infine, per convincere ciascuno di noi, ovunque ci troviamo, a non assuefarci alla povertà e a lottare contro le sue manifestazioni intollerabili con un comportamento e un impegno rinnovati.

Le persone alla deriva ci incutono paura e ci fanno provare vergogna. Provocano in noi il desiderio di soccorrerle e, allo stesso tempo, l'istinto di giudicarle, di disprezzarle, di sottrarci e di fuggire. Talvolta preferiamo non sapere, non vedere... Chi di noi, davanti alla miseria, non si è sorpreso a distogliere lo sguardo o ad abbassare gli occhi? O a cercare di dimenticare? A meno che non abbiamo già deciso che le vittime della miseria sono personalmente responsabili della loro sorte o che – senza peraltro aver chiesto la loro opinione – sono felici della scelta fatta. I facili pregiudizi sono duri a morire! Ma vi è di più: spesso noi provochiamo l'esclusione senza neanche accorgercene. Il povero, non lo vediamo. Non ci manca. Oppure, non lo consideriamo un essere umano come noi, con la nostra stessa sensibilità, i nostri desideri, i nostri sentimenti. Ma ci siamo mai chiesti, per esempio, da quanto tempo questo o quel mendicante davanti al quale passiamo ogni giorno non bacia un bambino, o telefona a qualcuno, o fa un regalo? Da quanto tempo non stringe una mano?... La nostra mano?

Mondo strano e sconosciuto quello della miseria. Al punto che «scendere fino in fondo alla scala sociale nel proprio paese rappresenta un viaggio più lungo che andare dall'altra parte del pianeta a incontrare persone della medesima condizione sociale. Per molti versi, la comunicazione è più facile tra privilegiati appartenenti a culture diverse o a sistemi politici opposti, che tra persone colte e persone non istruite dello stesso paese».[1] Quante volte ce lo siamo detto! Per esempio, a Parigi, mentre «risalivamo» gli Champs Élysées nel pullman che ci portava a Nanterre, con i finestrini opacizzati che non lasciano vedere «i poveri che non si devono vedere», come un'indecente escrescenza del corpo sociale! Paradossale contrasto delle nostre società, nelle quali, in uno spazio geografico ristretto, vivono gomito a gomito e si ignorano i grandi ricchi e i miserabili.

Il mondo dei poverissimi è un mondo nascosto, sotterraneo, straziato e vergognoso, pauroso e allo stesso tempo violento, emarginato e indesiderabile. È un mondo di uomini consapevoli dei propri fallimenti, disgustati di sé fino alla disperazione. Ma è anche un mondo che sprizza vita; che desidera la tenerezza; che moltiplica le richieste di aiuto per venirne fuori; avido più di ogni altra cosa – perché ne avverte crudelmente la mancanza – di stima, di rispetto, di riconoscimento. La miseria che tutti incontriamo qua o là ci colpisce sulle prime come un pugno, uno shock, uno scandalo. Il mondo dei poverissimi è un mondo di una sof-

[1] A. de Vos van Steenwijk, *La Provocation sous-prolétarienne*, Éditions Science et Service, Parigi 1972, p. 87.

ferenza abissale. Come capita per ogni sofferenza, esso ci sfugge. La miseria non la sceglie nessuno. Tra i senzacasa ce ne sono alcuni il cui tracollo è recente; altri, non avendo mai potuto stabilirsi da qualche parte, vivono nell'erranza da mesi, se non da anni.

La maggior parte di loro è vittima di un'incessante destrutturazione. Conoscono una crisi dietro l'altra, continui fallimenti e ricominciamenti. La loro vita è una somma di privazioni, dotate di un effetto moltiplicatore: sono spesso privi di istruzione, anche quella più elementare, schiavi dell'ignoranza, sprovvisti di relazioni solide e durevoli, di coesione familiare, di legami di solidarietà e di vicinanza. A loro sono stati sottratti lo spazio, la natura, il bello. In compenso non sono stati loro lesinati l'inquinamento e il rumore, lo squallore e l'insignificanza, le tensioni e la violenza, l'umiliazione e la vergogna. Privati della possibilità di un vero riposo, vivono sempre con i nervi a pezzi e in preda all'angoscia. La miseria è l'indigenza trasmessa di generazione in generazione. Essa distrugge l'umanità dell'uomo, distrugge la sua crescita, le sue potenzialità. Ne atrofizza l'intelligenza, ne spegne le capacità affettive. Genera la perdita di fiducia in se stessi, il sentimento di inutilità e di colpevolezza.

Abbiamo cercato di ascoltare la voce dei poveri. Voce soffocata, impercettibile dentro vite troppo agitate. Voce spezzata, appena udibile, in senso proprio e in senso figurato. Abbiamo visto sguardi tristi e trasognati, sguardi assenti e rassegnati, fronti piegate. Ma anche quante canzoni abbiamo udito, canticchiate o cantate a squarciagola, per vincere il torpore e la soggezione alla sofferenza! Quanta luce e quanta dolcezza abbiamo visto negli sguardi, al di là della tenebra più cupa! Come se nell'oscurità e nel silenzio della loro notte fossero racchiusi tutta la luminosità e tutto il canto del mondo. Canto e luce proclamanti che «tutti noi siamo innanzitutto esseri umani», come tengono a sottolineare e a rivendicare loro stessi, testimoniando forse una luce proveniente da altrove, quella del Risorto, che, nonostante tante buie apparenze e tante ingiustizie, irradia l'intero universo.

Scriviamo per condividere, per comunicare, per incoraggiare la riflessione e la ricerca. Modestamente, ma con passione e tenerezza. Scrivere significa far nascere, offrire una promessa, un avvenire, far sentire una voce nuova. Queste pagine sono ispirate da un solo desiderio e da una sola preoccupazione: imparare a fare silenzio, a guardare, ad ascoltare il lamento lacerante di coloro che sono abbandonati sul ciglio della strada. Fare silenzio prima di tutto davanti al male e alla sofferenza altrui. Osare accogliere fino al fondo di sé lo sguardo dell'uomo che soffre. Quante volte ci vengono poste domande che nascono da preoccupazione e zelo. Si cercano soluzioni che abbiano carattere di ricette oppure si formulano giudizi ispirati da preconcetti, che cadono come mannaie e troncano il respiro. Perché tutto questo bisogno di agitarsi, di giudicare, di giustificarsi? O di affrettarsi a «fare qualcosa»?

Pur comprendendo che simili atteggiamenti manifestano una buona disposizione, perché la miseria chiede in risposta un'azione solidale, quest'ultima deve però sempre fondarsi sull'ascolto attento e delicato di coloro ai quali vogliamo portare aiuto. Perché nel mondo dei poveri ci si deve sempre muovere con il massimo rispetto e la più grande umiltà.

Noi vorremmo invitare ad un atteggiamento contemplativo. Non c'è comunione senza contemplazione, senza un profondo raccoglimento in se stessi, senza un rispettoso riconoscimento della diversità dell'altro, senza riconciliazione, infine, con la propria povertà. Bisogna tacere per lasciar esistere l'altro; per – oseremmo quasi dire – lasciarci aggredire dall'altro. Non si potrà fare nulla di buono per l'uomo ferito se prima non si stabilisce la calma dentro di sé. Stare interiormente in ginocchio davanti a chi soffre. E, nello stesso tempo, ringraziare e benedire perché questa sofferenza può renderci tutti più umili e dunque più umani. La sofferenza di un uomo ferisce l'intera umanità e la rende più vulnerabile, nel momento stesso in cui l'invita alla tenerezza, all'attenzione affettuosa e alla conversione del cuore. Lasciarci ferire dalla ferita dell'altro, ecco cosa può guarirci da ogni sentimento di superiorità e renderci davvero fratelli. Sullo stesso piano. A pieno titolo. Accogliere, fino ad esserne catturati, lo sguardo bello di un uomo e di una donna, che si mostra dietro un volto sfigurato. Ritrovare l'intimità degli amici. Non siamo forse tutti noi esseri umani, alla costante ricerca, al di là delle nostre possibilità di successo, di stima e di affetto? «Che cosa ci resta? Che cosa resta quando non resta nulla? Questo resta: l'appello ad essere umani verso gli umani, che tra noi rimanga il "tra noi" che ci fa essere uomini. [...] Tutto, anche il divino, di cui gli uomini hanno vagheggiato, si riassume in questo: che siamo gli uni per gli altri questa tenerezza primordiale».[2]

Questo libro descrive anche un itinerario originale e, per alcuni versi, straordinario. Narra la storia di una vita assieme a persone in stato di erranza, nella condivisione delle loro condizioni di sopravvivenza o, per essere più precisi, di «sottovivenza». Cammino che si ispira al Vangelo e disseminato d'echi francescani. Nel settembre 1983 io, Michel, e altri due frati francescani, Agnello[3] e Paul, ci sentimmo interiormente spinti a far rivivere nel nostro tempo,

[2] Maurice Bellet, *Incipit ou le Commencement*, DDB, Parigi 1992, pp. 8 e 20.

[3] L'interessato ha preferito essere indicato con uno pseudonimo.

attraverso le nostre persone, alcuni motivi del canto di Francesco d'Assisi, come quelli che si leggono nel capitolo IX della Prima regola: «Tutti i frati cerchino di seguire l'umiltà e la povertà del Signore nostro Gesù Cristo, e si ricordino che nient'altro ci è consentito di avere, di tutto il mondo, come dice l'apostolo, se non il cibo e le vesti e di questi ci dobbiamo accontentare. E devono essere lieti quando vivono tra persone di poco conto e disprezzate, tra poveri e deboli, tra infermi e lebbrosi e tra mendicanti lungo la strada. E quando sarà necessario, vadano per l'elemosina».[4]

Leggendo questo e altri testi, ci siamo lasciati trasportare dal loro vigore e dalla loro attualità. Constatando, infatti, che le nostre società opulente erano lungi dall'aver eliminato la miseria al loro interno, ci è parso che fosse ancora possibile, e che avesse un senso, imboccare il cammino che ci portava verso i poveri delle nostre città, per unire ai loro i nostri passi, per legarci a loro con un vincolo di fraternità e per cercare, assieme ad ogni uomo, la pace. Abbiamo scelto deliberatamente di partire senza denaro, senza alcuna risorsa, con l'unica volontà di unirci a quelli che erano finiti sulla strada per condividere la loro vita, per diventare presso di loro una presenza umana positiva e spezzarne così l'esclusione e l'isolamento. Seguire i poveri e restare tra loro ai confini dell'umanità, questa era la nostra intenzione. Non per cambiare le loro condizioni di vita. Altri lo fanno, ed è indispensabile. Non volevamo essere né pastori, né assistenti sociali, né militanti, ma vivere soltanto come fratelli assieme a coloro che sono coperti di vergogna e di disprezzo. Senza promuovere alcuna iniziativa, ci spingeva il solo desiderio di affermare in modo gratuito e assoluto il valore dell'Uomo, qualunque fosse il suo passato e il suo avvenire.

[4] Francesco d'Assisi, *Regola non bollata*, in *Fonti Francescane*, Edizioni Messaggero di Padova, Padova 1980, pp. 107-108.

Questa testimonianza è dunque il frutto di un'esperienza che dura ormai da quindici anni; esperienza comune dapprima di tipo religioso,[5] in seguito coniugale. Infatti, alla fine del 1989, in un centro di accoglienza per senzacasa dove faceva parte dell'équipe responsabile, io, Michel, ho conosciuto Colette. Nel corso dei nostri incontri, ci siamo scoperti molto vicini rispetto alle personali scelte di vita e mossi da una ricerca straordinariamente comune. C'è una grazia unica sui nostri rispettivi percorsi... All'inizio del 1992, Michel compì una scelta che lo portò a rinunciare al celibato, diventato per lui problematico già da un po' di tempo. L'estate dello stesso anno decidemmo di sposarci, di riceverci l'un l'altro come un dono reciproco, per vivere congiuntamente la nostra vocazione e proseguire insieme lungo i sentieri di una presenza gratuita, povera e fraterna.

«Sin dall'infanzia», rivela Colette «ero tormentata dal desiderio di donare la mia vita e, in particolare, dalla chiamata alla povertà, tante volte ripetuta nel Vangelo, e così meravigliosamente incarnata da Francesco d'Assisi. Dopo gli studi d'infermiera, e non di medicina, come avrebbe preferito la mia famiglia (prima scelta decisiva di un servizio che mi collocava in una posizione più umile), mi sono impegnata poco a poco e sempre più a favore dei poveri e assieme a loro. Sono stata responsabile di un'associazione e poi della comunità Magdala;[6] ho fatto la "visitatrice" negli istituti di pena; ho accolto regolarmente i senzatetto in casa mia eccetera. Il mio incontro con Michel e Agnello è un colpo di fulmine; resto affascinata dalla loro vocazione che incarna la mia ricerca di sempre. Chiedo di seguirli sulla strada per periodi di due settimane. Voglio sperimentare

[5] A partire dal 1985 e fino all'inizio del 1992, soltanto Agnello e io, Michel, abbiamo proseguito in questa esperienza.

[6] Per una descrizione degli obiettivi di questa comunità innovativa, si legga la *Carta* riportata nell'Appendice 1.

anch'io il "passare sull'altra sponda", l'"essere semplicemente con" (non più il "fare": organizzare, riunire, animare) per scoprirmi pienamente appagata. Quando io e Michel abbiamo preso la strada insieme, ho abbandonato ogni attività remunerativa, ho lasciato l'appartamento, ho regalato la mia R4, i miei libri, le mie cose... Senza rinnegare nulla della mia vita precedente, come un nuovo traguardo, come un rifiorire, ho smesso di continuare nella mia missione di "pastore del gregge" per mettermi invece sulle orme del "profeta", ho lasciato la vita sedentaria per quella del pellegrino. Dopo aver simboleggiato la "luce", ho scelto di diventare "lievito", discreto, impercettibile, invisibile. È questa per me l'esigenza decisiva della mia scelta, la rinuncia suprema. Prendendo la strada dell'abbassamento (così sconcertante, anche per i cristiani), ci ho "rimesso" in termini di riconoscimento sociale ed ecclesiale. Non certo in ardore evangelico, almeno lo spero».

Percorrere questo «itinerario», ormai in coppia, esposti quotidianamente all'imprevisto, poveri tra i poveri, sembrava per certi versi più rischioso. Come sarebbe stata considerata Colette, in quanto donna e in quanto moglie, in questo universo? Come diremo in queste pagine, dai nostri compagni riceviamo soprattutto rispetto, gratitudine, incoraggiamento. Senza bisogno di parole, il simbolo della coppia parla al cuore dei nostri amici perché continua a rappresentare una speranza primordiale. Non siamo però degli ingenui: nella vita di strada il pericolo è sempre possibile e una disgrazia qualsiasi può rimettere tutto in discussione... Queste brevi considerazioni lasciano intravedere altre scelte, come quella di non avere figli, anche se noi e Colette, in particolare, li amiamo molto. Oltre al fatto che è impensabile trascinare dei bambini in questa vita, con la nostra scelta, vogliamo testimoniare un'«altra fecondità», ugualmente essenziale all'interno della coppia: una fecondità di tenerezza verso tutti i feriti della vita in una grandissima disponibilità verso gli avvenimenti e verso le persone.[7]

Due precisazioni sui termini «povero» e «senzacasa». Soprattutto negli ambienti cristiani, ci sono alcuni che hanno riluttanza ad usare il termine «poveri» perché sembrerebbe volerli isolare dagli altri, qualificandoli come inferiori, come se non fossimo tutti poveri. Certamente, poveri lo siamo tutti. Ma non si tratta d'una forma di ipocrisia voler nascondere la realtà sociale e le evidenti disuguaglianze che dovremmo invece combattere? Come faremo, infatti, a prenderle seriamente in considerazione se le neghiamo? E non è falso ed ipocrita parlare di poveri usando un «noi» che designerebbe un'inesistente identità economica e socio-culturale? Quando usiamo la parola «povero», dunque, vogliamo indicare che entriamo in relazione con una persona diversa da noi. Ne va del rispetto degli stessi poveri.

Riguardo alle espressioni «senzacasa», «senza fissa dimora», «senzatetto», le parole sono quelle che sono e, alla fine, bisogna scegliere. Nel 1983, si usava prevalentemente il termine *clochard*,[8] ma si cominciava anche a percepirne la connotazione dispregiativa o, all'opposto, letteraria e folcloristica. Fecero allora apparizione le parole «senzacasa» e «senza fissa dimora». Questi termini, tuttavia, sono riduttivi. La mancanza maggiore di cui soffrono le persone delle

[7] Un giorno forse si comprenderà che in questa scelta di vita c'è un vero cammino umano ed evangelico, che può essere proposto allo stesso titolo del matrimonio che porta a fondare una famiglia, o allo stesso titolo del celibato consacrato, troppo spesso presentato ancora come l'impegno più edificante.

[8] *Clochard*, da *cloche* (campana) è colui che vive sulla strada («all'ombra del campanile») di elemosina. Il termine francese possiede una connotazione diversa dal termine italiano «barbone», con il quale viene abitualmente tradotto [*N.d.T.*].

quali stiamo parlando, infatti, non è la mancanza di un alloggio. La mancanza dell'alloggio, come la mancanza degli altri beni primari, è la conseguenza e la manifestazione di una disgrazia più profonda, dalle cause molteplici, che genera l'erranza e la deriva. Erranza fisica, certo, ma che è il riflesso di una deriva interiore ancora più vertiginosa, al punto che sono le difficoltà interiori (psicologiche e socioculturali) che portano alle difficoltà materiali, e non il contrario. Spesso reagiamo ingenuamente, convinti che per risolvere il problema dei «senzacasa», basti dare loro una casa. Vedremo come le cose siano ben più complesse.[9]

Fatta questa precisazione, non possiamo far altro che usare indistintamente i termini «senzacasa», «senzatetto», «senza fissa dimora». Qualche volta abbiamo usato anche l'espressione «i sofferenti della strada» che viene adoperata in Brasile per indicare l'erranza.

Una parola, infine, sul metodo che abbiamo seguito. Formatosi nel Movimento ATD-Quart Monde, in cui ha operato come volontario per cinque anni, Michel ha preso nota quotidianamente di ciò che vedeva e sentiva nella frequentazione dei poveri, registrando il più fedelmente possibile ciò che essi raccontavano della loro vita. Anche Colette, da parte sua, ha trascritto ogni giorno il suo vissuto. In questa operazione di trascrizione si compie una sorta di ascesi per una migliore conoscenza dei poveri. Nei loro confronti circolano idee preconcette, alle loro difficoltà vengono date risposte e sui loro comportamenti giudizi che non cessano di sconcertarci e di scandalizzarci. Un rispetto elementare nei loro confronti esige allora che ci mettiamo nella posizione di chi apprende, di chi sa di non conoscere nulla del-

[9] Consigliamo la lettura dell'eccellente studio realizzato da Médecins du monde, che analizza le cause dell'erranza e la natura del senzacasa. Uno stralcio è riportato nell'Appendice 2.

la grande povertà, di dover imparare tutto. Ecco perché è necessario prendere un foglio di carta e raccogliere fedelmente tutto ciò che si vede e si sente. Questa ascesi consente di interiorizzare il vissuto dei poveri, di farlo proprio, senza per questo pretendere di parlare e di pensare al loro posto. È ovvio che la nostra preoccupazione di far emergere alla luce questo popolo dell'ombra ci faccia attingere abbondantemente nel materiale, così denso di vita vissuta, raccolto in quindici anni di vicinanza con i senzacasa.

Il nostro racconto non seguirà un ordine rigorosamente cronologico e non si soffermerà su tutte le città dove siamo stati. Anzi. Abbiamo scelto alcuni dei momenti più significativi. Non tutti gli ambienti che abbiamo frequentato saranno citati. Nessuno se ne adombri. Per dare tuttavia un'idea, siamo andati da Bruxelles a Marsiglia, da Perpignano a Liegi, passando per Parigi, Lione, Reims, Amiens, Rouen, Tolosa, Charleville... Abbiamo praticamente condiviso tutto della vita dei senzacasa. Di notte, tutti gli *squats*,[10] talvolta sordidi, in compagnia dei topi, pieni di rifiuti, parcheggi sotterranei, centri di accoglienza invasi dai pidocchi, androni dei palazzi, entrate della metropolitana, rientranze dei negozi, treni, cantine, cantieri eccetera. Di giorno: strade, stazioni ferroviarie, centri di accoglienza e mense, parchi, gallerie commerciali, biblioteche pubbliche, atri di edifici pubblici, di ospedali eccetera.

Nelle pagine che seguono terremo presenti diverse domande che ci vengono poste abitualmente, quali:
– Come e perché ci si trova sulla strada?
– Come si può fare per «toglierli» di lì?
– Non hanno scelto loro questa vita, per lo meno alcuni? Visto che non vogliono saperne di accettare le alternative che gli vengono proposte, si presume che ci provino gusto.

[10] *Squat*: edificio abbandonato e occupato abusivamente [*N.d.T.*].

– I centri di accoglienza per la notte non registrano il tutto esaurito. E allora?
– Bisogna dar loro dei soldi quando si sa che li spendono per bere?

Essendo passati «dall'altra parte della barricata» ci permetteremo anche di rivolgerci alle associazioni che aiutano i senzacasa perché migliorino sempre di più i loro servizi. Tutte le storie che riportiamo sono accompagnate da riflessioni di ordine psicologico, sociologico e spirituale.

Riguardo alla nostra scelta di vita, ci viene mossa talvolta la seguente obiezione: «In ogni caso, non sarete mai come loro». Certo, per fortuna! Mai abbiamo voluto essere due senzacasa in più. Non abbiamo fatto la nostra scelta per «fare come» o per «giocare» a fare il povero. Rifuggiamo da ogni ambiguità. Se ci troviamo sulla strada è per vivere un incontro che sia creatore di umanità. Noi vogliamo essere artigiani di relazioni umane.

La nostra condivisione di vita con i poveri esprime l'opzione della povertà scelta come luogo privilegiato dell'incontro con il povero e non ha niente a che vedere con un mimetismo tanto grottesco quanto sterile. I poveri non sanno che farsene degli «pseudo-barboni» in mezzo a loro. Aspettano invece qualcuno che apra loro nuovi orizzonti, che sia portatore di armonia, di vedute più ampie, di aria nuova.

Se ci troviamo sulla strada è per vivere un incontro che sappia restaurare tra il povero e il mondo un legame perduto e deteriorato. Per essere un ponte tra mondi che si ignorano, si respingono, si disprezzano. Lungi dal rinchiuderci nel mondo degli esclusi, andiamo e veniamo in qualità di mediatori, desiderosi di allacciare tra i due poli della società dei fili di tenerezza che corrono sulla navetta per riannodare il tessuto sociale.

Noi ci auguriamo che la strada aperta da questo libro possa aiutare a:
– conoscere meglio l'essere profondo del povero nelle sue dimensioni fisiche, sociali, psicologiche, spirituali;
– ascoltare i suoi appelli;
– posare su di lui uno sguardo diverso, al di là delle nostre paure e dei nostri pregiudizi;
– aprire il cuore e ridare senso alle azioni offuscate dalla routine;
– avvicinarci fraternamente a lui e, in questo incontro, lasciarci trasformare.

Infine, speriamo veramente che il riferimento al Vangelo, che nutre il nostro impegno, non costituisca in alcun modo un ostacolo per coloro che non credono. Questo libro si rivolge ad ogni uomo di buona volontà che cerca la bontà e il bene per l'uomo.

Capitolo primo

Uno sguardo luminoso allieta il cuore

Proverbi, XV, 30

La parola deve venire in certi momenti, ma ciò che istruisce e che arricchisce è la presenza. È la presenza che silenziosamente agisce.

Christian Bobin

Prima di entrare nel vivo del nostro percorso, vorremmo portare il lettore verso ciò che chiamiamo «atteggiamento contemplativo», che è alla base del nostro incontro con i poveri. Per molto tempo l'interesse verso i poveri si è espresso essenzialmente attraverso azioni concrete nell'ambito dell'educazione, della formazione, dell'accesso alla sanità, al sostegno finanziario... È la dimensione socio-caritativa della lotta alla miseria. Oggi, coloro che s'impegnano a fianco dei poveri nel Terzo o nel Quarto mondo, lo fanno anche combattendo quelle strutture che generano ingiustizia, o dando vita a iniziative di sensibilizzazione, informazione e aggregazione attorno a un'identità positiva... È la dimensione politica della lotta alla miseria. È più raro, invece, incontrare persone che si accontentino di una semplice presenza, fisica, corporale, potremmo dire, oltre che spirituale (nel senso ampio e non solo religioso del termine), una presenza il cui fine ultimo non è alleviare le difficoltà materiali, ma creare relazioni umane in profondità. Si tratta di una prospettiva più mistica, più contemplativa, il che non vuol dire irreale o inconsistente, che deve trovare il suo posto nella lotta contro la miseria.

Io e Colette siamo entrambi sedotti da alcune intuizioni della vita francescana originale che privilegia l'«essere» sull'«agire». Tra le scoperte che colpirono profondamente il poverello d'Assisi, alcune sono fondamentali: l'umiltà, la povertà, la fraternità, la minorità.[1] Questi modi di essere mirano prima di tutto a una trasformazione interiore profonda e sono premesse di un nuovo «essere insieme». Instaurano infatti con il prossimo una relazione libera e gratuita: non c'è più nulla da conquistare, da difendere, da desiderare. Dentro di noi si scava uno spazio libero capace di ricevere la totalità dell'altro. La pace e la fraternità illuminano allora ogni incontro e ne costituiscono la fragranza. In tal modo, a motivarci e a mobilitarci, in una vita povera e umile, è il desiderio di diventare servitori d'umanità creando legami fraterni con tutti, in special modo con gli esclusi e gli abbandonati. Poiché la loro sorte è di essere sopraffatti da tutti, noi vogliamo avvicinarci a loro amichevolmente, senza progetti, né secondi fini, senza pretendere di dare consigli o di mettere in discussione le loro esistenze. Vogliamo solo osare con loro un incontro che non forzi né provochi nulla, ma lasci l'iniziativa all'altro, offrendo semplicemente tutta la nostra disponibilità, nella convinzione che, nonostante le barriere e i condizionamenti sociali che talvolta confinano con la ghettizzazione, sia possibile un «faccia a faccia», sia possibile rendere manifesta l'uguaglianza fondamentale della nostra comune umanità.

Poiché nella nostra società il povero è continuamente sottoposto a controlli e intimidazioni, come l'affidamento dei figli o la revoca dei sussidi, e deve sopportare rimproveri e affronti o sottostare a una molteplicità di consigli altrui, non sorprende che sia intimorito, che si defili e diffidi. E

[1] Dal latino *minor*, che significa «più piccolo di», un comparativo che indica l'azione continuativa di stare al di sotto, ciò che implica un dinamismo, un «essere in divenire» che si estende all'intera relazione, piuttosto che una situazione acquisita, come suggerirebbe invece la parola «piccolo». Ecco perché Francesco chiamava i suoi frati i «frati minori».

finisce per collocarsi dentro un contesto caratterizzato dalla «menzogna». Venendo considerato colpevole del suo stato di miseria, per ottenere comprensione e aiuto, è costretto a inventarsi delle «storie rispettabili e credibili». Capita così che, soprattutto dalle persone alle quali con maggiore insistenza i poveri si rivolgono, come i preti e i religiosi, si senta spesso esclamare: «Siamo stati imbrogliati un'altra volta». Non avrebbero invece dovuto dire: noi (un noi globale, riferito all'intera società) l'abbiamo costretto a mentire per salvaguardare un minimo di dignità? Ci troviamo di fronte a una messa in scena drammatica, in cui il mendicante, in parte per colpa nostra, arriva a credere che, per ottenere qualcosa, debba mascherare la sua miseria, e il dramma è che, a forza di ripetere questa sceneggiata, finisce col crederci lui stesso. Menzogna penosa che non fa che accrescere il nostro rifiuto del povero e inquinare il nostro rapporto con lui. Il povero è costretto a mentire per salvare la faccia e questa menzogna peggiora ancora di più la sua situazione, lo allontana dalla sua realtà, lo copre di ridicolo e finisce per irritarci, quando invece la sua richiesta esigerebbe da noi maggiore lucidità e bontà.

Non è facile instaurare un rapporto ispirato a verità e bontà durante un incontro fugace e allora dovremmo almeno prendere coscienza della superficialità della nostra reazione e intuire la verità profonda che sta dietro l'evidente menzogna. Il povero non ci ha imbrogliati, non c'imbroglia mai. Quando sembra farlo è perché questo è l'unico modo che gli rimane per ottenere aiuto. Non può confessare a se stesso e forse neanche comprendere le ragioni che l'hanno portato nel vicolo cieco in cui si trova, figuriamoci se potrebbe confessare queste ragioni a un estraneo del quale teme il giudizio e il rifiuto.

Tutto ciò mostra quanto sia importante stabilire con il povero rapporti di altro genere, in cui egli possa sperimentare che cosa vuol dire essere considerato prima di tutto come una persona degna d'amore e di rispetto. Rapporti nei quali possa scoprire una presenza ristoratrice come l'oasi nel deserto, gustare un po' di freschezza, di quiete, di silenzio, di dolcezza. Non abbiamo forse, nonostante tutto e contro tutti, la fortuna di vivere, amare, fraternizzare? Prendiamoci dunque il tempo di fermarci, di guardarci, di ascoltarci, di accogliere e di condividere la storia appassionante delle nostre vite. Un'immagine può illustrare la particolarità di questo comportamento: quando si penetra in un bosco, si può desiderare di dominarlo, di tracciarvi dei sentieri, di tagliare degli alberi. Oppure si può provare il desiderio e il bisogno di appoggiarsi semplicemente a un tronco, rallegrandosi di ciò che «è», riposarsi e rinfrescarsi alla sua ombra, guardare il sole giocare tra il fogliame. Ebbene, in mezzo ai poveri, noi vogliamo essere per loro quel tronco, oppure un raggio di sole che fora, anche solo per un istante, il grigiore e la tristezza.

Fondamentalmente, si tratta di offrire una qualità di accoglienza che non sia fatta di passività o di rinunce, che non assecondi o che giustifichi tutto, ma che si esprima invece nell'incontro dell'altro, attraverso un impegno rispettoso. Accogliere significa cogliere un dono offerto liberamente: prendo non quello che voglio, ma ciò che l'altro mi dà perché io lo condivida. È prima di tutto un lavoro che deve essere compiuto dentro di sé, una conversione dell'essere. Questo atteggiamento esige la concentrazione di tutte le energie, di tutti i sensi dell'anima e del corpo per contemplare l'Uomo, il suo volto, la sua persona, il suo mistero, e perché questo sguardo sia uno sguardo (ri)creatore. Così, la vita contemplativa non ci pone nel registro dell'azione immediata, dell'azione efficace, tangibile, ma in quello di una fecondità dai semi invisibili. Attraverso la nostra presenza, infatti, ci viene chiesto di infondere la vita e la crescita. Via stretta, esigente, in cui bisogna accettare di essere votati all'inutilità, alla sterilità. A volte per molto tempo. Tacere, essere capaci di «non fare niente». Rifiutarsi di occupare il tempo con altre cose. Tempo apparentemente perduto, ma durante il quale impariamo a trasformarci interiormente, a prepararci all'incontro nel raccoglimento dell'essere. Avere relazioni che non sembrano né significative né durature; mantenerle anche se nessuno vi viene a dire quanto sia importante che restiate là e ciò che rappresentate. Accettare di essere soli e sperduti in un mondo estraneo, custodendo nel proprio cuore il desiderio e la passione dell'incontro.

Racconta Michel: «Mi ricordo di quei primi giorni, nel 1971, in un accampamento di roulotte in cui ho vissuto quattro anni. Mi ricordo di quelle prime sere nei caffè avvolti nell'alcol e nel fumo, di quei volti grigi e segnati, di quei bambini inebetiti o addormentati nel caos, ed io, là in mezzo, maldestro, assorto, estraneo. Dopo aver fatto un primo passo per essere "dentro e con", avvertivo quanto fossi "fuori", di un altro mondo. Oppure, qualche anno più tardi, alla periferia di Liegi, quando avevo trovato un bistrot che mi affascinava e terrorizzava allo stesso tempo, tanto era una concentrazione di miseria. Mi decisi un giorno a varcarne la soglia. Seduto al bancone, mi ero fatto piccolo piccolo, timido, smarrito, e spiavo il minimo segno di gentilezza e di benevolenza. A un certo punto il padrone del locale mi fece qualche domanda e improvvisamente mi sentii "rassicurato". In quell'universo che m'impressionava ancora, anche se non ero più un novellino, cominciavo a esistere per qualcuno. Ricordo anche quel vicino di quartiere che se ne andava alla deriva, il quale mi disse in seguito come si era sentito "salvato" dal nostro incontro. Era successo così: tornando la sera dal lavoro, entravo nel bar, dove si trovava anche lui. Restavo semplicemente seduto vicino a lui, non ci dicevamo quasi nulla; mi offriva un bicchiere. Fu così per molto tempo, ed è soltanto a poco a poco che cominciò a parlare un po' di più. Questo esempio mi colpisce molto perché apparentemente non succedeva gran che, mentre quell'uomo mi disse poi che in lui stava avvenendo un cambiamento, che stava ritrovando "il piacere di vivere"».

Porsi in atteggiamento contemplativo vuol dire saper attendere. Aspettare, spiare ogni avvisaglia d'incontro, essere attenti al minimo segno, al minimo richiamo, porsi in un atteggiamento di sottomissione, come colui che chiede ospitalità. Vuol dire rendersi disponibili in qualsiasi momento, perché con i poveri non si prende appuntamento. È ora o mai più che si deve rispondere al gesto della mano che chiama in piena notte o in pieno giorno, nella festa come nello sconforto.

L'atteggiamento contemplativo deve permettere, a chi non c'è abituato, di essere accolto per quello che è, senza secondi fini, fosse anche quello di migliorarne la situazione o di trasformarlo suo malgrado, e di essere riconosciuto prima di tutto nella sua umanità, così com'è, senza condizioni. Porsi nell'atteggiamento di chi sa ascoltare tutto senza giudicare: tu rubi, picchi tua moglie, non lavori, tu vai a bere il pane dei tuoi figli, il pane che non hai nemmeno guadagnato... È tutto vero. Ma ci sono certamente delle ragioni. Senza nascondere la responsabilità delle tue azioni, ciò che ci importa, in questo momento è accogliere la tua miseria, portarla, per quanto è possibile, assieme a te, costituire una presenza che posa su di te uno sguardo d'amore, di tenerezza, di perdono. Perché tu sei un fratello. Perché è nell'ordine delle cose. Un fratello da amare, perché nessuno ti ama, perché non appari degno d'amore, neanche ai tuoi stessi occhi. Vogliamo permetterti di riformulare, attraverso i tuoi stessi fallimenti, i desideri più belli che sono sopiti al fondo di te. Qualunque cosa tu abbia detto o abbia fatto, tu sei «più» delle tue parole e dei tuoi atti. È a partire da questo «più» che desideriamo incontrarti, al di là di tutte le apparenze. Chi si vergogna di quello che è o si sente condannato dagli altri ha bisogno di affidare a qualcuno che stima quella parte di sé che nessuno conosce più, che non ha la possibilità di condividere più con nessuno. Noi vogliamo che il suo grido, le sue lotte e le sue attese trovino un terreno che le accolga, un luogo prezioso dove posarsi ed essere assorbiti. Poter raccontare la propria sofferenza a qualcuno, vederla accolta e rispettata è già un sollievo, una liberazione, talvolta una scintilla di vita in un percorso di morte.

Ciò che forse ci manca di più nel nostro incontro con il povero è una sorta di rispetto, la propensione a stimarlo veramente uguale a noi, a cogliere il nostro incontro con lui come una reciproca opportunità per un sovrappiù di umanità. Se ne fossimo capaci, potremmo diventare suoi compagni di strada, consentendogli di riconciliarsi con se stesso e con gli altri, di ritrovare, nella stima di un altro, la stima di sé. È tutto il nostro essere che glielo può trasmettere: «Far esistere», secondo la bella espressione di Jean Sulivan, vuol dire guardare e chiamare per nome. Nel Vangelo, Gesù guarisce guardando e chiamando per nome. Agire così vuol dire lottare per la vita. Malgrado e attraverso tante sofferenze e tanti fallimenti, l'uomo deve trovare quello che di fondamentalmente buono c'è in lui. Che la notte non sia totale, che arda ancora una piccola fiamma da qualche parte, che non sia tutto perduto. Poter risvegliare, fosse solo per un'ora, il desiderio e la possibilità di un'autentica tenerezza. Così come capitò con Olga. Olga si prostituiva. Un giorno disse a Michel, considerandolo forse un potenziale cliente: «Per me ormai conta solo il denaro», ma aggiunse subito dopo: «Lei mi piace molto perché posso appoggiare la testa sulla sua spalla». Nell'uso del «lei», Olga traduceva l'innocenza e il rispetto ritrovati, e forse anche un po' di verità.

Essere contemplativi nel rapporto con l'altro vuol dire anche far rivivere nella propria persona lo sguardo e l'accoglienza pacificanti del Cristo. Far scorrere attorno a sé la pace, così che ciascuno possa assaporarla. Lotta da condurre con pazienza e ostinazione per diventare un uomo, una donna, sull'esempio del Figlio dell'uomo, per il quale la vita e l'amore non si manifestano nell'efficacia dell'azione, ma piuttosto nella fecondità della presenza. Sì, essere semplicemente attraversati da una luce che viene da altrove, dal volto del Crocifisso e del Risorto, volto umile e dolce segnato da una sofferenza che ci dice in modo indicibile il Suo amore. Ecco perché contemplare non vuol dire produrre preghiera, ma diventare preghiera. Vuol dire sviluppare un modo di essere che fa sì che le cose e gli esseri siano accolti con attenzione, delicatezza, gratitudine. L'esatto contrario dell'indifferenza. Nell'episodio evangelico del ricco e del povero Lazzaro, il primo viene condannato per non aver notato il povero, pur tuttavia così vicino a lui.

Infine, come sostiene Colette quando parla della nostra vita assieme ai senzacasa, il nostro approccio può essere paragonato alle cure palliative che si prodigano in caso di malattie irreversibili. Infatti, come è indispensabile lottare contro la malattia e volerla sradicare – è il compito tradizionale della medicina –, così è fondamentale stare vicino, recare conforto e benessere, nel senso più profondo della parola, al malato che non può guarire e che si avvicina alla sua ultima tappa. Allo stesso modo, con coloro che sono molto poveri è importante moltiplicare ogni sorta di iniziative e di azioni allo scopo di offrire loro la possibilità di una crescita reale. Ma per alcuni, già da troppo tempo e troppo avanti nella loro deriva, la prima e forse unica cosa da fare è star loro molto vicini, perché non precipitino nell'abbandono estremo. Questa partecipazione molto semplice alla sofferenza dell'altro richiede che gli si stia vicino, che non lo si lasci solo. Quante storie abbiamo conosciuto di compagni che, aiutati da associazioni a farsi un avvenire diverso da quello del marciapiede, hanno finito per tornarci e ritornarci, in balia di un completo naufragio. In questo naufragio che non finisce mai, l'unica cosa che ancora si aspettano, senza peraltro riuscire ad esprimerla, è che noi non ci stanchiamo di considerarli, in ogni caso e fino all'ultimo, come persone a noi care, come persone della nostra stessa terra, della nostra stessa umanità; quell'umanità che non hanno saputo raggiungere malgrado i ripetuti tentativi. E più profondo è stato il loro fallimento, più acuto il loro sentimento di non essere che dei relitti, dei rifiuti, più noi dobbiamo restar loro vicini. Al loro lento e inesorabile «suicidio», cerchiamo di non aggiungere l'omicidio, al fallimento l'abbandono.

Dobbiamo dunque lottare perché il povero ne esca fuori, ma anche semplicemente prendere per mano colui che è troppo prostrato e non ha più le forze per alzarsi da solo. Tutte le nostre energie devono concentrarsi nello sguardo, nella stretta di mano, nell'atto di offrire la spalla, per manifestargli la bontà. Dobbiamo essere presenti al livello più basso della miseria e dell'indigenza per estirpare, con uno sguardo amoroso, l'angoscia e il senso di colpa e dichiarare insieme a Cristo: «Oggi sarai con me nel paradiso».[2] Sì, ridotto alla completa impotenza, nel momento in cui muore circondato da due banditi condannati assieme a lui, il Cristo promette tuttavia la vita eterna in sua compagnia, nel Regno in cui l'Amore infinito è sovrano. «Il volto di Dio è nel rapporto paradossale attraverso il quale Egli si è legato ai poveri nella loro debolezza come nella loro forza. Il compromesso storico di Dio con i deboli è tale che Egli è con loro quando sono vittoriosi, ma anche quando falliscono. Questa debolezza di Dio mostra più forza di quanta ne mostrerebbe se Egli si identificasse soltanto con gli uomini di successo. *Dio è vicino quando il povero resiste, e vigila al suo fianco quando, fiaccato, non rialza più la testa.* Se

[2] Vangelo secondo Luca, 23, 43.

l'oppresso si rialza, Dio non se ne attribuirà gelosamente il merito; quando l'oppresso si solleva, Egli si eclissa con discrezione. È così che rivela il suo vero volto. E se un povero, particolarmente afflitto, non ce la farà a rialzarsi perché ha rinunciato a prendere in mano il proprio destino, o perché la libertà resta ai suoi occhi inimmaginabile o ancora perché la stanchezza finisce per avere ragione di lui, anche in questo caso Dio sceglie di nascondersi, umile e debole, in questo stesso abbandono. *La forza e, allo stesso tempo, la debolezza del Dio di Gesù Cristo è di essere presente sia quando il povero si rialza che quando giace a terra».*[3]

Mettere in pratica queste considerazioni, che hanno a che vedere con l'asse portante della nostra vita, non è cosa che vada necessariamente da sé. Nella vita di tutti i giorni, scegliere la contemplazione esige, al contrario, una ascesi permanente che si traduce nel lasciare che sia l'altro a incontrarci, a trasformarci; e nel lasciarci accogliere e amare dal povero. Molto spesso invece siamo portati a evitare il povero, a respingerlo via da noi per non entrare in contatto con la sua sofferenza, che troppo disturba la nostra tranquillità.

Per queste ragioni e per resistere nel deserto della grande miseria, bisogna tornare alla fonte e da lì spingerci al largo, restando nella contemplazione del volto di Cristo e del suo amore per l'uomo. Raccoglimento dell'essere nello spirito del Vangelo che rinnova e fortifica l'impegno. Tuttavia, questa insondabile miseria non è solo deserto. A quelli che ci domandano: «Come riuscite a resistere?», rispondiamo che a rigenerarci sono gli stessi poveri e la vita condivisa con loro. Se dopo tanti anni riusciamo ad andare ancora avanti, è perché ci hanno dato da bere e da mangiare l'ac-

[3] Alain Durand, *La Cause des pauvres. Société, éthique et foi*, Cerf, Parigi 1992, p. 76. Il corsivo è nostro.

qua e il pane della vita. Se i poveri arrivassero a sfinirci, allora sì, dovremmo porci delle domande. Dovremmo chiederci se sono veramente degli amici, dei fratelli. È quando pensiamo di doverli portare sulle nostre braccia, di doverli condurre in questo o in quel luogo che ci affaticano. Ma quando essi sono i nostri ospiti, e noi i loro, è molto più «riposante».

«Dimmi a chi sei vicino, dimmi chi è il tuo prossimo, dimmi a chi ti avvicini, e ti dirò a quale Dio sei vicino!».[4]

[4] Pedro Meca, *Contrebandiers de l'espoir*, Grasset, Parigi 1997, p. 101.

Capitolo secondo

Dall'altra parte della barricata

(Parigi)

I morti non stanno tutti al cimitero. Ci sono tanti morti che camminano, che passano per la strada con gli occhi sbarrati, i loro passi non vanno da nessuna parte, la testa è vuota per essere stata troppo piena. Per loro tutto suona falso, non hanno più casa se non nei loro ricordi, sono troppo calpestati per poter risollevarsi, sono dei fuggitivi, il loro cuore è a brandelli... Ma allora, perché fanno la fila per ore intere? Sono la lunga fila di tutti quelli che aspettano che si dia loro fiducia. Aspettano che si conti su di loro per cambiare il mondo. Loro? Tutti questi «vagabondi» che a malapena si tengono in piedi tra un'assistenza e un'altra? Che si deve fare? Bisogna riaccendere la brace sotto le zolle perché la terra sia meno gelata. Bisogna tirar fuori le mani dalle tasche e non più soltanto il portafogli. Bisogna uscire di casa... L'amore non può più aspettare. È oggi che la libertà vi ferirà i piedi...

«Secours catholique»

Parigi, settembre 1982. Arrivo per alcuni giorni di ritiro[1] presso i monaci di Gerusalemme. Sin dall'uscita dal métro, ancor prima di bussare alla loro porta, mi trovo in presenza di diversi mendicanti. Già da molto tempo il mio pensiero andava a questi uomini e a queste donne che vagano nelle stazioni e nelle strade, malvestiti, sonnolenti, che rovistano tra le immondizie, coricati per terra e che ai miei occhi incarnavano, totalmente e brutalmente, tutta la miseria e la disperazione del mondo. Durante il mio soggiorno tra i monaci, incontravo ogni giorno questi mendicanti vicino alla chiesa in cui venivano celebrate le funzioni. Il loro volto e il loro destino mi perseguitavano, e alla loro vista sorgeva in me un appello pressante a scendere più in basso nella sofferenza umana. Scorgevo in loro il volto del Crocifisso. Se erano il Cristo e se volevo seguirlo, allora dovevo passare dalla loro parte, cambiare sponda. Non potevo più restare là davanti e passare oltre. In un istante sentii la mia vita vacillare. Dopo di che tutto accadde in modo naturale. Tormentato da questo appello, febbrile e gioioso, tornai nel quartiere in cui, a quell'epoca, abitavo in comunità, con la ferma intenzione di mettere in pratica ciò che avevo sentito

[1] Nei capitoli secondo, terzo e quarto (Parigi e Bruxelles), Michel riporta il suo vissuto precedente all'incontro con Colette.

e intravisto. È così che una sera mi recai a piedi in un dormitorio pubblico di Liegi che restava sempre aperto e senza sorveglianza. Arrivato in quel luogo oscuro e sinistro, salii al piano di sopra e trovai un letto libero. Mi coricai non senza apprensione. Non chiusi occhio, e all'alba andai via senza aver incontrato anima viva, nonostante sentissi russare e udissi altri rumori, non so più se reali o immaginari! Fu un primo passo, nella notte, un po' come Nicodemo che andava a trovare Gesù con il favore dell'oscurità...

Gennaio 1983. Con Agnello, compagno francescano, compio il passo decisivo. Per quattro settimane viviamo al centro di Parigi con la seguente «regola»:
– uscire senza soldi (rigorosamente senza un franco in tasca, neanche uno spicciolo per andare ai bagni pubblici!), solo con una piccola borsa contenente un po' di biancheria di ricambio, la Bibbia e gli scritti di Francesco d'Assisi;
– non andare a dormire da confratelli, parenti o amici (o solo eccezionalmente);
– seguire gli itinerari di vita e di sopravvivenza dei senzacasa per entrare in relazione amichevole e fraterna con loro;
– chiedere il cibo, cercarlo tra i rifiuti o prenderlo laddove viene offerto;
– diffondere, strada facendo, la pace;
– servire gli altri, quando se ne presenta l'occasione.

Questo mese, vissuto così, è stata la tappa più intensa, più sconvolgente e seducente della mia vita fino a oggi, come un battesimo del fuoco e dello spirito. Ho sperimentato più che mai che una delle gioie radiose della vita francescana nasce dal fatto che la conversione del cuore ha un sapore d'immediato, di concreto, di carnale e che, tra l'esperienza interiore e la sua manifestazione esteriore, c'è continuità e corrispondenza.

Prima sera del primo giorno. Sono le cinque. Agnello ed io abbiamo camminato molto. Fa freddo. Aspettiamo l'apertura della Péniche[2] prevista per le sette, incolonnati, con un buco nello stomaco. Assieme a tanti altri, non ci fanno entrare perché non c'è posto. Durante l'attesa di due ore, fisicamente assai penosa, ci dicono che minestra, pane e paté verranno distribuiti di fronte, alle otto e mezza. È l'Esercito della Salvezza che, per la prima volta dopo cinquant'anni, torna a distribuire, nelle strade in diversi punti della capitale, la «zuppa popolare». Veniamo anche a sapere che a Nanterre si può dormire dai *Bleus*.[3] In attesa della zuppa, andiamo a riscaldarci là vicino, alla Gare d'Austerlitz. Arriva l'ora. C'è poca gente stasera, almeno così sembra, una ventina di persone.

Ho sempre nella mente questa prima immagine: uomini allineati, addossati a un muretto, che mangiano e bevono fianco a fianco, senza parlare, con lo sguardo a terra. Pasto finito rapidamente. Il servizio è assicurato da simpatici volontari che salutano e stringono la mano a quelli che conoscono. Tre giovani si rivolgono a noi. Uno di loro dice: «Siete venuti per aiutare?». Poi: «È meglio essere puliti, vestiti bene... La miseria è grande, sono sei mesi che vivo così. Da solo. Alla fine prende qua (porta la mano alla testa), è meglio comunque quando si è in due». Gli chiedo come vive: «Con i miei otto anni di vita sulla strada conosco tutti i trucchi, per esempio restare nella RER[4] quando i capitreno sono compiacenti». In questo modo hanno dormito in tre nei WC riscaldati della RER. Tutti si disperdono rapidamente appena inghiottito l'ultimo boccone. Io e Agnello andiamo alla Gare du Nord per dormire un po'. Costeggiamo il lungosenna e scopriamo una bellissima No-

[2] Vecchia chiatta (*péniche* in francese significa «chiatta»), attraccata sulla Senna vicino alla Gare d'Austerlitz, usata come centro di accoglienza dall'Esercito della Salvezza (capacità: circa cento persone).

[3] Cfr. *infra* p. 55 nel capitolo terzo [*N.d.T.*].

[4] La RER (Reseau Express Régional) è la metropolitana extraurbana di Parigi [*N.d.T.*].

tre-Dame, tutta illuminata. I muri che fiancheggiano il fiume sono ricoperti d'edera, gli alberi nudi nella luce dei proiettori. Ci fermiamo. Momento di grazia, di preghiera e di raccoglimento. Il cuore trabocca di tutto quello che abbiamo vissuto, della miseria e dello smarrimento appena intravisti eppure così sconvolgenti. Quanti sono in questa grande città coloro che, smarriti ed erranti, portano da soli il fardello di tante speranze tradite? Imbocchiamo la lunghissima rue Saint-Denis, anch'essa colma di sofferenza. Qui c'è la prostituzione su grande scala, donne a decine che aspettano sulla strada. A quest'ora tarda lo spettacolo è ancora più desolante per via dei rifiuti disseminati per terra. La miseria e la disperazione trasudano ovunque. È l'ora delle tenebre. Arriviamo alla Gare du Nord e veniamo a sapere che chiude all'una.

Verso mezzanotte ci mettiamo alla ricerca di un qualche edificio aperto. A quell'epoca si poteva ancora entrare in molti stabili che non avevano codici d'accesso. Ci corichiamo sul pianerottolo di un quinto piano. Non fa caldo, tanto più che alcuni vetri sono rotti. Alle due e mezza scende un uomo e, sorpreso, ci affronta rozzamente dicendoci di andare al terzo piano, che è occupato da uffici. Siccome ci provoca e vuole sapere chi siamo, visto che non abbiamo la «faccia di chi lavora», ci spieghiamo. Ne viene fuori una conversazione in piena notte, in parte aggressiva, in parte interessata e interessante, sulla miseria, sulla felicità... e sul fatto che potremmo trovare qualcosa di meglio da fare... Incontro piuttosto sconvolgente come inizio! Alle tre e mezza, battendo i denti per il freddo, io preferisco ritornare alla stazione, sperando che sia aperta. Ma bisogna aspettare le quattro e mezza. Siamo una ventina, nel buio, gelati, appoggiati contro la porta chiusa. Nessuno parla. Una donna è seduta in un canto, completamente avvolta nel cappotto, sembra una palla. Il freddo è veramente duro da sopportare, e non crediate che ci si abitui! Appena aperta andiamo nella sala d'attesa per cercare calore e riposo. Ma il riposo sarà di breve durata. Arriva un controllore e fa uscire tutti quelli che non hanno un biglietto ferroviario. Alcuni minuti dopo, per forza di cose, molti di noi entrano di nuovo. Alle sei nuovo controllo. Stessa scena. Non c'è posto per i poveri! Agnello ed io scendiamo allora nei corridoi del métro. Seduti per terra, mangiamo un pezzo di pane raccattato in strada. La gente ci guarda. A stare per terra si sente l'umiliazione degli sguardi curiosi o di disapprovazione. Ci si sente aggrediti dai passi affrettati e rumorosi. In poco tempo, quante sensazioni che toccano il corpo e lo spirito, quante domande! Ora capisco meglio la richiesta e il grido di alcuni dei nostri compagni verso coloro che stanno bene: «Che vengano soltanto per un giorno, una notte, con noi, e vedranno cosa vuol dire, capiranno». Senza poter cogliere tutto e ancora meno senza sentire pienamente l'infinita sofferenza delle persone che sono finite sulla strada, è comunque vero che la condivisione delle loro condizioni di vita può svelarci una realtà completamente diversa e renderci più vicini a loro. Queste righe riprese nel mio diario dell'epoca, lasciano già trasparire che cos'è l'erranza, la sopravvivenza, il rifiuto, la solitudine, l'inevitabile confronto con un mondo che prosegue per la sua strada, e la rabbia che ne consegue. Senza contare la prova del freddo, della fame, della mancanza di sonno.

Comincio così a capire che significa «passare dall'altra parte della barricata». La bellezza del moto d'amore del Cristo, riportato nel prologo del Vangelo secondo Giovanni, che mi ha sempre colpito, mi appare in questo momento ancora con più forza: «E il Verbo si fece carne e venne ad abitare in mezzo a noi». E mi torna alla mente la lettera agli Ebrei laddove l'autore mostra come la salvezza che reca il Cristo sia legata alla sua solidarietà al nostro sangue e alla nostra carne.[5] Perché è proprio il mistero dell'Incarnazione che mi ha indicato la strada. Il fatto che Dio esca da Dio, che Egli si sposti per raggiungere l'uomo, per farsi uomo, carne della sua carne, e in questo modo partecipare pienamente alla sua vita. Durante il suo cammino terreno, Gesù non smette di camminare e di andare verso i margini. Si pone in mezzo ai «messi da parte» perché siano «messi al centro». Perché per lui la figura centrale dell'umanità è l'uomo schiacciato e rifiutato, l'uomo debole e abbandonato. Lo racconta l'episodio del mendicante cieco del Vangelo, cacciato dalle città, ai bordi della strada, respinto dalla folla, ma che Gesù nota e per il quale si ferma. Anche noi, dunque, dobbiamo vivere una sorta di esodo per raggiungere il povero: andare alla periferia, da quelli che non appartengono a nessun gruppo, che sono «pesi troppo pesanti», perché troppo schiacciati dalla miseria. Lasciare il proprio paese, il luogo originario per un altro paese, una terra straniera e bandita. Lasciare il proprio abito mentale, le proprie abitudini. Uscire da sé, dal proprio universo familiare, dai propri «recinti» sociali, culturali, religiosi, per volgersi verso un altro, diverso e per di più respinto e disprezzato. Questo cammino deve essere ripreso continuamente. È una lotta, perché una volta usciti, si vuole sempre rientrare! Ma questo uscire da sé verso l'altro richiede allo stesso tempo che ci si arresti, in modo da non invadere l'altro, non conquistarlo, non proiettare su di lui ogni sorta d'intenzione, oppure per soddisfare un bisogno di dominio, di appropriazione. L'Incarnazione rende Dio fragile, lo consegna nelle mani dell'uomo che vuole riceverlo oppure no, perché Egli non vuole imporsi. Se avremo questo atteggiamento nell'incontro con i poveri, anche noi diventeremo vulnerabili e dipendenti.

[5] Lettera agli Ebrei, 2, 14-18.

Capitolo terzo

«Cammino, cammino verso il mio destino, non so dove»

(Parigi)

Si pensa sempre che l'esclusione possa essere combattuta con le leggi e i decreti, con una volontà politica o con un programma sociale, ma non è così. L'esclusione è prima di tutto nelle nostre teste, nei nostri cuori, nel nostro modo di pensare. È per questo che è così difficile da cogliere e soprattutto da combattere. [...]
Se in un comune si aprisse un centro per i senzacasa, i cittadini sicuramente insorgerebbero contro il sindaco chiedendogli di non svalutare il loro quartiere. E il sindaco, che desidera essere rieletto, cederebbe alle loro ingiunzioni. Ai centri di accoglienza, sono tutti favorevoli. A condizione che si trovino nel comune accanto, lontano dalle proprie abitazioni. [...] Da che mondo è mondo si educano i bambini a soccorrere i poveri, dicendo loro: «Forse è il Cristo che viene tra noi e si nasconde sotto i loro abiti per metterci alla prova», ma da che mondo è mondo abbiamo paura degli uomini vestiti di stracci, così simili tra loro eppure così differenti, che celano non si sa quale minaccia, forse un coltello nascosto sotto gli stracci. E le porte si chiudono. E Cristo prosegue oltre.

Xavier Emmanuelli

Gennaio 1984. Sono di nuovo a Parigi, stavolta con Agnello e Paul. Non sotto i mitici ponti che fanno sognare solo chi non è costretto a trovarvi riparo, ma nei luoghi dell'estremo rifugio, destinati a coloro che sono troppo deboli per sopravvivere sotto i ponti o altrove. Questi luoghi si chiamano Nanterre e la Mie de Pain.[1] Il primo dipende dal Comune di Parigi, il secondo è nato per un'iniziativa privata alla fine del secolo scorso e all'inizio non era rivolto esclusivamente ai senzacasa.

Nanterre.[2] Sono le tre e mezza del mattino. Camminando per la città, noto in Place de la République il famigerato autobus dei *Bleus*, di cui mi hanno tanto parlato, il più delle volte con terrore. Si tratta della BAPSA (Brigata di assistenza alle persone senzacasa): è diretta da un ufficiale di polizia e i suoi agenti indossano una tuta blu, da cui il soprannome. Questa brigata è incaricata di «rastrellare» con le buone o con le cattive quelli che rovinano il paesaggio della *Ville lumière*! Gli autobus dei *Bleus* passano in diversi momenti del giorno e della notte, perlustrando la capita-

[1] Letteralmente «briciola di pane» [*N.d.T.*].

[2] Chiamato fino al 1990 «carcere di Nanterre», il che la dice lunga. Un tempo si parlava di «carceri di mendicità», luoghi in cui venivano trasferiti i vagabondi.

le. Salgo sull'autobus e, siccome non ho l'aspetto del vagabondo, i poliziotti, stupiti, mi gridano: «È per Nanterre, capito?». Mi chiedono le generalità e io, stremato, mi siedo sull'autobus in cui si trovano già una trentina di senzacasa. Alcuni sonnecchiano. L'aria è satura di fumo, è l'ora degli ultimi sorsi per svuotare le bottiglie che a Nanterre non sono ammesse! L'autobus si mette in moto; è un vecchio mezzo della RATP,[3] con i finestrini opacizzati fino a metà altezza; sembra di stare in un furgone cellulare. La guida è brusca, interrotta da frequenti fermate. Siamo letteralmente sballottati. Durante questo tragitto notturno, i *Bleus* di tanto in tanto scendono per caricare quelli che incontrano lungo la strada. Chi può fugge e si nasconde. Il percorso è fisicamente e psicologicamente snervante. L'autobus non è riscaldato. Alcuni fanno i loro bisogni vicino alla porta, e arrivano perfino a innaffiare i vicini! Nonostante siano aperti i finestrini, il puzzo di fumo, alcol, sudore, piscio ed escrementi trasuda dappertutto.

Arriviamo a Nanterre alle cinque. Consegna dei documenti d'identità. Molti non ce l'hanno. Ci danno una busta di plastica per mettere gli effetti personali. Poi, doccia obbligatoria nelle docce in comune, luogo di umiliazione e di violenza. È una baraonda, tutti gridano. Le piccole dimensioni del locale non migliorano la situazione. Nessuna comodità. Siamo tutti ammassati gli uni sugli altri, mentre cerchiamo d'impacchettare i nostri vestiti; in cambio ci viene data una tuta scura. Nessun pudore e nessuna intimità. Scopro con grande pietà tutti questi corpi disfatti, mutilati, ricoperti di piaghe, di ulcere, di croste, di pidocchi. Corpi deformi, sciancati, incurvati. Visi tumefatti, stravolti. Spersonalizzazione e umiliazione di questi poveri privati di tutto, della dignità e di quel poco che hanno. La maggior parte, in ef-

[3] Società di trasporti urbani di Parigi [*N.d.T.*].

fetti, non ha nulla con sé, non una borsa, neanche gli indumenti più indispensabili. Nulla. È incredibile. Chi può vivere così? Si nota subito la goffaggine di molti, dovuta all'handicap fisico o mentale e all'alcol. Il sorvegliante della doccia, che proviene anche lui dal mondo della strada, e che si crede qualcuno, è rozzo e brutale, soprattutto con un uomo dal corpo ricoperto di croste e piaghe. Anche altri compagni di miseria lo rimproverano: «È ora che ti lavi!», e siccome lui non vuole, gli gridano ancora più forte: «Non sono pidocchi, questi?». Un altro se l'è fatta addosso, ma nessuno ci fa caso. Lo aiuto a lavarsi e a cambiarsi. Per quanto mi è possibile, con una presenza attenta e fatta di piccoli gesti, cerco di servire quegli uomini completamente perduti, a volte seminudi, senza voce, quasi senza vita, poveri, il cui unico torto è di stare sulla strada.

Quando tutta l'operazione è terminata, iscrizione, busta, doccia, impacchettamento degli abiti, usciamo, vestiti a malapena, per andare in un altro locale. Siamo portati di qua e di là come pecore, a volte anche malmenati come le pecore non sono. Non dimentichiamoci che siamo in piena notte e che lo scopo – oso pensare – è quello di procurarci un po' di riposo. Dovrò ricredermi presto! Tutte queste operazioni avvengono tra urla, spintoni, parolacce, minacce e perfino percosse da parte dei guardiani e degli stessi ospiti tra loro.

Ora entriamo in una specie di prigione. E infatti è una vecchia prigione femminile: un immenso corridoio, tre piani di celle. Aspettiamo, in piedi, seduti su una panca, oppure coricati per terra. Le porte che danno sull'esterno rimangono aperte, e il freddo s'infila nel corridoio già gelato per conto suo. Alla fine, colmo dei colmi, non si riesce neanche a dormire! Frastornato, mi rendo conto di questa aberrazione estrema: essere raccolto, sballottato in piena notte, subire violenze e vessazioni, per nulla. Anzi: stare peggio che per la strada! A un certo punto, riceviamo comunque una tazza di brodaglia nera e un pezzo di pane raffermo, prima di essere sopraffatti da un'ondata: è l'uscita di quelli che stanno nei dormitori e che si avventano sul caffè, aggrappandosi al carrello. Alcune donne escono dalle celle del piano terra. Si levano, ancora più forti, grida e colpi, parolacce e insulti dei guardiani. Bisogna subire senza fiatare. Se qualcuno accenna a una resistenza, la replica non tarda a farsi sentire sotto forma di ceffoni. Allora arrivano le «Bluse bianche» (si chiamano così per il loro grembiule bianco): sono quelli che, all'entrata, prendono i documenti e danno le buste. Adesso ci restituiscono i documenti facendo l'appello. Anche loro gridano e dicono parolacce. Uno indica con una bacchetta dove firmare e, se non si risponde subito, piovono tutti gli insulti possibili e immaginabili! Sento che si è spezzato qualcosa nell'umanità. Perché il povero qui è troppo povero, perché non ha più un volto umano, perché riceve un supplemento di inumanità. Denigrato, disprezzato, umiliato, violentato, non ha più diritto alla minima compassione. Lo si uccide più così che con un'arma. Cosa deve provare chi arriva in questo luogo, completamente solo, per la prima volta, non avendo altra scelta? Vedo un uomo, totalmente perduto, in preda al panico. Mi avvicino. Mendica una sigaretta attorno a sé e viene scacciato. Durezza dei poveri. Talvolta succede. Ne chiedo una io per lui.

Una volta terminata la fase delle firme, aspettiamo ancora per riavere i nostri vestiti. All'improvviso eccoli. Si scatena una calca per recuperare le proprie poche cose. I più sprovveduti, che non hanno chiuso bene il loro pacco, non ritrovano tutto. Alcuni abiti troppo sporchi, o pieni di animali, sono stati eliminati e basta. Dicono che i vestiti vengono lavati e disinfettati, ma quasi mai è vero; e spesso ce li ridanno ancora più sgualciti. Ognuno si riveste come meglio può, costretto com'è ad appoggiare la sua roba per terra. Vedo un uomo imbarazzato, handicappato alle gambe e alla mano. Non trova più i suoi pantaloni; un piede scalzo e l'altro in una specie di pantofola. Intercedo presso i guardiani perché gli diano di che rivestirsi. Alcuni si appropriano delle cose degli altri. Anche in questa situazione, forza e capacità di sbrogliarsela schiacciano i più deboli, che tremano di paura e di freddo. A più riprese veniamo spinti verso il fondo del corridoio, dove aspettiamo ancora a lungo, in piedi, sempre immersi nel freddo. Quanta disumanità! Tutto sembra studiato per abbassare e degradare l'uomo. Chi non possiede nulla, se non la disgrazia di stare per la strada, deve pure sopportare queste prove inutili e umilianti. Sono sbalordito da tutto ciò che vedo e sento, da tutto quello che dobbiamo sopportare. Nel 1988 sono stato in prigione per tre mesi a Bruxelles per vagabondaggio, e posso testimoniare che Nanterre, a quell'epoca, era peggio. Era il bagno penale, l'universo concentrazionario.

Quanti siamo? Forse duecento. Molti sono soli e parlano da soli; un uomo cammina in continuazione, perduto nel suo mondo; una donna delira. Alcuni cercano di rubacchiare qualche altro minuto di sonno, metà seduti, metà coricati. Altri, privati dell'alcol, tremano con tutto il corpo e, sembra incredibile, con una smorfia, bevono aceto: «Sei gradi ce l'ha, quindi...». Altri, infine, hanno delle crisi epilettiche senza che il personale li degni di uno sguardo. È il momento di alcuni rari e brevi scambi verbali: «Fa freddo! Che vita! Che ora è? Quanto ci vuole!». «Ho sempre meno forze», mi dice un uomo, «non ho abbastanza calorie perché a mezzogiorno non mangio; mangio quando posso e quando mi alzo; non riuscirei a fare cento metri di seguito». Un altro, più tardi, mi dice: «Cosa ci viene a fare qui? È sceso dal Paradiso!», prima di passare alle confidenze in un'atmosfera medievale, da corte dei miracoli! Signore! Come mai questi uomini e queste donne si ritrovano così in basso? Dimenticati, rinnegati, respinti. Anche loro sono stati bambini e adolescenti. Hanno avuto dei progetti, hanno sognato. Quale speranza può spingerli ancora a vivere oggi? Recito il Padre Nostro per tutti loro, per i *Bleus*, per portare davanti a Lui tutti questi uomini. E che mi sia data la parola giusta e fraterna con un cuore veramente aperto per accogliere tutti coloro che incontro, diversi o ostili. Che la forza del sorriso restituisca fiducia e inviti a lasciarsi amare, non fosse che per il tempo in cui i nostri sguardi s'incrociano. Ma per ora devo trattenere a più riprese le lacrime davanti a un simile spettacolo di miseria, di desolazione, di abbrutimento. Quello di oggi è un vero Venerdì Santo. Unico spiraglio di tenerezza: le poche donne che sono con un compagno. Anche se si tratta di una compagnia fragile ed effimera. Una di loro, che nell'autobus si era assopita sulle ginocchia di un uomo, ora è già sola. Sono profondamente impressionato e confuso da questa notte. Unica consolazione materiale, veramente apprezzabile, malgrado tutto, quando il corpo comincia a sentirne il bisogno, un po' d'acqua calda che scorre sulla pelle, e quella specie di caffè col pane.

All'improvviso, c'è un'agitazione generale: è l'ora della partenza. Ma non per tutti! Sono le nove e mezza e gli ultimi dovranno aspettare fino alle dieci e mezza. Gli autobus ci depositano lontano dal centro di Parigi, il più delle volte a Porte de Champerret o a Porte de Clichy. Anche in questo, come non cogliere una misura vessatoria? Si forma allora una coorte facilmente individuabile di poveri diavoli che camminano zoppicando e si disperdono poco a poco. Se ne vanno per qualche ora verso una pseudolibertà, verso l'abituale solitudine, verso il vuoto: «Cammino, cammino verso il mio destino, non so dove... Non ho più nessuno. Non m'interessa più niente», dice un giovane chiedendomi dei soldi. Si pensi che alcuni saranno ripresi all'inizio del pomeriggio per ricominciare questo circolo infernale! Popolo di disgraziati che non sa, che non sa più dove sta il suo bene, la sua felicità. È un buco nero: «Oh! Non so più nemmeno cosa voglio. La strada mi rende assente a me stesso», sospira Jacky. Il povero non può strutturarsi attorno a qualcosa di solido che lo costituisca come individuo, perché da sempre ogni cosa è stata per lui insicura e incerta. La sua vita è in frantumi. Senza radici, senza riferimenti, il suo passato appartiene al vuoto e l'ha spesso rovinato. Il futuro? Il povero non riesce a proiettarsi in alcun futuro. Tutto finisce su un binario morto. Non c'è orizzonte. Resta il presente, così pesante..., in cui la maggior parte delle energie viene mobilitata per soddisfare le prime necessità. In definitiva, il povero non ha legami esistenziali da nessuna parte, è un perpetuo errante. Erra da nessun luogo in nessun luogo. Forse per sempre.[4]

Io e Agnello siamo andati molte volte a Nanterre all'epoca dei nostri diversi soggiorni a Parigi, nel 1983, 1984, 1986, 1989. Così come è avvenuto in altri posti, i nostri passaggi, regolari e prolungati, hanno spinto sia coloro con i quali condividiamo la vita sia i responsabili e gli operatori dei luoghi di accoglienza a interrogarsi sul nostro conto. Contattati dai *Bleus* e dalle «Bluse bianche», abbiamo tentato di svolgere un ruolo di mediatori, come peraltro abbiamo fatto con quei poveri che agivano con violenza nei confronti dei più deboli di loro.

[4] Il bisogno di essere situato e di situare qualcuno nello spazio è essenziale nelle nostre società sedentarizzate. Noi stessi, a dispetto del ruolo che ci viene riconosciuto (talvolta perfino con un pizzico di ammirazione), constatiamo la difficoltà che molte persone hanno ad ammettere che siamo senza fissa dimora, che non abitiamo da nessuna parte. Essere sistemato in un alloggio, ancor più che avere un lavoro, è un criterio essenziale di riconoscimento e di appartenenza sociale. È incongruo non abitare in nessun luogo.

Ecco qualche altro brano del mio diario di allora. Siamo sempre in inverno. A Châtelet, alle sei del pomeriggio, una donna si riscalda all'entrata del métro. Arriva altra gente. Mi offrono da bere. Alle sette salgo sull'autobus. Un giovane è già seduto in fondo. Ha una ferita all'occhio, è vestito «da vecchio», è sporco, ha occhi tristi e vuoti. Vado a sedermi accanto a lui, cerco di intavolare un discorso, ma non è molto loquace. Mi dice che i *Bleus* sono venuti a cercarlo all'ospedale. Quando altri si siedono vicino a noi, gli offre un pezzo di camembert che tira fuori scartato dalla tasca. Poi chiede a più riprese delle cicche. Miserabile baratto! Prima di chiedere un favore, è costretto a farne uno lui per evitare di essere respinto. Nell'autobus fa caldo, c'è un'aria pesante. Entra un uomo pieno di pidocchi. Tutti si scansano e lo trattano male. Sono testimone di una scena molto penosa: il mio vicino di sinistra, sempre più ubriaco (non smette di bere per tutto il viaggio), comincia ad apostrofare chi gli sta seduto di fronte e non gli ha fatto niente. Continua a ripetere: «Ti ho detto che sei un rotto in culo». Vuole colpirlo con le stampelle. Poi si alza per fare un bisogno direttamente nell'autobus e sputa in faccia a un giovane che gli passa davanti. Alcuni fanno i prepotenti cercando di derubare i loro pari.

Un altro giorno sento Jacques ordinare a Jean-Pierre di andare in fondo all'autobus. Questi risponde: «No, non ci vado. So bene che volete picchiarmi e che al primo colpo mi stendete. Io non sono capace di difendermi». Dopo Jean-Pierre mi racconta che è stato buttato fuori dal «gruppo dello Châtelet», perché non riportava abbastanza dalla questua. Le violenze perpetrate sull'autobus sembrano non riguardare affatto i *Bleus*, che restano davanti, separati da noi da una vetrata. Anche qui il debole e il povero sono indifesi.

Cerco di reagire un po' a questa tirannia che mi spezza il cuore, ma mi sento al tempo stesso maldestro e vile: cosa dire, cosa fare, come reagire? Confesso di evitare lo sguardo di colui che ha sputato in faccia all'altro, perché non se la prenda anche con me. Mi sento piccolo piccolo, del tutto estraneo a questo universo: vorrei nascondermi. Una sera René, che distribuisce pugni al primo arrivato, mi ammonisce: «Tu, frate, non devi dire niente. Io ho il diritto di fare il male». Un altro prosegue: «Non sei della "zona", ma è da tanto che vieni con noi; va bene, ma non venire a farci la predica». A più riprese voglio cedere il mio posto a due uomini più anziani che stanno in piedi, ma i miei vicini si oppongono con decisione. Come diventare artigiano di pace, di riconciliazione? Un giovane attaccabrighe stringe i pugni dicendomi: «Sono un figlio di puttana e di zingaro, sono un bastardo». Poi, dando la mano a quello con cui stava cominciando a litigare, esclama: «Siamo tutti nella merda!». Agnello, il mio compagno, è molto impressionato dal fatto che in un simile universo, l'uomo fa tutto il contrario di Dio. Dio esalta gli ultimi e piega gli orgogliosi. Tra gli uomini, invece, quando qualcuno si è ritagliato un piccolo spazio, schiaccia colui che è più debole. Un amico, venuto a condividere la nostra vita per qualche giorno, mi faceva notare: «In questo mondo dell'immediatezza, si mostra senza maschera tutto ciò che fa la nostra società: i prepotenti con la loro miscela di arroganza, di vessazioni, di paternalismo e di vera amicizia... I deboli con il ruolo inverso di dipendenza, di adulazione, di complicità, di servilismo e di vera dignità. Il loro mondo è una lente che rivela tutto ciò che c'è nel mondo e dentro ogni uomo. È forse il servizio che abbiamo più difficoltà ad accettare, o che addirittura rifiutiamo con tutte le nostre forze!».

Il viaggio, come sempre, è molto stressante, sia fisicamente che psicologicamente. Dura due ore buone. All'arrivo, dopo le solite formalità, abbiamo: minestra e fettuccine tiepide con un po' di pâté. È quello che resta della cena, e forse questo spiega perché il cibo è quasi freddo, come ogni sera.

La violenza non è rara e i guardiani non dicono una parola o restano in disparte, assenti. Siamo completamente in balia di noi stessi. Il mio vicino è loquace: «Preferisco morire», geme, «la farei finita, non so più che pesci pigliare... Ma lei, però... Lei sta scendendo all'inferno! Lei sprofonda nella miseria per comprenderla... Io ho una figlia di otto anni. Mi manca, vorrei sapere come sta, mi farebbe piacere... Senza farmi vedere, certo, nello stato in cui mi trovo...». Le persone che vivono nella strada, in effetti, desiderano che le proprie famiglie conservino l'immagine di un padre, di un fratello o di uno sposo degno. Alcuni fantasticano di un possibile ritorno in famiglia, ma dentro di sé sono convinti che non funzionerà. Altri, soprattutto i giovani, dicono: «La mia famiglia mi ha cacciato, ci ho fatto una croce sopra». E spiegano così il motivo della loro caduta.

La notte nei dormitori non è fatta per riposare, e vedendo i pidocchi sui materassi, sappiamo già che il giorno dopo ci alzeremo «più ricchi»![5] Al mattino, un uomo ricoperto di pidocchi e un altro che cammina scalzo si fanno rimproverare perché sono ancora in tuta. Il primo, del quale hanno sicuramente buttato via gli abiti, dovrà attendere a lungo prima di averne altri. Trema. Gli offro la mia giacca; non l'accetta. Un altro l'aiuta gentilmente a mettersi gli abiti che gli danno, ma che non gli stanno bene. Piccolo spiraglio di tenerezza in mezzo a tanto disprezzo. Lo stato di abbandono non impedisce la grazia...

Soffoco di fronte a tanta miseria. Tutti questi corpi consumati, provati, con i segni delle percosse sul viso, vestiti di

[5] Una piccola precisazione sui pidocchi perché pochi sanno di che si tratta veramente. Sono pidocchi del corpo e non quelli che i bambini hanno sulla testa; sono estremamente resistenti e causano un prurito terribile. I più poveri hanno molta difficoltà a disfarsene perché bisogna, tra l'altro, cambiare tutti gli abiti. A furia di grattarsi, il corpo si ricopre di croste.

stracci, murati dentro loro stessi, completamente soli. Soli con la loro vita che è un fallimento, il cuore schiacciato dal dolore. Il dramma più grande di quelli che errano nelle nostre strade è di avvertire terribile il loro fallimento rispetto alle aspirazioni comuni: avere una famiglia felice, un lavoro, concorrere alla crescita dei propri figli... Tutto è infranto e, di fronte a questa constatazione irrimediabile, iniziano la discesa, la deriva, la spirale infernale. Allora per preservare l'umano dalle forze che lo disgregano non restano che la presenza, lo sguardo, il gesto discreto. Questo sguardo e questa presenza, talvolta, hanno il potere di risvegliare miracolosamente la luce nella persona disperata e abbandonata. È allora una gioia radiosa, indicibile, che testimonia che la vita aspetta misteriosamente di essere fatta rinascere. Succede qualcosa in fondo al cuore, nell'intimo; qualcosa di vivo si muove. Lo sguardo si riaccende, le mani si stringono... Quando questa luce e questa gioia sono condivise, allora scompare ogni superiorità per far posto al sapore buono della fraternità.

Un po' più tardi, attraverso a piedi lo splendido quartiere degli Champs-Élysées. Che contrasto tra i diversi universi degli uomini, tra quello di questa notte infernale e quello che mi circonda! Mentre cammino, penso che un aspetto importante della mia vocazione è di svelare l'ampiezza della miseria che cresce nel cuore delle nostre società opulente. Essere, tra i ricchi, il portavoce di tutti i poveri. Abbandonarmi alla povertà per raggiungere i poveri e i ricchi. La mia vita vorrebbe essere un lamento dolce e silenzioso, che sale dal profondo dell'umanità per intenerire il cuore di ciascuno, per ricordare la bellezza e il valore dell'uomo, qualunque sia il suo stato di abbandono.

Nanterre è un inferno per i poveri. Jean-Louis Courtinat ha osservato questo universo per mesi e ha avuto l'audacia e l'abilità di darne conto attraverso l'immagine. Voglio levare la voce assieme a lui per dare l'allarme e denunciare ciò che è intollerabile nel paese dei Diritti dell'uomo. Bisogna avere il coraggio di guardare queste foto, anche se sono terribili e provocatorie. Esse esprimono molto meglio la realtà di Nanterre di quanto non possano fare le parole.[6] È difficile accettare che i più poveri dei poveri siano trattati così al giorno d'oggi. Per questo dobbiamo ringraziare Xavier Emmanuelli e la sua battaglia per riformare luoghi così disumani e proporre altre forme di aiuto per i più miserabili; come la creazione, ad esempio, dei Servizi sanitari di pronto intervento (SAMU) di carattere sociale, dove c'è un approccio molto più delicato nei riguardi delle persone che vivono sulla strada. Il mio primo soggiorno a Nanterre risale al 1983; le foto di Jean-Louis Courtinat sono del 1995: nulla o quasi è cambiato dopo dodici anni! Un amico ce l'ha confermato dopo esservi andato all'inizio del 1996. L'unica cosa che è cambiata è che la BAPSA, grazie all'installazione del SAMU, all'operazione ATLAS (Soccorso trasporti, alloggio, accoglienza e cura) e ad una maggiore ricezione nell'Île-de-France, si è fatta più discreta. Ciò che è desolante e rivoltante a Nanterre è l'aberrazione di un sistema che tiene insieme due obiettivi contraddittori: la repressione, la logica carceraria che non ha il coraggio di dichiararsi apertamente come tale e l'assistenza ai meno garantiti. Prima bisogna ripulire la città, e poi offrire assistenza. Siccome questi due obiettivi sono legati tra loro e il lavoro è affidato a persone non motivate, non qualificate e a fuoriusciti dalla miseria, questo luogo di accoglienza e di alloggio, che potrebbe essere benefico, diventa malefico e distruttivo. Nanterre ospita i più poveri, ma li sprofonda ancora di più nell'isolamento, nel decadimento, nella disperazione. È qui che finiscono i più deprivati e l'assistenza, che gli dovrebbe essere offerta, si trasforma di fatto in

[6] Jean-Louis Courtinat, *Les Damnés de Nanterre*. album fotografico, Centre national de la photographie, Parigi 1995.

repressione. Dove dovrebbe sovrabbondare la bontà, regnano la violenza e il disprezzo. La struttura c'è, gli uomini la oltraggiano.

Oggi si parla molto della povertà in termini di esclusione. Certamente l'esclusione, che implica l'azione cosciente e volontaria da parte di chi è «incluso», esiste. Ma in questa azione, esiste ancora qualcuno, un intruso che viene cacciato perché indesiderabile. L'escluso in questo caso ha una forma di esistenza in negativo.

Il povero di cui parliamo e che si trova in uno stato di indigenza estrema, invece, non ha più neanche il sentimento di esistere, sia agli occhi degli altri che ai propri. È come se non esistesse. Non è quindi soltanto un escluso: è un dimenticato, un abbandonato. A forza di vederlo sdraiato per terra, si finisce per abituarsi a lui e non vederlo più. Più che cacciato ed escluso, l'errante se ne va silenziosamente alla deriva. Si allontana e, all'insaputa di tutti, affonda dolcemente nel nulla. L'abbandono consiste anche nella sensazione di non avere più presa su nulla, che non c'è più nulla da sperare, da cercare, che qualunque cosa si faccia si resterà comunque in fondo al pozzo. È l'esperienza profonda tante volte raccontata dai nostri compagni: «Tu cerchi di farci risalire ma... non c'è nulla da fare, siamo caduti troppo in basso». L'abbandono ripiega su se stessi e rende difficile l'incontro con l'altro. Sì, più che un escluso, il povero è un abbandonato. Da sempre. Abbandonato dall'affetto, dal sapere, dalla possibilità di esercitare la padronanza sulle cose e sugli avvenimenti. Non solo. È soprattutto un abbandonato rassegnato.

Le nostre città sono al tempo stesso dei deserti e dei rifugi in cui i senzacasa cercano di sopravvivere miseramente, furtivamente, come bestie braccate. Ricorderò sempre quell'uomo disteso sul marciapiede del Pont d'Austerlitz, che dormiva con la testa appoggiata su un cartone, il berretto un po' più in là. All'altro capo del ponte, erano coricati altri quattro. Due di loro dentro un grande scatolone. Poco dopo ripasso davanti al primo e, siccome adesso è sveglio, gli propongo di venire alla Péniche per dormire al coperto.

«Mi faranno storie», risponde, «non ho documenti, non ho nulla. Domani vedremo».

«Posso accompagnarla io, non è lontano, dormo lì anch'io», gli dico per rassicurarlo.

«È gentile, signore, grazie mille, vedremo domani», risponde. (Sta su una bocca di calore.) «Qui sto al caldo, funziona fino alle quattro del mattino».

Una bottiglia vuota e alcuni biscotti accompagnano la sua disfatta. Non potrò mai rassegnarmi a un simile spettacolo: essere sdraiati così, sulla strada, in mezzo alla marea dei passanti e delle automobili, esposti a tutte le aggressioni possibili e immaginabili! Ho provato anch'io a dormire su una bocca di calore, «stavo sulle spine», e ho rischiato di essere investito.

Una notte mi vedo cacciare dalla stazione a mezzanotte e mezza insieme a un uomo che mi chiede se ho da accendere. Gli rispondo di no. Forse ha capito male? Comunque sia, mi grida: «Chiudi il becco. Lo so da dove vieni, lo vedo dai tuoi pantaloni (che in effetti sono molto sgualciti). Tu vieni da Nanterre». Però rimane con me e spera che facciamo i turni per dormire sulla bocca di calore. Uno tiene un occhio aperto, e l'altro dorme. Ha paura di essere preso dai *Bleus*. A un certo punto se ne va senza dire nulla e poi torna: «Ho trovato una macchina, ci potremmo dormire. Vieni con me?». Ammetto di preferire il calore e rifiuto l'offerta. Si avvicina più volte per parlare. Per molti momento di pace e di rinfrancamento, la notte è per altri un momento di angoscia, di incubi, d'inquietudine. Queste scene, se abbiamo il coraggio di guardarle, ci aiutano più di qualsiasi discorso, a renderci conto di quanto il senzacasa si sia allontanato dal nostro mondo e che non sarà certamente un semplice colpo di pollice a farlo rientrare. L'esclusione non si cancella con un movimento della mano. Se da un lato l'aiuto immediato è urgente, non ci si deve stupire se da solo non riuscirà a risolvere le difficoltà legate alla grande miseria. Secondo un rapporto di «Police et Humanisme», tre giorni sulla strada corrispondono almeno a tre mesi di lavoro per reinserirsi e tre mesi corrispondono a tre anni. Formula lapidaria che non va generalizzata, certo, ma che è rivelatrice di una verità. Come dicono i nostri stessi amici: «È facile scendere, ma è difficile risalire».

Altro asilo parigino per i senzacasa, immenso e temuto, è la Mie de Pain. Nel 1983, questo centro aveva una capacità di accoglienza di circa 350 posti; oggi ne ha quasi 500. Proprio come a Nanterre, lo shock è forte. Il centro apre alle sei di sera. Una lunga fila di uomini irsuti e vestiti di stracci, che borbottano da soli, che si lanciano insulti, aspettano sul marciapiedi. All'entrata, non c'è iscrizione né richiesta di documenti, ma una perquisizione sommaria per togliere di mezzo coltelli, bottiglie e giornali (questi ultimi per evitare di otturare i water). Avanziamo lentamente lungo un corridoio munito di sbarre per canalizzare la fila, e sbuchiamo in una grande sala dove conto dodici tavoli da dodici posti ciascuno. Dei volontari ci porgono una gavetta di metallo piena di un brodo grasso con un po' di verdura e del pane inzuppato. Ce n'è in abbondanza e si può prenderne ancora. Avendo avuto l'occasione di vedere successivamente delle foto di archivio, mi sono reso conto che le gavette sono esattamente quelle che venivano utilizzate ai primi del secolo, quando l'associazione è sorta per venire in aiuto ai poveri del quartiere!

Sono seduto di fronte a un uomo che starnutisce e sputa.

Con un tono che vorrei fosse pacato, gli chiedo: «Come va?» Mi risponde: «Nessuno deve parlarmi, capito?». Quando ha finito la zuppa, si alza nervosamente sbattendo il cucchiaio sulla tazza e dicendo seccamente buonasera. Rispondo «buonasera». Ribatte: «Allora non ha sentito?». Sono sconcertato dal modo di reagire alla gentilezza che desideravo testimoniargli. Anche qualche minuto prima, nel corridoio in cui abbiamo dovuto aspettare per oltre mezz'ora, mi aveva colpito l'aggressività che si sentiva circolare a fior di pelle. Un niente, una parola o un gesto maldestro possono provocare reazioni che non ci si aspetta, tanto queste persone sono sature di sfinimento, di angoscia, di miseria. Devo anche fare attenzione a ciò che mi è più caro: lo sguardo posato con benevolenza per manifestare una presenza. Talvolta, esso viene accolto in uno scambio reciproco positivo, ma altre volte finisce per ferire ancora di più. Così, un giorno un uomo mi dice: «Che c'è? Se c'è qualcosa che non va, bisogna dirlo!». Un altro respinge la sua tazza con un gesto brusco. L'universo dei poveri che hanno il cuore, l'anima e il corpo scorticati, è un universo estremamente sensibile e suscettibile. La sofferenza trattenuta trova qualunque sfogo per esplodere.

Il povero è talmente ferito che un piccolo segno di attenzione può farlo reagire male, almeno in un primo momento. Anche un semplice saluto può venire male interpretato: «Che vuole da me?». Un semplice segno di educazione è talvolta avvertito come una provocazione. Una vicinanza amichevole può riaprire una ferita. Aprirsi a uno sconosciuto è sempre un'avventura, un rischio che non sempre ha esito positivo. Allora, piuttosto che soffrire ancora, il povero si isola. Basta vedere come, nei quartieri poveri, molte famiglie vivano con le persiane chiuse e non sempre rispondano quando qualcuno bussa alla porta. È necessaria dunque molta pazienza, molta diplomazia e molta fede per perseverare nel tentativo di familiarizzare con il povero. È necessario saper cogliere ogni minimo segno di disponibilità. Restare lì, semplicemente, con benevolenza, amare silenziosamente. Abitare il mondo nella sua notte per mantenere viva la promessa dell'alba. Raccogliere le lacrime dell'uomo che ci chiede cosa faremo l'indomani e che si accascia sentendo che Agnello andrà a trovare sua madre. Piange e si allontana. Lacrime umane che ci invitano a rinfoderare le spade che possiamo sguainare in qualsiasi momento tra noi e contro tutti. Il dono del povero è di umanizzarci, di affinare le nostre capacità relazionali, il nostro tatto per avvicinare tutti quelli che soffrono e quindi ogni essere vivente. Andando incontro al povero e al sofferente, sappiamo di provocare un'intrusione, la quale comporta anche altri rischi che dobbiamo assumere, nella consapevolezza che l'assenza d'incontro e l'indifferenza sono cause ancora più dell'abbandono. Quante volte abbiamo potuto sperimentare che la volontà di entrare in contatto con un universo estraneo al nostro come quello dei senzacasa produceva in seguito scambi fecondi per la felicità di tutti.

Dopo la rapida sosta davanti a un piatto di minestra, molti di questi uomini abbrutiti e sfiniti non desiderano altro che coricarsi. Scopro un primo dormitorio immenso, con 256 letti a castello, dove bisogna infilarsi per i piedi o per la testa su materassi in gommapiuma. Molte di queste cuccette non hanno coperte; le fodere sono nere d'unto. Tutti vi si allungano vestiti. I sanitari sono più che rudimentali: qualche lavandino, due docce e dei WC sporchi di escrementi. Tutto è vetusto e lercio.[7]

[7] Ci siamo tornati nel 1996. Le cose sono molto cambiate: un buon pasto «self-service assistito» è offerto con gentilezza. I dormitori sono stati sistemati con box separati. Gli ospiti ricevono un kit igienico; gli effetti personali possono essere depositati in custodia eccetera. Ma attenzione: se la maggior parte dei luoghi di accoglienza è migliorata, non facciamoci illusioni pensando che anche la sofferenza sia cambiata. È mitigata. La miseria profonda e intima dell'errante rimane inalterata.

Nanterre, la Mie de Pain e tanti altri luoghi simili accolgono chi non sa più dove andare, chi non viene ammesso altrove, chi, pur preferendo restare abitualmente all'aperto, talvolta non ne può più e spera di trovare là dentro un po' di tregua. Ma allora comincia una nuova sofferenza: la promiscuità, i litigi, i furti, i pidocchi, il continuo andirivieni, i rumori di ogni sorta. Notti di poveri che non portano rimedio alla fatica di giornate sempre più rudi. Come dice Maurice: «Per riuscire a dormire qui, bisogna essere distrutti».

Quando non sono gli ospiti a scatenare litigi, ci pensano i guardiani. Proprio come a Nanterre, questi provengono dallo stesso ambiente degli ospitati, si credono dei capi e pretendono di far rispettare il regolamento alla lettera. Una volta, un sorvegliante se la prende all'improvviso con un uomo. È l'una e mezza, viene svegliato il dormitorio intero. I guardiani vogliono buttarlo fuori in piena notte, ma l'uomo implora: «Dove vado?». Mi avvicino e chiedo un po' di umanità. L'uomo oppone resistenza quanto più gli è possibile, si fa trascinare giù dalle scale. I guardiani giustificano il loro comportamento col pretesto che ha con sé del vino e mi ingiungono di tornare al mio posto. Allora chiedo di uscire anch'io per fargli compagnia, ma il sorvegliante non me lo consente. Che incubo! Al momento dell'entrata, lo stesso impiegato aveva già brutalizzato, buttandolo per terra, un ubriaco che avevo raccolto nella strada e portato sin lì. L'aveva redarguito: «Tu rientri quando ti sarà passata la sbronza. Se hai soldi per il vino, ce li hai anche per una camera d'albergo». Questo comportamento contravviene al regolamento che vieta l'esclusione di chiunque, con l'unica eccezione delle persone violente. Ahimè, alcuni sorveglianti sono essi stessi ubriachi al momento di entrare in servizio, il che può spiegare in parte questi comportamenti arbitrari!

Bisogna dirlo chiaramente: tranne qualche rara eccezione, l'accoglienza dei poverissimi non può essere affidata a quelli che provengono dalla loro stessa esperienza o a operatori improvvisati. Queste persone sono troppo fragili e il servizio che viene chiesto supera le loro capacità. Messi di fronte alla loro immagine, che rifiutano, si rivelano spesso brutali. Per assistere le persone molto povere, bisogna essere capaci di coniugare fermezza e bontà, e di saper privilegiare al più quest'ultima. Il compito appare davvero difficile, in ambienti come quello della Mie de Pain. Ma quante volte, anche in istituzioni più piccole, abbiamo visto il povero disprezzato e trattato alla pari di un bambino da suoi simili, ai quali era stato dato un potere su di lui. Anche questo non fa che umiliarlo proprio nel momento in cui dovrebbe invece poter rialzare la testa e ritrovare la sua dignità. L'impiego di lavoratori precari (CES)[8] per simili mansioni non è spesso la soluzione migliore.

Tra quelli che frequentano Nanterre e la Mie de Pain, alcuni, che riescono ancora a esprimere i loro sentimenti, rivelano, quando ne parlano, lo shock subìto: «Qui si tocca il fondo, è l'immondezzaio di Francia, il decadimento dell'uomo». Un uomo si stupisce di trovarmi in un luogo simile perché «mi presento bene». Parliamo a lungo. In un primo momento non capisce in che modo potrei essere utile, ma aggiunge: «Lei vive come Cristo, la sua povertà è stupefacente, bisognerebbe parlarne. Comunque sia, lei è felice! Il nostro incontro per me è stata una cosa meravigliosa. Lei è disinteressato e convinto. Lei e il suo compagno sapete parlare. Non siete dei "bluff" come gli altri... Quando vi vedo è come se mi parlasse il buon Dio. Ciò che di voi mi colpisce di più è il vostro sorriso. È importante in questo ambiente: qui c'è una grande miseria e non si sa mai fino a dove può arrivare». Bernard, peraltro, sa di esse-

[8] *Contrat Emploi Solidarité* (Contratto d'impiego di solidarietà), valido sei mesi e rinnovabile. È un contratto part-time, scarsamente remunerato.

re un handicappato mentale. È stato internato su provvedimento prefettizio. Avrebbe un posto dove alloggiare, ma a casa sua è tutto sottosopra. Ha un'amica ricoverata in manicomio da otto anni e, quando la ricorda, piange. Alla fine del suo internamento, Bernard si ritrova brutalmente in mezzo alla strada, come molti altri nelle sue condizioni. La sua malattia non ne trarrà di certo un vantaggio.

Certe sere c'è così tanta gente che bisogna coricarsi nei corridoi e sui tavoli del refettorio. Anche quando c'è posto a sufficienza, alcuni sanno per esperienza che non devono sperare in un letto e si coricano direttamente per terra. Assisto diverse volte a scene di esclusione, in cui coloro che sono troppo sporchi o pieni di animali vengono allontanati duramente da quelli che lottano ancora per restare puliti. Indico a un poveraccio un letto libero. Ci va con una coperta, ma si fa cacciare da un uomo di colore che occupa il letto di sopra. L'uomo se ne va senza fiatare. Il negro se la prende con me e mi apostrofa: «Dagli il tuo letto, se proprio vuoi!». È poi quello che sto per fare. Ma l'uomo si corica più lontano. Il mattino dopo l'uomo di colore mi addita ai suoi amici e, parlandomi in tono aggressivo, lancia una giacca e un paio di pantaloni molto sudici sul mio letto. «Laddove c'è l'offesa, fa' che io metta il perdono».

I bei pensieri che si sentono così spesso sulla solidarietà tra i poveri possono circolare soltanto tra chi non ha mai conosciuto la grande miseria. Tra i poveri, chi è troppo povero viene schiacciato, spogliato, cacciato via. Più l'uomo è fragile, più ha bisogno di proteggersi da chi, ancora più debole, rappresenta per lui una minaccia. D'altro canto, i senzacasa sanno per esperienza che non esiste solidarietà tra loro. Antoine lo dice chiaramente: «Essere sulla strada, sai, vuol dire essere condannato a vivere solo. Anche se hai tanti amici attorno a te, non puoi contare che su te stesso. È la legge della miseria e dell'ognuno per sé. Se si vive in gruppo sulla strada, è solo perché vivere soli è impossibile... Quando hai del denaro ti sono tutti vicini, ma quando sono loro ad averlo, non vedi più nessuno». Questa presunta solidarietà tra poveri è un'idea dei ricchi che amano mantenere un'aureola romantica attorno ai poveri. Come se, in nome di buoni sentimenti cristiani o per il loro senso di colpa, volessero salvare l'onore dei poveri rivestendoli di virtù conservate grazie alla povertà, che loro ricchi invece avrebbero perso per colpa delle proprie ricchezze! O condanniamo il povero, o lo rivestiamo di tutte le virtù. La verità non sta in questi estremi. «A forza di parlare dei poveri, dell'impegno al loro fianco, del loro valore umano e cristiano, della loro capacità di evangelizzare, delle loro altre qualità e potenzialità, si corre il rischio di dimenticare tutto ciò che di disumano e di antievangelico possiede la situazione di povertà. La povertà reale vissuta da immense masse di esseri umani non ha nulla a che vedere con quella, idealizzata, che talvolta fabbrichiamo per le nostre strategie pastorali, teologiche e spirituali».[9]

Rimettiamo i piedi per terra. La terra sulla quale mi sono spesso coricato per avvicinarmi ai più esclusi. In questa scelta ritrovo l'atteggiamento della «minorità»: comunicare con i più poveri prendendo la strada dell'umiliazione, cammino tangibile e coerente con la mia ricerca interiore. Che esperienza, in ogni caso! Dormire per terra vuol dire ricevere la cenere delle sigarette che cadono dal letto di sopra oppure il sudiciume di quello che pulisce la sua cuccetta prima di sdraiarcisi sopra; vuol dire essere sfiorati o urtati dai passanti... In fondo, la vita del povero è fatta da una somma di umiliazioni che penetrano a poco a poco nel suo cuore e nella sua carne senza che ne abbia sempre la consapevolezza. Ma a lungo andare, tutto ciò modella il suo essere sotto for-

[9] G. Guttierrez, *La Libération par la foi*, Cerf, Parigi 1985, p. 29.

ma di rassegnazione, di perdita d'identità e di consistenza. S'incontrano così talvolta delle persone che nemmeno reagiscono più quando le chiami con un nome diverso dal loro. Mi ricordo di un giovane al quale chiedemmo: «Allora, ti chiami Hervé o Henri?». «È lo stesso» rispose. Risposta rivelatrice di una progressiva e profonda spersonalizzazione...

Eccomi vicino a Raymond. Mi chiede se la giornata è andata bene (sta parlando dell'elemosina). Siccome gli spiego la mia scelta di non farla, risponde: «Non capisco! In ogni caso, è una questione di volontà, tanto di cappello... È per una missione, quindi ha uno scopo. È completamente diverso, è perfino il contrario. Avere uno scopo è ciò che fa andare avanti». Dice di essere un tipo solitario, ma che la solitudine non è sempre facile da sopportare. Confida la sua paura di fare amicizia con qualcuno: «Anche la famiglia non conta più quando si diventa così; bisogna essere normali per andare da loro. E poi? Ti daranno pure da mangiare, ma per il resto... E quando arriva la sera, ti diranno di andar via. Allora preferisco non andarci... Guardi, ogni volta che vengo qui, dico a me stesso che è l'ultima. Sono stato in prigione, e la cosa peggiore è stare sempre rinchiusi. Queste cose le racconto a lei, ma agli altri no!». La sera seguente Raymond mi invita vicino a lui per mangiare e non mi lascia più. Nel dormitorio mi sdraio per terra accanto a lui. Senza bisogno di parlare, ormai c'intendiamo al volo. Come molti, Raymond si corica subito senza lavarsi, anche se è sporco. Il povero è talmente annientato fisicamente e moralmente, che ha perduto la forza e il gusto di conservare la pulizia e l'igiene. E poi, lavarsi vuol dire esporsi allo sguardo degli altri, talvolta alla loro denigrazione. Per quelli che si sono spinti lontano nella miseria, le molle si sono rotte, si sono perduti i gesti elementari.

Gennaio 1984. Scrivevo: in questi giorni sono stanco, nessuna notte è buona. A causa del sovrannumero alla Mie de

Pain, ho dormito spesso con altri nel refettorio, sui tavoli; fa più freddo. Mi sento apatico e non sono molto «attivo» nel mio incontro con i compagni. Ho sempre voglia di dormire. Situazione molto penosa, ma provo così la scomodità di questa vita che molti devono subire e che li annienta davvero. Inoltre, sono divorato dai pidocchi, il che disturba anche le notti. Subisco sulla mia carne una prova supplementare – e nemmeno la minore – che devono sopportare i più poveri. C'è inoltre l'umiliazione di avere addosso questo genere di animali, per esempio quando ci si lava e si ripuliscono i vestiti: gli altri capiscono e non te la lasciano passare! Io stesso, molte volte esausto per questo genere di vita, ho potuto sperimentare quale sussulto di coraggio mi occorresse per non lasciarmi possedere da una pigrizia che in maniera insidiosa dissolve tutte le energie. Seduto, per recuperare il sonno, nella sala di attesa di una stazione, oppure nel métro, alcune volte non mi alzerei più. Che dire allora di chi non ha più legami familiari o d'altro genere che lo stimolino, che non ha più una ragione per vivere?

Immerso in mezzo a questa folla di miserabili pensavo anche a questo: un conto è vivere in un quartiere povero, avendo però una casa propria; un altro è essere «incollato» ai poveri e dipendere da tutto e da tutti, in una comunione fatta di prossimità. In questa intensa e così intima vicinanza gioia e amarezza si mescolano insieme. A Nanterre ero impressionato dal clima di disprezzo e di violenza; qui, alla Mie de Pain, dalla moltitudine e dalla concentrazione dei poveri. Una marea umana abbandonata. La sensazione di essere davanti a un grande vuoto popolato da ombre fantasmatiche. Certamente, nel corso delle serate e delle notti passate insieme, si approfondiscono alcune conoscenze, si scambiano qua e là delle confidenze. «I poveri sono sempre poveri, perché?» esclama il mio vicino. È un grido allo stato bruto. Prima di mangiare, Philippe mi dice: «Mi sei simpatico, tu. C'incontreremo ancora. Dobbiamo restare in contatto». Sottolinea che è successo qualcosa tra noi: «Un sorriso, il sorriso degli occhi, la gentilezza, il rispetto, è importante nella vita. La vita è bella, soprattutto non bisogna rovinarla». Parole squisite come i poveri sanno talvolta trovare. Allora mi chiede con maggiore precisione: «Cosa provi tu, Michel?». Secondo il suo desiderio, decidiamo di ritrovarci l'indomani mattina dopo il caffè. Non lo rivedrò. Si scuserà, in seguito. Questo contatto con Philippe è significativo ai fini della nostra presenza in questo mondo: in poche parole e poche sensazioni, in uno sguardo, qualcosa di profondamente umano avviene tra due esseri provenienti da universi e storie completamente diversi. Sì, dobbiamo essere valicatori di frontiere. Essere uomo, diventare fratello, non fosse che per un istante.

Penso anche a Charles. C'eravamo già parlati qualche volta, e un bel giorno mi domanda se ho una spilla per attaccare una medaglia. Le lacrime lo sommergono. «Avvengono tante cose nella mia testa; in questa vita ho spesso avuto voglia di uccidermi, ma c'è sempre stata una "risalita", soprattutto grazie alle parole». Mangiamo uno di fronte all'altro, e quando mi alzo e gli auguro buona notte, dice: «Di' una preghiera, non per me, ma per tutti quelli che sono qui (fa un gesto circolare con la mano), per i poveri, anche per i ricchi, ne hanno bisogno». Che appello commovente, così sensibile e così giusto! Slancio di sollecitudine universale sbocciato in una profonda miseria. Sofferenza del povero che raccoglie e riunisce tutte le sofferenze umane. Così, incaricato da Charles, riprendo per conto mio la preghiera che Éloi Leclerc mette sulla bocca di Francesco d'Assisi: «I poveri si rifugiano presso di Te. Affidano a Te le loro pene e i loro fallimenti, e talvolta anche la loro disgrazia. Offrono a Te la grande pietà della terra. Offrono a Te anche le loro speranze. Abbiamo fiducia in Te, Signore

Dio fatto uomo, immolato dagli uomini, perché l'uomo non sia più il carnefice dell'uomo. E che i miserabili conoscano infine il bacio della pace».[10] Joël mi parla a sua volta; l'ascolto a lungo. «Mi fa piacere parlare con persone come lei. Non so come esprimerle la mia gratitudine. Lei condivide "la nostra" disgrazia. Io non ho la fede; perché sono nella disgrazia? È difficile da capire: perché Dio mi lascia così? Vorrei che tu mi dessi la fede, ma una fede forte che mi aiuti a venirne fuori». Nell'esistenza dell'escluso e dell'abbandonato c'è qualcosa di patetico, come un grido, un appello a un al di là, perché ha fallito nel campo della ragione, dell'umano.

La disgrazia dei poveri, proprio come la nostra, quando arriva, li fa gridare volta per volta verso Dio e contro Dio. La loro anima è a fior di pelle. Qualche volta i nostri compagni hanno recitato davanti a noi la loro preghiera, semplice, commovente:

«Gesù, capo della mia fede, resta vicino a me, nella mia sofferenza», intona Maurice, ricordando un canto della sua infanzia.

Justin se la prende con Léopold: «Tu porti una croce al collo e sei sempre nella miseria; preghi ma non ti serve a niente!». «No», ribatte Léopold, «ma io sono credente e tu no! Dio mi sta mettendo alla prova...».

Mickey, levando gli occhi al cielo, professa: «Per fortuna c'è un Dio per noi, e Cristo è con noi, è la nostra luce». Ma Pierre, accanto a lui, alza le spalle: «Che fa, dimmi, il tuo Buon Dio? Non è lui che mi dà da mangiare, non è lui che mi tira fuori di prigione!».

Henri parla a sua volta: «Non credo che il Cristo sia ve-

[10] Éloi Leclerc, *Exil et tendresse*, Éditions franciscaines, Parigi 1962, pp. 149-150.

nuto per delle persone come me; io sono arrivato a un punto di non ritorno. Tuttavia, quando tu mi leggi la Passione del Cristo, mi fa commuovere, mi libera» (mi aveva chiesto lui stesso di leggergliela). «Un giorno avevo voglia di pestare qualcuno, Dio ha fermato il mio braccio e io non ho colpito».

«Prima», dice Léon, «ero cattolico. Dopo l'assassinio di quattro miei amici, è finita! Ma credo ancora a santa Rita». Poi mi prende la mano e la tiene a lungo. Chiudo gli occhi. Prosegue: «Non pregare per me, non ne vale la pena». Mi spiega però che, da quando i suoi amici sono stati uccisi, va a messa tutti i giorni!

Una sera, in un caffè, Marcel mi spiega: «Bisogna cercare di conservare alto il morale, altrimenti uno si ammazza. Io non posso farlo perché sono credente. Quel che serve è trovare un senso. Cammino senza sapere dove, a destra, a sinistra... Ho sei figli, non so dove siano; vorrei tanto rivederli prima di morire. Sono otto anni che vivo per la strada: sono completamente alla deriva». A un certo punto Marcel chiude gli occhi e, le mani giunte, dice: «Spero che Lui ci abbia sentiti, non ne posso più, vorrei morire senza soffrire». Poi, con lo sguardo rivolto al cielo: «Lui, lassù, deve piangere nel vedere tutto questo!».

Bénédicte attesta la sua fede parlando in questi termini: «Se Lui non ci fosse, non dovrei più vivere». Fa vedere le braccia tutte massacrate e aggiunge: «Se fosse qua, non starei nella merda». Vuole allora scegliere un'immagine dal mio salterio che, pensa, le porterà fortuna.

Avendo raccolto e condiviso a più riprese questi molteplici appelli, grida o suppliche rivolte al cielo, penso ancora alle parole che Éloi Leclerc fa dire a Francesco: «I poveri non perdono mai Dio completamente. [...] Dio è ovunque ci sia un'invocazione di tenerezza. Soprattutto nella desolazione, e perfino nelle nostre vergogne. Solo che gli uomini non sanno ancora riconoscerlo dove Egli si trova. Bisogna aiutarli. Molti secoli non ci hanno ancora abituati a vederlo dov'è, tanto è più grande di noi. Noi lo cerchiamo sempre nella potenza e nella gloria».[11]

A quell'epoca, bisognava lasciare i centri di accoglienza molto presto la mattina, alle cinque e mezza. Cominciava allora la ricerca di un nuovo rifugio: métro e stazioni, il più delle volte, a quest'ora mattutina. La ricerca, anche se necessaria, non m'impediva di gustare un lungo momento di solitudine nella freschezza del primo mattino, di contemplare, al di là dei tetti, il chiarore color arancio dell'aurora così dolce e rappacificante. È l'ora in cui si sente, vicino ai bar che riprendono vita, il profumo del caffè e dei croissant, l'ora in cui i giornalai aprono i chioschi, in cui i fruttivendoli preparano i loro banchi. Ora affascinante e bellissima, in cui la città, la grande città ancora velata del mistero della notte, sprigiona un'atmosfera così particolare, svegliandosi lentamente secondo un ritmo ancora naturale, prima che inizino la frenesia infernale e il rumore assordante. Ma è anche l'ora in cui i nostri compagni di sventura, vedendo accendersi una dopo l'altra le luci degli appartamenti, sentono con maggiore acutezza la loro terribile solitudine. E mentre la gente esce per andare a lavorare, per altri comincia la lunga, interminabile noia. Così per Loïc, un bretone incontrato alla stazione del métro Place d'Italie, alloggiato attualmente alla Péniche, ma che non ha alcuna prospettiva per il futuro. Ha lavorato un anno a Nanterre e ora riceve un aiuto dal servizio sociale del Quai de la Rapée. Gli domando se le giornate non sono troppo lunghe: «Oh, sì, risponde, tutta la giornata da passare così, a non far niente, è terribile; si è tagliati fuori dal mondo, comunque non lo fanno apposta... Non hai più contatti con nessuno. Le persone ti lasciano nel tuo angoletto, non hanno nulla da dirti. È così, tutto avviene accanto a te, non ti

[11] Ivi, pp. 168-169.

riguarda più. Mi sento come invisibile... Il métro è la mia casa. Ma aspiro a una vita tranquilla, avere una compagna e finire in pace la mia vita». Rimane in questa stazione la maggior parte del tempo, non si sposta più molto. Un altro che gli sta vicino mi rivolge la parola: «Dormo in uno scantinato dell'ospedale della Salpêtrière... Qui a Parigi, è la perdizione. Si crede di trovare qualcosa, ma non c'è niente». Mi confessa: «Sono sfinito. E più sono sfinito, meno riesco a spiegarmi il mio comportamento; finisco per dare i numeri. Prima ho detto a un poliziotto "Adesso scippo una borsa e lo faccio davanti a lei, così non dovrà fare altro che arrestarmi". Per fortuna che adesso sono con Loïc, perché se fossi solo...».

Per i nostri compagni, vivere nel métro parigino vuol dire mettere in conto di essere derisi. Alcuni pannelli indicano «Uscita». Ma dov'è l'uscita del loro tunnel? In fondo ai corridoi l'occhio percepisce il segnale «Allarme». Ma loro, chi possono chiamare ancora, chi possono «allertare» sulla loro sorte? Uomini della manutenzione puliscono le biglietterie automatiche; le macchine per il lavaggio passano e ripassano, aspirando, sgombrando, disinfettando tutto... Anche loro? E poi il rombo infernale e permanente dei convogli che vanno e vengono, stridono e fischiano, l'intreccio rumoroso di gambe e borse, le luci aggressive, la moltitudine anonima che sale e scende, vero e proprio formicaio umano... e, spesso, nemmeno uno sguardo. Non esistiamo più! Infine, incollati ai muri, gli insolenti manifesti pubblicitari sono un continuo richiamo a ciò che i poveri non sono, alle cose a cui non possono più aspirare. Nel métro si sta sottoterra, come già seppelliti, nella tomba! «In realtà, il rifugio immaginario si trasforma rapidamente in trappola. Nel sottosuolo tutto diventa uguale: luce, odori, rumori, temperatura, giorno, notte [...]. Più nulla stimola il vagabondo, né la pioggia da cui si vuole riparare, né la notte che si avvicina, niente lo unisce più a niente, e scivola rapidamente e ineluttabilmente nel nulla di una totale desocializzazione».[12]

Oltre alla noia, c'è la sofferenza di essere considerato un indesiderabile. Alla Gare d'Austerlitz, la più vicina alla Mie de Pain, quante volte verremo espulsi dalla sala d'attesa! L'episodio seguente è abbastanza gustoso. Mi riguarda direttamente, perché prima o poi insinuarsi nella vita dei poveri porta a subire delle vessazioni come loro, ad esporsi al dolore cocente della mancanza di considerazione, al rifiuto, al giudizio altrui. Senza peraltro che io provi «perfetta letizia».[13] Cacciato dalla sala d'attesa dagli agenti di stazione, vi torno mezz'ora dopo. Vedendomi, si rivolgono a me in modo volgare: «Allora, dico a te. Ti abbiamo detto di uscire!». Chiedo loro di darmi del «lei». Uno risponde: «Nella Francia socialista si dà del tu a tutti, soprattutto agli incapaci». Vogliono la mia carta d'identità. Mi rifiuto di dargliela finché mi trattano in questo modo e chiedo di parlare con il loro superiore. Rispondono che dorme e che sono loro che comandano. Mi dicono allora di seguirli al commissariato; lì sarò costretto a mostrare i documenti. Strada facendo, abbandonano il loro progetto e mi lasciano andare... Tutto questo è piuttosto triste e mi spinge a riflettere sulla famosa e difficile questione della giustizia e della pace. Ero sereno e lo sono rimasto; ma loro, già aggressivi, lo diventavano sempre più a causa delle mie rivendicazioni.

[12] Patrick Henry e Marie-Pierre Borde, *La Vie pour rien*, Robert Laffont, Parigi 1997, p. 197.

[13] Si tratta di una parabola raccontata da Francesco d'Assisi per indicare la natura della vera gioia. Un giorno, d'inverno, coperto di neve e di ghiaccio, Francesco bussa alla porta di un convento, ma non viene riconosciuto dai confratelli, che lo cacciano via. «Se noi tutte queste pene sosterremo pazientemente e con allegrezza», dice Francesco «[...] in questo è perfetta letizia».

Se io ho reagito, più che per me, l'ho fatto perché si rivolgano correttamente ad ogni uomo, senza abusare del loro potere. Ma aver cercato la giustizia non le avrà reso un servizio, perché quegli uomini si sono irrigiditi di più. Come denunciare il male senza aggravarlo? Accettare l'umiliazione senza dire niente, è la strada giusta? Anche Gesù ha risposto alla guardia che lo picchiava: «Se ho parlato male, dimostrami dov'è il male; ma se ho parlato bene, perché mi percuoti?».[14] Bisogna dunque protestare sempre contro ogni ingiustizia, ogni oppressione, ogni disprezzo, ma con cuore mite e pacifico, mosso anche nella protesta dall'umiltà e dalla misericordia: «Beati i miti, perché erediteranno la terra... Beati i perseguitati per causa della giustizia, perché di essi è il regno dei cieli».[15]

A fronte di questo rifiuto e di questo disprezzo, fortunatamente qua e là si accendono alcune luci, sia pur molto flebili.

In quella stessa sala d'attesa, un uomo sta mangiando. Un altro entra, in uno stato di palese miseria. Dopo un po', il primo si avvicina al secondo e gli dice: «Possiamo fare a metà se vuoi», e gli porge pane e formaggio. Non sembravano conoscersi. Quello che ha offerto da mangiare se ne è andato subito. C'è anche una coppia con un cane che è venuta a riscaldarsi. Una signora carica di grosse valigie appoggiate su un carrello offre loro caffè e cornetti. Felicità della gratuità che passa con discrezione senza fare rumore; balsamo che cura le piaghe. Molti dei nostri amici possono offrire la testimonianza di simili attenzioni di cui sono stati i destinatari.

La gentilezza, in quel che ha d'imprevisto, è forse ciò che conforta di più, che ridà coraggio e speranza quando

[14] Vangelo secondo Giovanni, 18, 23.

[15] Vangelo secondo Matteo, 5, 4 e 10.

non ce la facciamo più. Quante volte abbiamo provato noi stessi la dolcezza di questo dono. È «l'effetto regalo», completamente gratuito, che commuove di più quando ci sentiamo soli e dipendenti. Durante la mia prima notte di Natale nell'accampamento di roulotte rievocato all'inizio di queste pagine, mi ricordo come se fosse ieri di quella donna sola venuta a bussare alla mia porta per portarmi alla chetichella un pezzo di *bûche*.[16] Balbettai un grazie, ma se n'era già andata via, senza aspettare nulla in cambio. In questa discreta e delicata attenzione, quella notte si spalancava già nell'alba eterna. Oppure a Nantes, nel 1991. Insieme ad altre persone dormivamo, Colette ed io, sotto una pensilina, esposti alla vista degli abitanti del palazzo di fronte. Dalla finestra del quarto piano, una vecchia signora che osservava, ci ha lanciato a più riprese una busta di plastica piena di cibo, come la manna scesa dal cielo. Ripenso anche a quell'uomo, alla Mie de Pain. Mi stavo lavando i piedi accanto a lui; mi dice che ci sono delle docce, poi, accorgendosi che non ho un asciugamano, mi porge il suo. Sono toccato profondamente da questa attenzione e da questo dono. Aggiunge: «Può capitare a tutti di essere in difficoltà, io lo so». Il mattino dopo lo ringrazio ancora. Mi dà alcuni indirizzi per mangiare a pranzo: «Non ti preoccupare», dice, «bisogna aiutarsi l'un l'altro». Un altro giorno, nel métro, avendo trovato dei panini in perfetto stato, ne offro a due mendicanti che mi rivolgono la parola: il primo dice che ha bisogno di denaro. Io non ne ho, ma ringrazia ugualmente stringendomi calorosamente la mano. L'altro accetta i panini, molto riconoscente. Le persone mi fissano, ma quei due uomini mi hanno rafforzato nella convinzione che vorremmo ricordare a tutti: fermatevi e abbiate il coraggio di vivere un «faccia a faccia» che può divenire un «fianco a fianco», anche se brevissimo. Ma, in ogni caso, è

[16] Letteralmente, *ceppo*, *ciocco*. Tipico dolce natalizio a forma di ceppo [*N.d.T.*].

necessario che i poveri sperimentino la bontà. Noi dobbiamo sempre rialzare la loro fronte, rispettarli da uomo a uomo, cercare il loro vero volto dietro il viso sfigurato, il cuore sotto gli stracci, il desiderio di tenerezza nel grido e nella brutalità. Sono degli scorticati dell'amore. Allora, facciamo risalire la linfa nel loro cuore devastato, dalle radici saccheggiate.

Una sera il mio sguardo si posa su un uomo solo, seduto su un sedile di pietra. Passo oltre come il sacerdote e il levita della parabola. Non è mai semplice sapere se bisogna o meno parlare con qualcuno e come farlo, anche quando sembra in uno stato miserevole. Comunque torno sui miei passi per chiedergli se non desidera venire con me alla Mie de Pain. Non ne siamo lontani e comincia a far buio. Con mio grande stupore, risponde di sì. Ci incamminiamo e mi chiede: «Perché fa questo?». Porta una busta di plastica e una bottiglia di vino ficcata in tasca. Esita, cammina con la schiena ricurva, fermandosi più volte: «Prima vivevo bene, ero caporeparto, poi mi hanno licenziato. Mia moglie mi ha lasciato. Ventisei anni di matrimonio non si dimenticano così! Ho quattro figli che mi vogliono bene, ma non voglio vivere a spese loro. All'inizio ho preso un appartamento ammobiliato, ma ero sempre triste e sono precipitato nell'alcolismo. Poi tutto si è aggravato. Non aprivo più nemmeno la posta e mi sono ritrovato radiato dagli Assedic. Il caos completo, niente più risorse; non pagavo più l'affitto e sono stato messo fuori. In quel momento ero ancora convinto che me la sarei cavata. Ma non mi rendevo conto fino a che punto ero cambiato. Sottovalutavo l'entità della catastrofe. Ora sono lucido… È la morte… Bevo forte, sono fottuto. Chi mi prenderà a lavorare a cinquant'anni? Non ho più personalità. Bevo forte, sono uno stronzo… Perché lei fa questo? Per aiutare?». Ci fermiamo perché finisca il suo vino prima di entrare. «Mi fa bene parlare così». Allora ci guardiamo negli occhi e ci scambiamo i nostri nomi; lui è Daniel. Gli rivelo la mia scelta di vita. «Lei fa del bene», prosegue, «enormemente. Non è un cuore quello che ha, è un "ufficio di beneficenza"». Ci scambiamo una forte e calorosa stretta di mano. All'ingresso della Mie de Pain, Daniel si fa apostrofare: «Duduc sempre in bolletta». Un uomo ribatte: «Non si parla in questo modo delle persone!». Aspettando il pasto, un giovane ha parole di disprezzo per quelli che non sono puliti. Un altro gli risponde che non deve impicciarsi di quello che fanno gli altri. Dignità dell'uomo richiamata spesso dal povero.

Camminando, ero colpito dalla consapevolezza che aveva Daniel del suo fallimento. Ma come potrà rialzarsi? Gli ho fatto presente che almeno aveva il vantaggio della lucidità. Quell'incontro fu un avvenimento fortunato sulla mia strada. Gliel'ho detto. Perché è questo che manca ai poveri: vogliamo soccorrerli, ma nessuno va a dir loro che il regalo che essi fanno a noi è di farci ritornare all'essenziale della vita e che con loro è bello gustare una comune umanità. Nella loro fragilità, i poveri sono un dono per la comunione.

L'accoglienza alla Mie de Pain suggerisce alcune riflessioni che Agnello ed io abbiamo d'altronde ampiamente comunicato al direttore, al quale abbiamo offerto anche la nostra disponibilità. Durante le ore di chiusura, abbiamo pulito a fondo le fodere dei materassi nere di sudiciume. La nostra vita condivisa con i senzacasa comporta anche altri incontri che ci vengono proposti o che noi provochiamo con l'intenzione di svolgere un ruolo di intermediari, di ambasciatori dei poveri, allo scopo di sensibilizzare le persone e le istituzioni che li soccorrono.

I luoghi di ricovero e in genere i centri di accoglienza possono essere suddivisi sulla base di due tendenze: offrire un'accoglienza minima, sia per favorire il maggior numero possibile di poveri; sia in base all'idea (davvero desolante!) che: «se [i poveri] vengono accolti troppo bene, si attaccheranno a questo posto e non faranno più niente per uscirne». Dietro a una simile concezione, quale idea c'è mai della grandezza dell'uomo e dell'accompagnamento pedagogico? Come se il fatto di tenerli nella sporcizia e nelle scomodità – che sono segni di umiliazione – producesse di punto in bianco il gusto del bello, del buono e avesse il potere di far emergere energie nascoste, per un soprassalto di vita! Si può guarire il male col male? La depressione con la tristezza? Si può sollevare un fardello aggiungendo un altro peso? Che il lettore ci perdoni se ogni tanto il tono delle nostre riflessioni sembra farsi troppo aspro. La nostra intenzione non è di condannare qualcuno, ma di esporre il nostro punto di vista a partire dal nostro vissuto e di stimolare la ricerca di metodi più giusti nell'aiuto ai più poveri.

L'altra tendenza è di creare invece delle condizioni di vita che si avvicinino a quelle di cui godono le persone comuni. È sicuramente ciò a cui bisogna tendere e, a questo proposito, ci sembra essenziale la lotta intrapresa da Xavier Emmanuelli per migliorare la qualità dei centri. Ma bisogna avere chiari i limiti di una tale scelta, per fare in modo che i più deboli non subiscano ulteriori processi di esclusione.

Nel constatare la scrematura che viene fatta dei più poveri secondo lo «standard» dei luoghi di accoglienza e ricovero, vogliamo riconoscere ai centri spesso criticati per la sporcizia, la scomodità o il sovraffollamento (come la Mie de Pain), che essi non pongono alcuna restrizione all'accesso delle persone più deprivate. È vero infatti che, in qualsiasi campo, più in alto «si pone l'asticella», più si è certi di eliminare coloro che non sono in grado di superarla. Ma attenzione, questa riflessione non vuole assolutamente incoraggiare né giustificare l'apertura o il mantenimento di centri degradati. In teoria, per non creare dei ghetti che stigmatizzerebbero ancora di più i poverissimi, sarebbe bene che ogni luogo di accoglienza, piccolo o grande che sia, si preoccupi di fornire una risposta adeguata alle diverse situazioni. Per esempio, se qualcuno non sta in piedi per l'ubriachezza e si fa i bisogni addosso, lo si accoglie al coperto, almeno su un cartone, senza costringerlo a fare la doccia e a infilarsi in un letto con le lenzuola; se un altro arriva in preda a una crisi nervosa, si può prevedere di accoglierlo comunque, per un tempo determinato e isolandolo dagli altri eccetera. In ogni caso, appare sempre più chiaro che gli asili (specialmente quelli di emergenza o per l'inverno) non debbano essere considerati più come delle soluzioni alla meno peggio, ma come una «vera risposta» ai bisogni posti a differenti traiettorie di deriva. Bisogna insomma che questi luoghi vengano sempre più concepiti come punti accoglienti e come punti di partenza per percorsi di emancipazione. La precarietà dei luoghi e dell'accoglienza non deve più sommarsi alla precarietà della vita!

Quello che proponiamo per i centri di ricovero può essere valido per tutti e per qualsiasi centro di accoglienza. È meglio accogliere su un cartone nel proprio garage qualcuno che non sa dove andare a dormire, che lasciarlo per strada col pretesto di non poterlo ospitare in una camera. Bisogna armarsi di pazienza nei confronti dei propri limiti e di quelli dell'altro, e intraprendere un lento cammino. Bisogna avere il coraggio di incontrare il povero invece di ricacciarlo nella sua miseria. Abbiamo spesso troppa fretta di risolvere i problemi, quando invece l'accompagnamento presuppone contemporaneamente prossimità e distanza, per imparare a conoscere i veri desideri e i veri bisogni della persona e adoperarsi a soddisfarli assieme a lei, ai suoi ritmi, con le sue contraddizioni, i suoi progressi e i suoi passi indietro. In questa prospettiva, la rivista del centro Notre-Dame des Sans-Abri di Lione ha pubblicato la bella testimonianza di una famiglia che ha accolto un uomo senzacasa. Ne emergeva la delicatezza adottata nell'approccio, il tempo che era occorso per la familiarizzazione, il rispetto delle esigenze di ciascuno. Chi accoglie come chi è accolto ha bisogno infatti di un tempo che consenta di avanzare liberamente nell'incontro, senza che le porte dell'anima vengano forzate.[17]

Ogni rigido inverno ripropone la spinosa questione di quei senzacasa che, rifiutandosi di andare in un centro di accoglienza, muoiono di freddo. S'invoca talvolta l'argomento della libertà, della libera scelta preferibile ad ogni forzatura, anche se quest'ultima mira al bene dell'individuo. Certo, piuttosto che ricorrere alla costrizione è decisamente preferibile creare un clima di fiducia che inviti e rassicuri. Ma parlare di libera scelta e di libertà ci sembra sempre un po' equivoco. Ci ribelliamo quando sentiamo dire sbrigativamente – e ciò avviene ancora troppo spesso – che i senzacasa hanno scelto liberamente di vivere come vivono e dunque che scelgono, forse anche dignitosamente, di preferire la morte! Si può parlare veramente di esercizio della libertà, o si deve parlare piuttosto di abbandono di tutto o di rottura con il mondo, con tutti? Perché non si vuole più avere bisogno di nessuno per paura di essere ancora una volta delusi o perché si finisce per non aspettarsi più nulla da nessuno. Tutt'al più si potrebbe parlare di spirito d'indipendenza. Il fatto di dover dipendere dagli altri e soprattutto dalle istituzioni finisce per provocare un rifiuto, un disprezzo nei loro confronti. A ciò bisogna aggiungere la difficoltà di accettare la promiscuità, la paura della violenza e delle liti, il timore di essere derubati, tutte cose dalle quali

[17] Si legga nell'Appendice 3 il testo completo di questa testimonianza sconvolgente: *Vita e morte di un uomo chiamato «clochard»*, di Marie-Odile Gentil-Roland, nella rivista «L'Arche sous l'arc-en-ciel».

nei centri non si è più protetti che fuori. Esistono inoltre delle antipatie, dei conflitti latenti o dichiarati con questo o quello; il disgusto di trovarsi vicino a quelli che sono più sporchi o la cui situazione ricorda in continuazione ciò che si è e che non si vorrebbe essere; l'impossibilità di sottomettersi a un orario, all'astinenza dall'alcol, ai vincoli di una vita in comune. Questi uomini hanno dovuto imparare ad arrangiarsi da soli, e il loro isolamento sfocia sempre più nell'incapacità a vivere con altri, associata talvolta, tra i più giovani, a una forma di ribellione permanente. In alcuni prevale il rifiuto di separarsi dalla loro compagna o di abbandonare il proprio cane, il rischio di perdere il loro *squat* soltanto per pochi giorni al caldo. I più, infine, sono come narcotizzati, paralizzati da una sorta di fatalismo, e non si accorgono più dell'intensità del freddo che rischia di ghermirli. Insomma, andare in un centro vuol dire assumersi il rischio di un cambiamento oneroso per un interesse ai loro occhi minore o nullo.

Certamente, ci sono dei senzacasa che preferiscono «crepare» soli, nel loro cantuccio. Ma non interpretiamo questo comportamento come una libera scelta, positiva e felice! È piuttosto il sintomo di una grande infelicità. In questo rifiuto così incomprensibile, in questa specie di incomprimibile allergia, non ci troviamo forse di fronte a un disturbo psicologico importante o a una disperazione suicida? E delle due cose, l'una: o si dichiarano le persone «libere» di morire, e allora non bisogna più scandalizzarsi che i poveri muoiano di fame; oppure si prende atto che alcuni si sono spinti molto lontano nella desocializzazione, che non hanno più la capacità di avvertire i pericoli e, se non si riesce a convincerli a raggiungere un luogo di accoglienza, si fa il massimo per proteggerli da loro stessi, offrendo coperte, pasti caldi e un tentativo di dialogo. Questo problema si ripropone all'epoca dei grandi freddi, ma anche nei casi di rifiuto di cure che mette in pericolo la vita della persona. Una forzatura può talvolta rivelarsi benefica o, al contrario, creare un moto di rigetto che emargina ancora di più. In ogni caso, è chiaro che si tratta di questioni umanitarie, cruciali e delicate.

In questo ambito, riteniamo importante il lavoro dei SAMU sociali, il cui impegno consiste nell'«andare verso» e nell'impedire ai più abbandonati di scivolare al di fuori degli ingranaggi da cui dipende l'appartenenza sociale. Ricordiamo anche l'iniziativa in multipartnerariato di ATLAS, che è in funzione dal 15 dicembre al 15 aprile, i panini distribuiti dall'Esercito della Salvezza, le bevande calde e fredde distribuite da Secours catholique. Le cure vengono fornite dalla Protezione civile e gli autobus della RATP assicurano il trasporto agli alloggi di emergenza. Ma c'è ancora della strada da fare. D'ora in avanti, bisognerebbe creare in particolare unità più piccole, a misura d'uomo. L'accoglienza degli esclusi non può essere fatta con i criteri della grande distribuzione, pena il fallimento dell'obiettivo. Nel febbraio 1996, con una coppia di amici, Colette ed io abbiamo frequentato diversi luoghi d'accoglienza e di ristoro organizzati dalla rete ATLAS. Siamo rimasti impressionati da alcuni posti in cui la minestra veniva distribuita la sera: Gare du Nord, Châtelet, chiesa di Saint-Eustache... In ognuno di questi luoghi, si ritrovavano 150-200 persone. Tali iniziative esigono fedeltà e pazienza, e hanno il merito, ancora una volta, di essere accessibili ai più poveri, che non desiderano o non possono recarsi in un centro, mettersi a tavola insieme ad altra gente. Esse sono in presa diretta con quei senzacasa che restano sulla strada giorno e notte. Ma pur ringraziando tutte le persone di buona volontà, non dobbiamo mai dimenticare ciò che, in termini di dipendenza e umiliazione, questi punti di assistenza comportano nella vita dei sofferenti della strada. Sono moltissimi gli elementi che ricordano loro in continuazione di essere dei poveri: venire a cercare il proprio «rancio» in piedi, al freddo, sotto la pioggia, nell'oscurità; ricevere tutti gli stessi panini, la stessa minestra, più o meno per quattro mesi; mettersi in fila, passare fra le transenne che canalizzano il flusso dei richiedenti: tutto ciò fa dire ad alcuni, non senza ragione: «Siamo condotti come vacche alla stalla!» eccetera. Tutto questo per dire che, malgrado un miglioramento nella qualità e nella quantità delle iniziative, non è facile impedire che il povero interiorizzi, col passar del tempo, che egli è un povero, un cittadino di serie B.

Incontriamo Marc davanti a una minestra distribuita alla Gare du Nord. Dopo avermi fissato un momento, mi riconosce (ci eravamo visti diversi anni prima a Parigi, Bruxelles o altrove): «Non si dimentica la gentilezza», dice. Sono sorpreso della sua memoria. Cominciamo con lui una conversazione abbastanza lunga, come se non avesse più parlato da molto tempo. Quante cose ha da raccontare, Marc! Per prima cosa ci mostra la sua tessera del SECU che si paga da solo (è belga): «È l'unico motivo d'orgoglio che mi resta». Ma questa non basta a soffocare le sue pulsioni di morte, perché subito aggiunge: «Vorrei farla finita, fare il "grande viaggio". Perché vivere così?». Gli piacerebbe rendersi utile, che gli dessero un lavoro socialmente utile, come pulire i giardini pubblici: «Non far niente distrugge. L'ozio è la cosa peggiore, uccide un uomo». Marc ribadisce anche che sulla strada, quando non si hanno due franchi, non si possono fare nemmeno i propri bisogni: «C'è veramente qualcosa che non va». Verso la fine della conversazione, ci ringrazia di averlo ascoltato e si scusa di averci rotto le scatole. Abbastanza spesso succede che l'interiorizzazione dei colpi ripetutamente inferti alla propria dignità faccia sì che alcuni si scusino in continuazione di stare lì, di disturbare o, al contrario, che mandino tutti a quel paese. Marc ci prega di accettare un assegno di cinquanta franchi che ha ricevuto chiedendo l'elemosina e che non può incassare perché non ha un conto in banca. Infine ci invita a parlare agli altri di quello che succede sulla strada: «Bisogna far conoscere la verità». Grazie a te, Marc, di mandarci in missione!

Impossibile riferire tutto su Parigi. Ricordiamo almeno la Moquette, luogo d'incontro aperto la sera, dalle nove a mezzanotte e mezza. Ci sono troppi luoghi in cui i poveri sono solo assistiti per non mettere in evidenza la felice iniziativa di Pedro Meca e dei Compagni della notte. L'iniziativa vuole privilegiare, nella risposta alle difficoltà, gli aspetti relazionali. «A forza di sentirsi dire che sono senza questo e senza quello, gli esclusi interiorizzano il loro sentimento di inutilità», dice Pedro. «Alla Moquette non si dà nulla, è un luogo dove essere, dove scambiare due parole, dove stare assieme agli altri. Le cose, però, non sono così semplici. Quando vengono il primo giorno, chiedono. Il secondo pretendono. Il terzo, è un diritto. Il quarto urlano. E noi rispondiamo: "Porta qualcosa anche tu! Cosa porti?". Quando finiscono per sentirsi a loro agio, portano amicizia, un modo di stare con gli altri. Le persone qui si incontrano in modo diverso, perché si frequentano disinteressatamente. Altrove si vedono; qui si conoscono. Si danno dei consigli. Rivelano competenze che ignoravamo. Alla Moquette vengono poveri con fissa dimora. Al povero con fissa dimora non è importante dargli qualcosa, ma offrirgli la possibilità di essere e incontrare gli altri. Quando si dà qualcosa a qualcuno, si mantiene l'altro nella sua condizione di povero. Quando si dà qualcosa, colui che riceve si percepisce come un assistito. Perché i senza fissa dimora escano fuori dalla loro condizione, bisogna distruggere il ghetto. Bisogna che i senza fissa dimora incontrino quelli con fissa dimora senza ostilità. È importante e non è facile. Sono necessari dei luoghi in cui tutto possa essere detto perché tutto possa essere sentito. [...] Si costruisce un uomo nuovo solo quando egli si sente atteso, quando è nuovamente qualcuno per gli altri. Non si tratta soltanto di bisogni da soddisfare, ma di potenzialità da rivelare. Bisogna dare all'altro l'occasione di dare».[18] Abbiamo partecipato un po' alla vita della Moquette all'epoca del nostro soggiorno a Parigi nel 1996. Non possiamo che insistere perché simili luoghi in cui l'escluso non è più un peso o una preoccupazione, ma prima di tutto una fortuna, una grazia, si moltiplichino. E anche se questo tipo d'iniziativa non può essere destinata subito ai più poveri, è importante cercare di lavorare con questo spirito attraverso diversi ambiti.

Nello stesso senso, se la nostra vita pretende di essere prima di tutto una presenza relazionale con i dimenticati, dobbiamo comunque preoccuparci dell'incontro con tutti. Un aspetto di questa dimensione consiste nell'elemosinare la nostra sussistenza presso privati (più agli inizi che adesso). In questo comportamento, c'è qualcosa dello slancio missionario che ci induce ad essere testimoni del Povero e dei poveri che abitano tra noi. Una dimensione mistica, della quale erano portatori i frati mendicanti, è individuabile anche nella richiesta che facciamo di pane e non di denaro: essere inviati, a mani nude, per offrire l'amore e la pace di Dio in cambio del cibo ed essere nuovamente ricambiati con la pace e l'amore come dono meraviglioso; promuovere e sperare un incontro attraverso e al di là della richiesta di cibo. La povertà può diventare un luogo di comunione, in cui colui che domanda è anche colui che dà, e colui che dà è anche colui che riceve senza aver cercato nulla. Domandare semplicemente da mangiare – domanda concreta e vitale – vuol dire invitare a un gesto di fraternità e di

[18] Parole tratte dalla postfazione di Pedro Meca al libro di Elsie, *Viens chez moi, j'habite dehors. Un carnet de voyage chez les sans-abri*, Albin Michel, Parigi 1994.

apertura alla portata di tutti: che nel nostro mondo così spesso ripiegato su se stesso, l'uomo possa sempre soccorrere il proprio simile, semplicemente perché è un uomo. Che nessuno venga lasciato nel bisogno. Che questa mendicità diventi il luogo, l'evento in cui si manifesta e si celebra la vicinanza del «Dio sommo», che è immensa apertura, sovrabbondante gratuità e bontà. Domandare un po' da mangiare vuol dire ricordare il carattere effimero dei beni terreni, il cui uso è benefico solo se sono condivisi. Il mendicante indica e annuncia l'eternità, l'al di là del visibile e del provvisorio. Ci rimanda alla nostra propria miseria, alla nostra fondamentale fragilità, alla nostra condizione di passanti su questa terra e quindi alla nostra morte. Ecco perché probabilmente fa paura. Ma se vogliamo davvero guardarlo e accoglierlo, riconciliandoci con la nostra debolezza, egli ci libera. Ogni volta bussiamo a una porta, ardiamo dal desiderio di aprire non solo un cuore, ma anche gli occhi che potranno così spingere lo sguardo più lontano: vi chiediamo il necessario di cui abbiamo tutti bisogno per vivere, ma, al tempo stesso, desideriamo annunciarvi questa frase così significativa del Vangelo: «Perché dove è il vostro tesoro, là sarà anche il vostro cuore». E ancora: «Che giova all'uomo guadagnare il mondo intero, se poi si perde o rovina se stesso?».[19]

Domandare il pane in questo modo ci ha fatto scoprire un'altra maniera di ricevere le parole di Cristo riportate da Matteo al capitolo 25, comunemente intitolato «Il giudizio finale». Spesso vediamo in queste parole un avvertimento riguardante il nostro comportamento verso il povero (malato, prigioniero, affamato...). Questo rimane vero, certo. Ma oggi, essendo noi stessi nella dipendenza, queste parole risuonano d'un significato diverso. Perché quelli che ci

[19] Vangelo secondo Luca, 12, 34 e 9, 25.

soccorrono, è anche Cristo che soccorrono a loro insaputa. Spetta a noi essere vigili per fare dello scambio in cui riceviamo il dono un incontro sacro, un'epifania, una buona novella. D'altra parte, siamo tutti sufficientemente coscienti di dover essere soccorsi e non soltanto di dover soccorrere? La stessa intuizione ci viene suggerita nella notevole rappresentazione della parabola del Buon Samaritano che si può ammirare su una vetrata della cattedrale di Bourges: i tratti del ferito e del Buon Samaritano riflettono lo stesso volto, quello di Gesù. Anche noi, in situazioni simili, raramente ci immaginiamo come il ferito, quello a cui venire in aiuto... Questa verità su noi stessi dovrebbe illuminare i nostri comportamenti e il nostro impegno verso l'altro.

Gennaio 1984. È mezzogiorno. Agnello e io bussiamo ad alcune porte. Dopo alcuni rifiuti chiari o velati, ci apre una giovane donna. Dapprima un po' sorpresa, ci fa entrare e chiede se abbiamo un posto dove mangiare. In un primo momento, ci cuoce delle uova, poi decide con il marito di invitarci a tavola. Siamo confusi di essere accolti così bene. All'inizio del pranzo, la donna piange e confessa: «È curioso, avevo proprio un dubbio a causa di un avvenimento, non so cosa devo pensare...». Capiamo che hanno perso un figlio in ottobre. Prosegue: «Credo che forse siete inviati». Rimproveri e sensi di colpa la sommergono. Entrambi s'interessano alla nostra vita e si mostrano sensibili agli emarginati. Incontro intenso e sconvolgente come tanti altri. Come quell'altra povera donna che torna, con un bel sorriso sulle labbra, con due mandarini nell'incavo delle mani: «Ho solo questo». La vedova del Vangelo!

Quando andiamo di casa in casa, in effetti, amiamo bussare a tutte le porte, ricche o povere. Qualche tempo fa, giravamo in un piccolo quartiere di sottoproletari. Bussiamo. Compaiono molte teste di ragazzi, le une dietro le altre. Arriva un uomo e ci dà una baguette. Scambiamo qualche parola e ci mettiamo vicino alla loro casa per mangiare. Siccome comincia a piovere, uno dei ragazzini ci indica una baracca dove ripararci; se ne va e poi ritorna con due salsicce, avanzo del loro pranzo. Gli altri bambini ci portano due bicchieri di vino. Agnello non ne prende, e allora una delle ragazze propone del succo di frutta e poi ci offre caffè zuccherato e latte. Gli uni e gli altri ci fanno molte domande e ci parlano anche della loro vita. Sono zingari, ma dalla morte del padre non si sono più spostati. Parliamo di mendicità. Siccome Agnello dice che non è sempre facile, interviene un ragazzo: «Provate vergogna?», e le ragazze aggiungono: «Non bisogna vergognarsi, anche noi chiediamo l'elemosina nelle pasticcerie, chiediamo i resti». Una vicina si unisce alla conversazione e ci invita a riscaldarci da lei. Notiamo sul tavolo il foglio di viaggio del Movimento ATD-Quart Monde. Ci comunica la sua gioia e il suo orgoglio di essere iscritta al movimento. Ciò che mi ha toccato particolarmente, in questo incontro, è il suo «crescendo». Viene rispettato un ritmo, c'è un tempo per familiarizzare e un tempo in cui siamo invitati dai vicini. È una specie di contagio nell'accoglienza e nella bontà.

Ci sono anche dei rifiuti che poi si trasformano. Un giorno, chiedo del pane a una signora che mi risponde, irritata, che non ne ha. Mi azzardo comunque a chiedere un bicchiere d'acqua: «Questo non posso rifiutarglielo».

Portandolo la signora chiede: «Perché non ha mangiato? Non posso mica darle del pane secco». «Sì, mi va benissimo», rispondo.

Torna e, portando un buon pezzo di pane, aggiunge: «Ci ho messo del burro sopra». Quando lo mangio, miracolo! Il pane secco è invece fresco! Quale metamorfosi del cuore! Quante cose possono accadere in un incontro… Quanto a me, sono ancora una volta invitato a ricevere tutto per pura grazia, a pensare che niente mi è dovuto. Non è sempre evidente. Nel rifiuto, come pure nell'accoglienza, questi incontri sono sempre di una rara densità. Si freme di ammirazione, di riconoscenza e di rispetto.

Un'altra volta, una signora di ottant'anni dice che le piacerebbe invitarci a pranzo, ma che la malattia psichica molto grave di suo marito glielo impedisce. Allora ci accompagna alla birreria là vicino, raccomandandoci di non fare complimenti nella scelta, e ci presenta alla titolare, proprio come si era comportato il Buon Samaritano. La signora torna alla fine del pasto (che comunque abbiamo voluto il più modesto possibile) per dirci che le farebbe molto piacere prendere il caffè con noi a casa della figlia che abita nello stesso palazzo. Ci andiamo e scopriamo come possono coesistere, al tempo stesso, il mondo della ricchezza e della finezza con la preoccupazione di un reale impegno cristiano. Emozionante e mirabile incontro, in cui dei ricchi si lasciano interpellare dalla via stretta del Vangelo. Con, al centro della loro vita, la prova molto dura della malattia del marito, padre e nonno. Sì, in quella casa, quel giorno ha fatto irruzione il Regno. Il cuore di ciascuno brucia dell'altro, dell'Altro. Siamo spesso testimoni e confidenti di sofferenze comunicate in modo quasi brusco, o semplicemente di confidenze spontanee, perché la vulnerabilità e la fragilità in cui ci troviamo forse hanno il potere di rammentare ai nostri ospiti e a noi stessi l'essenziale della Vita. Domandando il pane necessario al nostro corpo, dobbiamo estraniarci dalla nostra domanda concreta per cogliere ciò che i nostri ospiti vogliono offrirci della loro vita e ricevere così, in uno scambio reciproco, il nutrimento per i nostri cuori. Quante volte, quando avvertiamo profondamente di non riuscire a ringraziare a sufficienza tutti quelli che in diversi modi ci fanno vivere, li sentiamo dire: «Siamo noi che vi ringraziamo di essere venuti da noi, siete voi che ci avete fatto piacere».

«Invece sfamasti il tuo popolo con un cibo degli angeli», è scritto nel libro della Sapienza, «dal cielo offristi loro un pane già pronto senza fatica, capace di procurare ogni delizia e soddisfare ogni gusto. Questo tuo alimento manifestava la tua dolcezza verso i tuoi figli; esso si adattava al gusto di chi l'inghiottiva e si trasformava in ciò che ognuno desiderava. [...] perché i tuoi figli, che ami, o Signore, capissero che non le diverse specie di frutti nutrono l'uomo, ma la tua parola conserva coloro che credono in Te».[20]

[20] Sapienza, 16, 20-21 e 26.

CAPITOLO QUARTO

«Siamo sempre in allerta»

(Bruxelles)

In fondo, non ci sono poi così tanti uomini cattivi, ci sono uomini sfortunati, uomini che portano dentro di sé una piaga profonda in cui regna l'oscurità più impenetrabile. La vergogna e la paura fanno il resto.

Éloi Leclerc

Il senzacasa è un errante, e un errante perseguitato. Come diceva Laurence: «Certe volte ci chiediamo se il mondo ci appartiene e se abbiamo il diritto di viverci». È l'erranza dolorosa, la vita senza scopo, l'andare senza sapere dove. Aver dovuto abbandonare la propria casa, vuol dire anche aver dovuto abbandonare una parte di se stessi. Il povero che non ha nemmeno un luogo dove posare il capo è un esiliato nel suo paese, senza legami, senza famiglia, senza casa, senza ragione di vita, inutile. Spesso non porta nulla con sé, e quello che ha addosso stigmatizza ancora di più la sua miseria. In questa spaventosa erranza, cerca rifugio soprattutto nelle stazioni. Ma queste diventano sempre più inospitali e, come gli alberghi, andrebbero classificate secondo il numero delle stelle! Restano, tuttavia, luoghi cosmopoliti, e nella folla che va e viene è più facile perdersi, inosservati, per fuggire la propria solitudine, uccidere la noia, ritrovare gli amici, oltre che un po' di calore e di riposo. Anche noi frequentiamo le stazioni per necessità, e per incontrarvi gli amici.

Eccomi a Bruxelles con Agnello e Paul. Dal 1983 al 1989, vi abbiamo soggiornato a più riprese per periodi abbastanza lunghi. Il Belgio è un paese piccolo, e forse per questo ha il vantaggio di dare ai rapporti tra i cittadini un carattere «bonaccione», qualcosa di semplice, d'immediato, di caloroso. La nostra presenza tra i senzacasa è stata caratterizzata da una grande familiarità e spesso da scambi intensi. I soggiorni a Bruxelles sono stati, sotto molti aspetti, eccezionali. È qui che fu girato, nel 1985, un reportage della RTBF sulla nostra vita religiosa nella strada.[1] Ed è sempre a Bruxelles che Paul venne incarcerato per vagabondaggio. La cosa fece molto scalpore e provocò una grande eco sulla stampa. A quell'epoca il vagabondaggio era considerato ancora un reato, e l'arresto di un religioso portò a un processo, che offrì l'occasione per invocare l'abrogazione di una legge fin troppo obsoleta in un paese democratico. Il processo, in cui la difesa era sostenuta da due avvocati appartenenti al Movimento ATD-Quart Monde, non era un processo fatto ai poveri, ma alla miseria. Fu il detonatore di un'iniziativa eccezionale che consisteva nell'offrire a tutti i senzacasa che lo volessero la possibilità di riunirsi in assemblea nella Gare Centrale, per una serata, ogni quindici giorni. Momento in cui tutti potevano parlare liberamente e in cui il vissuto di ciascuno poteva esprimersi, essere condiviso, ascoltato. Talvolta venivano invitati anche una assistente sociale, un direttore di un centro di accoglienza, un magistrato. L'assemblea aveva luogo pubblicamente. Alcuni passanti e perfino dei viaggiatori, incuriositi dall'assembramento, prendevano parte al dibattito. Il tutto terminava con un allegro spuntino preparato da amici e simpatizzanti. Era un momento intenso e atteso durante il quale si rinsaldavano i rapporti e si concretizzavano anche forme di aiuto reciproco. Chi, ad esempio, conosceva un'assistente sociale la presentava a un nuovo venuto; si scambiavano indirizzi utili, offerte di lavoro, si davano notizie degli assenti... È vero, nascevano anche conflitti alimentati

[1] «À suivre», *Au monastère de la rue*, maggio 1985, trasmesso dalla Radio-televisione belga francofona.

da rancori, gelosie, dall'amor proprio calpestato. Ma questa iniziativa, collegata al Movimento ATD-Quart Monde, costituiva per l'universo degli esclusi e dei disprezzati una vera, nuova apertura. Quante volte, infatti, sin dalle mie prime frequentazioni dei luoghi di accoglienza per senzacasa, avevo notato con rammarico come queste fornissero – più o meno decorosamente – soltanto vitto e alloggio, senza mai offrire a queste persone impastate d'angoscia e di solitudine la possibilità di sfogarsi, e non soltanto di sfogarsi, ma di prendere parte alla formulazione delle proposte sui temi che le riguardavano. Era la geniale intuizione di Joseph, che mi ha influenzato profondamente. Padre Joseph non si stancava di trasformare la vergogna dei poveri di non essere nulla o ben poca cosa, nella grandezza e nell'orgoglio di un uomo che aveva recuperato la sua dignità.

Per l'opinione comune, il senzacasa rimane fondamentalmente uno stomaco da riempire e un corpo da coprire. E invece no! Prima di tutto è un uomo, una donna. La sua erranza e la sua deriva esigono con la massima urgenza, anzi con precedenza assoluta, un rapporto umano. Più che del pane bisogna offrire una relazione fraterna, cioè reciproca. Alcuni scout l'hanno capito, e altri sulla loro scia. Grazie a loro a Bruxelles venne intrapresa un'iniziativa simpatica e significativa. Un fine settimana, uscendo da uno spettacolo, alcuni di loro rimasero impressionati nel vedere, alla stazione, uomini come ombre, coricati sulle panchine o per terra sui cartoni. Si riunirono e decisero un'iniziativa di grande portata; distribuire ogni sera, nelle due stazioni di Bruxelles, un vero pasto caldo, arricchito da un dessert. Come era stato per le riunioni quindicinali, anche questi incontri rappresentarono un appuntamento molto conviviale, in cui i giovani arrivavano con la loro freschezza e il loro dinamismo per incontrare uomini sfiniti, in uno stato di miseria estrema, che a loro contatto ritrovavano un po' di gusto per la vita. Non si trattava solo di dar da mangiare, ma di creare una piccola festa, di accendere nel grigiore una luce. Il processo al frate francescano, il reportage televisivo, i pasti degli scout, diffusi dai mass media, hanno permesso alla popolazione belga di conoscere meglio le dimensioni della povertà nascosta, e da quel momento abbiamo assistito al moltiplicarsi di piccoli gesti, personali o collettivi: come quell'impiegato venuto a sedersi con noi dopo il lavoro per chiacchierare davanti a un thermos di caffè che aveva preparato lui. O una classe di bambini che con la purezza e l'innocenza della loro età ci portavano al mattino alcuni croissant. Schiarite commoventi nel cuore delle tenebre. Perché le tenebre sono sempre presenti, permanenti e profonde.

Durante una riunione alla stazione, Réjane esclama: «Sono persa. A dodici anni mia madre mi ha abbandonata. Quando avevo diciassette anni, mio padre mi ha cacciata di casa. Mio fratello si è impiccato a diciott'anni. Ci penso sempre. Mio padre mi diceva: "È colpa tua!"». Poi aggiunge: «Ho una figlia di due anni; è stata data in affidamento a mia sorella, ma è mia figlia, sono io che l'ho concepita. Ci sono parecchi disgraziati, qui, ma di tutti credo di essere io la più disgraziata». Più discretamente, quasi facendo eco a ciò che ha appena sentito, Patrick mormora: «Dicono che si comincia a essere stanchi a quarant'anni, ma io ne ho solo venticinque e non ne posso più». Patrick ha dovuto portare giornali «porta a porta» sin dall'età di tredici anni per sfamare la famiglia. Prende la parola René: «Mia madre mi ha detto che sono un delinquente e che sarò sempre un delinquente». Parole che hanno un impatto terribile perché sono dette da una madre. A volte il povero interiorizza velocemente e nel profondo il fatto di non valere nulla. Da quel momento, tutta la sua vita rischia di costruirsi attorno a questo sentimento, con un atteggiamento ora di rivolta ora di rassegnazione. Florent mi confida: «La vita è brutta. Sono a terra. Non ho amici. Sono disperato. La cosa peggiore è essere poveri da soli. È terribile. Quello che cerco è un amico, un buon amico, uno vero!».

Questa miseria è senza fine, senza fondo, senza maschera. A differenza del ricco, che può nascondere le proprie debolezze, il povero non può più nascondere nulla: è nudo. Se uno non distoglie di proposito lo sguardo, ne è chiamato direttamente in causa. Perché tutte queste persone non hanno scelto loro di vivere una simile vita «azzerata». Ed è troppo comodo pensare che se sono in queste condizioni, è per mancanza di coraggio e di volontà. Siamo in grado di capire, invece, da quale luogo di sofferenze sorgono le loro parole? Dobbiamo sempre tentare di capire ciò che ci sconcerta.

Spesso ci viene chiesto: «Perché rimangono in questo stato? Cercano veramente di uscirne fuori?». Noi ragioniamo sempre a partire dalle nostre risorse e dalle nostre capacità, trovandoci in posizione di forza e d'equilibrio, e ci è davvero difficile operare il cambiamento interiore che ci consenta di avvicinarci a chi vive in condizioni di assoluta precarietà e che nulla riesce a controllare. Il nostro incontro con il senzacasa è un po' come l'incontro con una persona depressa, che noi sappiamo bene quanto sia difficile accompagnare. L'errante sprofonda sempre più in una sorta di stato depressivo e perfino suicida. La sua esperienza interiore somiglia a quella dell'individuo che va sempre più a fondo e s'inabissa senza trovare nulla a cui aggrapparsi. Gérard ci dice, stremato: «Se cadi così in basso, non riesci più a risalire... Non puoi andare avanti così, non ce la fai più!». Ma per Gérard «non si può più andare avanti così» da anni. Il suo sussulto d'indignazione e di «misura colma» non basta per uscirne fuori, come pure non bastano alcuni gesti concreti. Un giorno, un fatto insignificante mi ha aperto gli occhi. Mi trovavo a Mons, in un centro d'accoglienza. Sylvain doveva andare a far visita alla tomba di sua nonna. Invece non ci è andato. La sera prima mi chiede di puntare la sveglia alle sei perché ha molte cose da fare. Lo sveglio all'ora stabilita. Finisce per alzarsi alle otto e mezza e non è ancora uscito quando vado via alle undici... La miseria logora la volontà; la vita sulla strada è corrosiva, destrutturante, distruttiva. Il potenziale di lotta, già molto minato, diminuisce giorno dopo giorno. L'esistenza va avanti con alti e bassi, e soprassalti. Sylvain aveva organizzato nell'immaginazione un fitto programma, ma l'inerzia ha avuto la meglio. Anche la paura, in certi casi, fa evitare l'ostacolo. Ci sono tanti ostacoli da sormontare per chi è ormai tanto avanti nella deriva. Per avanzare bisogna essere sorretti, incoraggiati dai propri cari, dalla coerenza della vita familiare o comunitaria, oppure da un'ascesi personale. Ma quando tutto ciò non esiste o non esiste più...

L'accompagnamento delle persone «sradicate», o che non hanno mai avuto un punto di riferimento sufficiente, e che «si radicano» sulla strada, ci porta sovente, in un modo o nell'altro, ai confini della morte. Essa è loro familiare. I nostri compagni, d'altro canto, ne parlano spesso, e la desiderano come una liberazione: «Ho qualcosa sullo stomaco», dice Oscar, «un giorno prenderò una corda per impiccarmi. In ogni caso, sono fottuto, ho la cirrosi. Ma continuo a bere. Preferisco raggiungere mia figlia morta due mesi fa. La morte per noi è scontata». E Patrick, riferendosi a noi, aggiunge: «Voi avete uno scopo, noi no». Non c'è orizzonte, non c'è più alcun senso. Anche se per molti sopravvivono desideri fondamentali (avere una casa, un lavoro, una famiglia), a mano a mano che i mesi e gli anni passano, essi diventano sempre più inaccessibili. Accompagnare vuol dire farsi vicino all'uomo distrutto e stremato al punto da non avere più volontà.

Xavier, ventisei anni, messo sin da piccolo in diversi istituti, confessa di non sapere cosa vuol dire amare: «Non ho mai conosciuto l'amore; ho avuto educatori inflessibili che mollavano ceffoni. La ragazza con cui ho vissuto sei mesi, non so se l'amavo. Mi rimproverava di preferirle il cane. Allora me ne sono andato. Qualche volta, anche con lei, restavo senza dire niente, soprappensiero. Oppure lasciavo la stanza per andare a coricarmi vicino al cane. La vita è una cosa curiosa, mica lo chiediamo noi di nascere. Non sono religioso, ma credo che siamo tutti un po' Gesù Cristo, perché tutti dobbiamo portare la nostra croce». Accompagnare vuol dire farsi vicino all'uomo che parla della passione di Cristo come di un'esperienza umana in cui egli ritrova se stesso. Lo ascoltavo, con un nodo alla gola: lui, così giovane, già così ferito e smarrito, senza riferimenti, senza la minima esperienza positiva della vita. Come tanti altri, soffre per la sua identità frantumata, per i suoi ricordi spezzettati tra assistenza pubblica, famiglie adottive e orfanotrofi. Non ha più senso nulla. Come se non ci fosse coscienza umana.

Col passare dei giorni e delle notti, i nostri incontri s'intensificano: «È della solitudine che ho paura», confessa Luc, «mi angoscia. L'anno scorso, durante le feste, ero così stressato che sono andato a casa dai miei. Mi hanno accolto bene, ma non riesco a rimanerci a lungo; il mio difetto è di essere instabile». Racconta di essere stato allevato dai nonni per i primi dieci anni della sua vita, e poi di essere passato da un riformatorio all'altro: «Là dentro sono diventato un delinquente. A quindici anni ero ancora in quinta elementare. Poi mi hanno mandato in un istituto professionale. Due mesi dopo me la sono svignata per finire alla stazione». Mi vuole offrire un bicchiere al bar, e siccome lo sento chiamare per nome le cameriere, gli faccio notare: «Qua dentro conosci tutti». «Vivo alla stazione da cinque anni», risponde. Compra il giornale. Mi dice che legge e scrive con difficoltà: «Ci sono delle parole che non capisco; non è divertente quando non capisci».

Forse è arrivato il momento di ricordare che l'universo dei senzacasa non è popolato da filosofi emarginati o ex dirigenti, e nemmeno da medici che hanno scelto una vita originale. Quando se ne incontra uno, è perché è affetto da disturbi psicologici o mentali. I luoghi comuni sono duri a morire! Il «clochard felice» è un mito che diffondono gli incoscienti! Queste affermazioni circolano ancora troppo per non reagire. Analogamente, il fatto che finiscano sulla strada anche quelli che si chiamano i «nuovi poveri», cioè le persone la cui situazione sociale ed economica sembrava non dovesse trascinarli verso una simile caduta, oppure i rifugiati, non deve farci dimenticare che la maggior parte dei sofferenti della strada proviene dalla grande povertà. Un'indagine effettuata a Lione tra i giovani erranti ha rivelato, qualche tempo fa, che l'85% possedeva un livello d'istruzione inferiore alla prima media.

La situazione a Bruxelles è completamente diversa da quella di Parigi. A Parigi era come immergersi in un vasto mare, gigantesco e anonimo; la tendenza prevalente era di ricorrere ai centri di accoglienza. A Bruxelles invece è come una vita di famiglia che cresce di giorno in giorno. Nel far fronte alle avversità, abbiamo sempre cercato di mantenere un clima amichevole, e la nostra presenza di «fratelli» è stata per molti fonte di gioia e di pace, un'irruzione comunicativa di bontà e di tenerezza. Come diceva uno dei nostri compagni davanti alla telecamera di un giornalista: «I frati sono la nostra famiglia, sono della famiglia dei miserabili... Servono i poveri e sono poveri essi stessi. In poche parole, ci amano». La loro costante sollecitudine nei nostri confronti, in mille gesti tanto semplici quanto essenziali in questa sopravvivenza, è stata meravigliosa e commovente. Così, Armand non esita a svegliarci la mattina per offrirci delle tartine. E molti dividono con noi il cibo ricevuto in elemosina dicendo: «Anche voi ne avete bisogno, bisogna stare in forma per sostenerci!».

Per proseguire in questo vissuto di Bruxelles, ecco alcuni brani tratti dal mio diario di fine 1983.

Lunedì 7 novembre

Abbiamo deciso di restare alla Stazione centrale, dove abbiamo scoperto una sacca di povertà. Una trentina di senzacasa hanno eletto la sala d'attesa come loro domicilio. Ben presto siamo riusciti a entrare in rapporto con loro senza che mostrassero sorpresa. Ci danno anzi buone indicazioni per trovare da mangiare: indirizzi di conventi e «buoni» bidoni dell'immondizia. Parecchi parlano di furti e sembra che il cibo che circola sia rubato. La sala d'attesa, dove per il momento siamo tollerati, si trasforma in un ritrovo dei senza fissa dimora: si mangia, si bevono birre prese al bar vicino. Regna ovunque un allegro baccano. Nessuna preoccupazione di tenere il posto pulito. I rifiuti finiscono per terra, e questo ovviamente non favorisce la tolleranza del personale nei confronti di questo piccolo mondo di «non clienti».

È un comportamento che ci infastidisce tutti e che non riusciamo a tollerare. Recita bene l'adagio: «Si può essere poveri ma puliti». Gli stessi poveri non mancano di rimproverarsi reciprocamente la sporcizia che lasciano dietro di sé. Quanto volte abbiamo sentito questo genere di frasi sulla loro bocca: «Per colpa di qualcuno che fa casino, non possiamo più venire qua. Ce ne sono alcuni che pensano solo a se stessi, e gli altri ci vanno di mezzo». Il problema è che non è colpa di qualcuno, ma di tutti. Ora ha colpa l'uno, ora l'altro. Anche quelli che si arrabbiano, più tardi si comporteranno allo stesso modo. Comportamento molto umano, del resto. Ciò non toglie che una delle piaghe del povero, che ostacola una buona relazione con lui, è proprio quella che riguarda l'igiene, il rispetto dei luoghi, la violenza, l'alcol... Un piccolo episodio molto significativo in proposito e anche curioso: una notte entro nell'androne di un palazzo in cui vanno sempre Popol e Steph. Sono già lì. Mi sistemo. Qualche minuto dopo, con dei cartoni sotto il braccio, arriva uno sconosciuto che fa un gran baccano. Piuttosto ubriaco domanda brutalmente: «Chi c'è? Adesso ti vedo», e fa luce con l'accendino. Reclama il «suo» posto, quello che occupo io, quando invece Popol – che dorme lì da più di un anno – non l'ha mai visto! Gli cedo il posto. Ammucchia i cartoni e me ne lascia uno: «Ti do il mio, è pulito. E non rompetemi i coglioni, se no meno! Buona notte! E domani, ragazzi, bisogna togliere i cartoni; bisogna essere puliti, così possiamo tornare!». Vorrei credere alle sue buone intenzioni... Al mattino, ecco il nostro buon apostolo e consigliere che urina nel corridoio. Catastrofe! Steph fa un casino. L'uomo non risponde e se ne va senza portarsi via i cartoni! Steph e Popol, che normalmente hanno cura di lasciare puliti i posti in cui si fermano, sono furiosi.

Senza voler giustificare e scusare tutto, possiamo decodificare questo comportamento e cercare di capire. Prima di tutto, il fatto di lasciare i rifiuti sul posto non è appannaggio esclusivo dei senzacasa, anzi! Ma per loro questo comportamento esprime in più il rifiuto che subiscono e di cui si vendicano gettando tutto per terra a loro volta. Bisogna vedere la mimica che talvolta accompagna il gesto: la dice lunga sul loro sentimento di rancore e di amarezza. È un gesto che esprime anche un disgusto di sé e di tutti: «Me ne frego degli altri», strombazza Jean-Marie. E Joseph: «A forza di sentirsi buttati via, ci comportiamo anche noi in maniera provocatoria». Un altro giorno, Victor, molto ubriaco, lancia delle lattine di birra sulla strada dicendo: «Io sono un assistito, sono stato sempre respinto da tutti». La disumanità della vita si riflette coi comportamenti più elementari, e così s'instaura un circolo vizioso: più sarò cattivo, meno attirerò su di me la bontà, e siccome riceverò meno bontà, sarò più cattivo. Il problema è che non si diventa cattivi per libera scelta. Più la miseria vi opprime e più è difficile conservare la dignità. L'ambiente degradato in cui il più delle volte vivono i senzacasa è la materializzazione, l'esteriorizzazione della loro miseria interiore. Ecco cosa dobbiamo capire prima di tutto. Dobbiamo creare il bello per far indietreggiare il brutto. Per esempio, nei centri in cui vengono regolarmente insozzati e danneggiati i sanitari, la tentazione di arrendersi è comprensibile. Ma si tratta di una delle sfide da condurre instancabilmente, tanto più che i nostri compagni si considerano «una merda». Non lasciare che tutto venga distrutto, ma investire invece nella pulizia; essere persuasi che il bello genera il bello; credere che questa grande pazienza per la dignità porterà i suoi frutti. I nostri amici, d'altronde, notano perfettamente i nostri tentativi per tenere puliti i luoghi che frequentiamo, e certi seguono le nostre orme. Così, contrariamente all'obiezione che qualche volta ci viene mossa di approvare la loro vita con la sola nostra presenza, avviene proprio l'opposto, anche nelle cose semplici come questa.

Venerdì 25 novembre

Incontro Bernard nella sala d'attesa della stazione. Mi dice che abita in una soffitta umida. Viene qua per riscaldarsi e passare il tempo «perché il bar costa». Cercando di capire le ragioni della nostra presenza, riflette: «Venite per fare l'apprendistato della miseria». Victor arriva un po' alticcio e offre cioccolato a tutti. Poi invita Bernard a bere un bicchiere con lui e vanno via insieme. Jean-Marie allora esclama: «È pazzo, si è già speso tutto il suo Minimex (equivalente belga dell'RMI[2])». Poi mi parla del Poverello, luogo di accoglienza di giorno e di notte: «Ci sono andato, ma è finita. Non ci sto con gli ubriaconi, io. Sono tutti dei delinquenti». Jean-Marie è uscito da due mesi; lavora un po' nei ristoranti e ruba per vivere. Vuole farsi arrestare per vagabondaggio e tornare in galera. Delinquente anche Jean-Marie? No! Non più di quelli del Poverello che egli denigra. Soltanto che quelli sono la lente d'ingrandimento di ciò che è lui stesso. E questo non lo sopporta. Il suo disprezzo nei loro confronti è segno che Jean-Marie, come gli altri, aspira a un'altra vita. Chi decide di diventare povero per rispondere a una vocazione deve lottare per restarlo. Il povero, invece, non sceglie la sua condizione di miseria, e fintanto che non tenta, da solo o aiutato da altri, di venirne fuori, o fintanto che non cede alla sua debolezza, se non al suo fallimento, sarà sempre annientato, ribelle o accusatore. Per arrivare a questa libertà, il cammino può essere molto lungo. Come può giungervi il povero?

Un giorno, mentre sto prendendo appunti sul mio quaderno, Florent mi domanda se sto redigendo un rapporto. Dopo aver chiacchierato un po', dice: «È bello sapere che andate in giro dappertutto in questo modo, è consolante essere ascoltati, perché nei centri non si trova quasi mai qualcuno con cui parlare. È un bel ministero quello che adempite, non lo dico per adulazione. Abbassarsi per stare con i miserabili è una bella cosa». Luc, riferendosi alla nostra partenza, sospira: «Sarà triste quando partirete, non avrò più nessuno con cui parlare». Gli faccio notare che comunque parla con molti altri. Allora risponde: «Non molto, e

[2] L'RMI (*Revenu minimum d'insertion*) è stato introdotto con una legge del dicembre 1988. Il suo scopo è quello di favorire l'integrazione sociale dei più svantaggiati. Viene concesso a chi risiede in Francia (e dunque anche agli stranieri residenti), ha almeno venticinque anni (eccezion fatta per chi ha figli a carico) e si impegna a seguire un programma di inserimento. Alla fine del 1991, i percettori dell'RMI erano 582 mila. Nel primo trimestre del '95 erano 950 mila [*N.d.T.*].

poi non è la stessa cosa, non so spiegarvelo, tra di noi ci diciamo solo stupidaggini, ascoltiamo perché dobbiamo ascoltare». Il povero ha così pochi incontri di qualità che, quando ne ha uno, questo diventa molto importante.

A quell'epoca scrivevo: «Desidero svolgere il compito che un tempo era dei monasteri, vivendo nei luoghi maledetti e disprezzati dell'umanità, nei luoghi dolorosi in cui l'uomo viene spezzato, in cui l'uomo è disperato, per cercare di essere con tutte le mie forze un'oasi di dolcezza, di ascolto, di silenzio, di presenza gratuita. L'uomo ne ha bisogno almeno quanto ha bisogno di progetti».

Sabato 26 novembre

Tra mezzanotte e mezza e le quattro e mezza siamo invitati a lasciare la sala d'attesa. Peraltro, la tolleranza di cui beneficiamo durante le altre ore della giornata è aleatoria e subordinata allo zelo e all'umore di questo o quell'addetto. Verso le sei, il capostazione c'ingiunge di sederci sulle panchine in modo composto; alcuni vengono sbattuti fuori dalla polizia. Più tardi, qualcuno di noi va in un convento di suore che, ogni mattina alle otto, distribuiscono minestra e caffè. La nostra esistenza di nomadi è costellata di punti d'incontro che scandiscono la giornata e alimentano l'amicizia. Felice iniziativa quella di queste brave suore; è apprezzata da molti, dopo la dura prova della notte fredda. Terminata la colazione, mi trattengo per un po' nella cappella adiacente. Malgrado le mie buone intenzioni, non resisto a «cadere tra le braccia di Morfeo» a causa del sonno arretrato degli ultimi giorni. Si avvicina una suora: «Non si deve venire qui per dormire». «No, sorella, non sono venuto per dormire. Se dormo è perché sono stanco», ho balbettato, un po' deluso e imbarazzato.

Qualche giorno dopo, ritorna la stessa suora anziana: «Mi dispiace, signore, ma non posso lasciarla così nella cappella; alcune persone si sono insospettite nel vedere un uomo qua dentro tutta la mattinata. Può restare solo un quarto d'ora!». Ammetto di essere assonnato, ma non mi pare comunque di aver visto molta gente che poteva constatare la durata della mia presenza. Erano infatti le suore stesse che dovevano essere preoccupate! Sono mortificato ma non irritato. Ho mantenuto ancora l'anonimato e sono andato via con l'intenzione di tornare solo per un quarto d'ora come mi era stato concesso. Pensavo a Benedetto Labre che, in simili circostanze, manteneva il silenzio e la calma. Non rivelando la mia condizione di religioso, mi univo alla sorte degli altri che sarebbero andati via senza poter restare. Peccato che i luoghi di riposo e di silenzio come le chiese e le cappelle non siano per il povero il luogo del suo riposo. Ma certo, suora, il «buon» Gesù ne sarebbe così contento!

Ahimè, l'istituzione religiosa è troppo spesso prigioniera dei suoi riti. Essa pensa di servire Dio in buona fede riservandogli un tempo e uno spazio sacri, esclusivamente votati al culto, ma spesso ciò avviene a discapito dell'uomo. Allora lasciamo la terra evangelica. Tuttavia, lungi da me biasimare quelle brave vecchie suore che socchiudono le loro porte, anche se, come in molti altri posti, si avverte che quello che viene offerto è dato di malavoglia, forse perché la paura impedisce un incontro più semplice, franco e cordiale. Qualche volta viene da chiedersi se questi gesti non siano compiuti per «dovere cristiano», venendo così svuotati di ogni umanità. In questi casi essi prostrano la persona cui sono rivolti più di quanto non la tirino su. È quando si passa dall'altra parte della barricata che ce ne rendiamo conto. La severità di queste affermazioni è rivolta prima di tutto a noi stessi. Noi non condanniamo le persone, ma ricusiamo un sistema di pensiero, una deformazione dello spirito evangelico. Il vero spirito evangelico viene espresso chiaramente nel racconto di Matteo quando descrive il Giudizio finale. «Le stesse attività religiose non sono tenute in conto, sicuramente perché non hanno il potere d'indicare la situazione reale dell'uomo davanti a Dio. Sono prese in considerazione soltanto quelle azioni non religiose in grado di determinare la realtà del rapporto dell'uomo con Cristo e con Dio».[3]

Gesù ha passato la sua vita ad elevare l'uomo, a metterlo al centro del pensiero divino. Tuttavia, è in nome di Dio che le autorità religiose hanno cercato di uccidere l'uomo. Siamo stati talmente deformati da una concezione di Dio, Padrone assoluto al quale bisognava consacrare, sacrificare la propria vita, che talvolta siamo arrivati, senza rendercene conto, a squalificare l'uomo. Certo, la carità cristiana imponeva di soccorrere l'uomo ma, in realtà, questi non aveva valore in se stesso, passava in secondo piano. Soltanto Dio e il Cielo meritavano la nostra attenzione. «Venendo tra gli uomini, al centro della nostra umanità, Cristo, in fondo, ci dice qualcosa di molto semplice: non vale più la pena di guardare verso il cielo. Se Dio sta da qualche parte, è nel volto dell'altro» (Michel Del Castillo).

La concezione di un Dio che «merita» davvero qualcosa da noi, anzi tutto da noi, è purtroppo molto diffusa ancora oggi. Un prete, che un giorno aveva invitato dei poveri a pregare, meditando sulla passione di Cristo, somministrava lezioni moralizzanti del tipo: «Anche noi, a nostra volta, possiamo dargli un po' del nostro tempo». Dare, dare! Siamo lontani dal Dio Amore che è, per definizione, la gratuità stessa. Dio salva, non retribuisce! Se c'è un Assoluto, si trova dalla parte della gratuità. Ma noi abbiamo una concezione di Dio troppo ristretta, gli affibbiamo le nostre meschinità moralizzatrici. Ora, «Dio rispetta la libertà dell'uo-

[3] Alain Durand, *J'avais faim. Une théologie à l'épreuve des pauvres*, DDB, Parigi 1995, p. 17. Consigliamo la lettura di tutto il libro.

mo, la libertà di esistere umanamente senza Dio, [...] non vuole un consenso strappato all'uomo dalla paura o dall'impotenza, preferisce scomparire [...]. La rivelazione di Dio sulla Croce è umile, per il fatto stesso di non essere vincolante [...]: essa non s'impone con nessun segno di potenza divina. [...] Dio è passato attraverso la morte per liberare il suo amore dai lacci della sua potenza e della sua giustizia, così come venivano comprese fino a quel momento. [...] Si comprende allora quanto siano grandi le resistenze che la religiosità naturale continua a opporre alla libertà della fede. Ciò che si è ricevuto gratuitamente, non si osa trasmetterlo con la stessa gratuità. Abbiamo paura di mancare a Dio, quando Dio, da parte sua, non ha avuto paura di mancare al mondo: bisogna innamorarsi della gratuità di Dio per acquistare fiducia nella vittoria della Croce».[4]

Nella nostra piccola riunione mattutina attorno a una tazza di brodo, Oscar, che è in forma, racconta: «Mi piacerebbe molto scrivere un libro sulla vita di un clochard. Per dire tutto quello che ho vissuto. Ma non sono abbastanza bravo». Possano queste pagine essere il tuo portavoce, Oscar, tanto più che hai manifestato questo desiderio molte volte. Luc mi saluta con un bel sorriso che risplende nello sguardo. Eppure non riceve ancora l'RMI, perché per ottenerlo deve avere un domicilio: «Con cosa vuoi che paghi una camera?» risponde all'impiegato che si occupa della sua pratica. È il solito circolo vizioso di chi è senza risorse. La soluzione sarebbe di andare in un centro di accoglienza, ma oltre al fatto che questo costituisce talvolta un ostacolo insormontabile, in Belgio le case di accoglienza esigono una retta che equivale all'intero RMI (all'epoca non c'erano

[4] Joseph Moingt, *Gratuité de Dieu*, in «Recherches de science religieuse», 83/3, 1995, pp. 339-341, 345, 347.

centri gratuiti come in Francia). Impossibile risparmiare il denaro in previsione di un affitto, al quale vanno aggiunte le cauzioni. Contraddizione di un sistema che vuole assicurare il minimo vitale ai cittadini più poveri, ma che non è riuscito ad andare oltre i confini della povertà estrema. Questa contraddizione nell'aiuto ritornava regolarmente nelle conversazioni, soprattutto ai tempi delle riunioni alla Gare Centrale, e provocava ribellione e scoraggiamento. Non è facile, anche solo dal punto di vista economico, venir fuori dalla miseria. Senza contare gli altri ostacoli.

Per compensare la perdita di sonno che finisce per mettere anche i più robusti in uno stato di letargia permanente, Luc di tanto in tanto va a dormire da un amico e nota molto giustamente: «Alla stazione, anche se dormo dodici ore, non mi riposo. Se dormo sei ore in un letto, sono in forma». Altri, invece, come Edmond, non vogliono andare da un amico «perché poi raccontano ogni sorta di bugie su di te, che rubi eccetera. L'ho fatto una volta, ma è finita». Di nuovo ci imbattiamo nella vulnerabilità del povero che viene accusato più spesso di quanto non meriti! Concentra su di sé e dentro di sé tutte le sue debolezze. L'aiuto di cui beneficia, soprattutto quando gli è procurato da un suo compagno, rischia di ritorcersi contro di lui e spesso gli viene rinfacciato.

Tra i poveri, più che altrove, si ha bisogno di capri espiatori. Più si è schiacciati e si sta male con se stessi, più si è fallito nella vita, e più si ha bisogno di schiacciare e denigrare i propri simili. Si crede di salvaguardare la propria dignità, affondando l'altro. Si ricostruisce la propria innocenza sporcando l'amico. Ci si valorizza infangando l'altro. Descrivendo una persona o una situazione come «schifosa», ne prendo le distanze e affermo che io non sono così. Quante volte sentiamo dire: «Ho fatto questo e ho fatto quello per un amico, e questo è il ringraziamento. Sono proprio pentito». Quanto all'amico in questione, spesso si lamenta con il suo «benefattore»: «Se ne è approfittato ben bene di me...». Parole e situazioni che, in entrambi i casi, sono talvolta inventate di sana pianta per darsi delle arie o per spacciarsi da vittima. Spirale infinita. Ostacolo alla solidarietà. Il dono è sempre un po' strappato, non offerto, il che porta con sé rancore e amarezza. Si tratta in effetti di una solidarietà di necessità, d'interdipendenza, di avvicinamento di destini, in cui la gratuità cede il passo all'imperiosa necessità di soddisfare dei bisogni di cui volta per volta si è beneficiari o dispensatori. Ma, allo stesso tempo, tutti si detestano perché sono tutti estremamente suscettibili. Ognuno rappresenta una minaccia e un rimprovero vivente per gli altri. Più l'uomo è indebolito, più è schiavo di queste ambiguità. In tutto ciò, il povero ci rivela che noi stessi offriamo all'altro per compassione, ma anche per debolezza, e che molto spesso, più che donare felicemente e liberamente, quello che diamo ci viene strappato nostro malgrado.

«[La mia vita] Nessuno me la toglie, ma la offro da me stesso», dice Gesù.[5] Che cosa vuol dire ciò? Vuol dire che ad essere autenticamente libero è soltanto l'uomo che si è saputo realizzare? Senza negare ai poveri la capacità di essere generosi, succede tuttavia che quando si è sopraffatti dal fallimento, torturati dal male di vivere, gravemente feriti nell'anima, è molto difficile amare. Talvolta, spinti da un bisogno irrefrenabile, al male essi aggiungono, loro malgrado, altro male, soprattutto nei confronti dei più deboli. È questo un aspetto importante della vita dei poveri. È necessario che il male subìto, accumulato da tanto tempo, l'«io che soffre», si esprima.[6] A cominciare da dove ci tro-

[5] Vangelo secondo Giovanni 10, 18.

[6] Facciamo riferimento agli incontri televisivi di Lyta Basset sul suo libro *Le Pardon originel*, Labor et Fides, Parigi 1994.

viamo, constatiamo che questa sofferenza si esprime il più delle volte nella forma dell'accusa invece dell'autocolpevolizzazione, anche se questa esiste in un eccesso che diventa patologico. Questo atteggiamento assai frequente di denigrazione dell'altro, di tutti gli altri, è una delle cose più difficili da sopportare nella nostra frequentazione dei *sofferenti della strada*, anche se ne comprendiamo le ragioni. È come se il ritorno in se stessi fosse loro interdetto. Come se l'io personale e responsabile fosse scomparso. C'è un «mal-essere» profondo che li spinge a vedere soltanto il lato negativo di ogni cosa: non riescono in nulla e nulla è buono. Le ferite sono troppo profonde. I nostri compagni sono così poco riconosciuti e valorizzati che si sentono sempre vittime di qualcuno o di qualcosa (anche se lo sono realmente) e cercano di attirare la pietà e la comprensione benevola dell'interlocutore che li ascolta. Questi comportamenti psicologici assai noti e comuni a tutti sono particolarmente presenti tra i più deboli. È uno dei loro drammi, e nemmeno il minore.

Torniamo adesso al sonno. Quelli che possono coricarsi non riescono neanche a immaginare in che cosa consista la vita di una persona il cui corpo non è mai ben disteso, ma sempre contratto e rannicchiato. Credono, in perfetta buonafede, che i senzacasa siano ormai talmente abituati a dormire per terra che non sentono neanche più il bisogno di un letto! Chi fosse a conoscenza di simili casi si guardi bene dal generalizzare. Anche questo fa parte dell'immaginario, ma ha molto poco a che vedere con la realtà. Ho già descritto alcune delle condizioni in cui si è costretti a dormire nei centri di accoglienza parigini. A Bruxelles la situazione era completamente diversa. In queste città dormivamo molto all'aperto, malamente riparati nelle gallerie, in fondo alle scale della metropolitana o nelle stazioni eccetera.

Ecco un racconto che permetterà di cogliere meglio il clima di queste notti dei poveri. È mezzanotte e mezza, veniamo allontanati dalla Gare Centrale. Molti di noi si sono già addormentati perché, sapendo che ci cacceranno e che la notte è lunga, dobbiamo cogliere l'occasione di dormire appena si presenta. Indugiamo, sbadigliando e prendendo tempo, un po' intontiti, pensando a qualche altra soluzione. Alcuni restano all'ingresso, seduti o sdraiati, aspettando la riapertura delle quattro. Gli altri si disperdono. Con un gruppetto, cominciamo il giro rituale dei bidoni della spazzatura dei ristoranti. Riprendiamo forza grazie ad avanzi abbondanti. Nuova dispersione. Ci ritroviamo in quattro con i nostri cartoni sotto il braccio. Agnello fa lo spiritoso: «Sembra che stiamo uscendo da un corso di disegno!». Ci sistemiamo davanti all'ingresso di un grande negozio di scarpe e ci rannicchiamo stretti l'un l'altro perché l'aria è fredda e umida. Appena assopiti, siamo svegliati dalla polizia che, malgrado le nostre deboli proteste, ci invita a sloggiare. Sono le due. Per me è il colmo, una cosa mai vista prima: stiamo di fuori, tranquilli, alla ricerca di un po' di quel bene necessario che è il sonno, e dobbiamo andar via. Non si può neanche dormire all'aperto! Oscar esclama: «Ma dove ci mettiamo, allora?». Veramente il povero è un esiliato nel proprio paese. È sempre cacciato via; non ha più diritto di cittadinanza; non può più vivere, neanche nella povertà. Viene perseguitato anche se non nuoce a nessuno. Completamente storditi, ci dirigiamo verso la stazione della metropolitana Rogier, dove è possibile trovare un riparo. Alcuni uomini sono sdraiati sullo spiazzo in fondo alle scale. Fra loro ci sono Achille e Alban, due fratelli inseparabili molto noti nella «zona». Ci sistemiamo. C'è un viavai continuo, e poi, come al solito, Achille si mette a gridare molto forte. Urla interminabili, come una tragica melopea. Più tardi, l'abbaiare dei cani dei vigilanti, ed eccoci arrivati alle sei, e invitati a sloggiare di nuovo. La notte che ho raccontato non ha nulla di eccezionale. È, al contrario, ordinaria amministrazione; anche quando si riesce a trovare un nascondiglio tranquillo, al riparo dagli sguardi, per andarci bisogna aspettare che si faccia molto tardi e andarsene via molto presto. E poi c'è sempre il freddo, la paura di essere aggrediti, i rumori della città. Come dice Florent, le cui condizioni vanno peggiorando di giorno in giorno e che diventa sempre più irritabile: «Siamo sempre in allerta. Ad avere troppa sicurezza ci si blocca, ma a non averne, ci si blocca lo stesso».

È Natale. Stiamo preparando un piccolo veglione improvvisato nella sala d'attesa. Siamo in venti, trenta persone. Alcuni dei più scaltri arrivano con della roba da mangiare di cui non osiamo chiedere la provenienza. Ci diamo da fare per creare un clima di convivialità, per consumare insieme questa provvidenza festiva. L'ambiente è allegro e caloroso, allietato anche da visite di amici. Ci regalano dei fiori, che sistemo in un boccale di birra. Qualcuno, dunque, ha colto l'importanza della festa in questo luogo: l'irruzione del bello, del gratuito, dell'inatteso, di qualcosa di diverso. A qualcuno viene in mente la messa di mezzanotte e, venuta l'ora, molti ci vengono assieme a noi. L'indomani Xavier, commosso, mi confida: «È stato il più bel Natale della mia vita», e poi, a proposito della messa: «È successo qualcosa qua dentro», si porta la mano sul cuore, «ancora non so dirlo... Semplicemente, la tensione che avevo è sparita».

Finiscono i primi due mesi di permanenza a Bruxelles. Provo una grande felicità per questa vita semplicissima, insieme ai poveri, nella quotidianità. Qualcosa di molto bello sta nascendo tra loro e noi, incontro dopo incontro. Semplicemente, un'amicizia. La vera infelicità per i poveri consiste nel non incontrare sulla loro strada una presenza amichevole. L'amicizia è fondamentale e deve sempre accompagnare gli aiuti materiali, come pure ogni proposta d'inserimento. Fare amicizia, diventare amici, vuol dire avere stima, ammirazione e affetto gli uni per gli altri. L'amicizia illumina e allieta il cuore. Questa illuminazione, questa gioia, questa stima, io le ricevo da loro ogni giorno a profusione. La vigilia della mia partenza, Luc mi propone: «Domani ti offro la colazione, così potremo parlare ancora un po'». Poi aggiunge: «È sempre così. Quando incontro qualcuno con cui faccio amicizia, se ne va». Al di là del suo carattere un po' emotivo, questa confessione nasconde probabilmente una verità più profonda: la sensazione – che si trasforma a poco a poco in certezza – che la felicità non è per loro, che essi saranno sempre abbandonati. In tutti quelli che hanno troppo sofferto, per qualsiasi tipo di sofferenza, che hanno raccolto troppe sconfitte, s'incontra sempre la difficoltà a credere alla felicità. Talvolta addirittura la felicità fa loro paura. Non l'hanno mai conosciuta o ne hanno dimenticato l'esperienza. Non sono infrequenti le situazioni in cui, giunti quasi a «uscirne fuori», alcuni dei nostri amici sprofondano di nuovo. Inconsciamente fanno di tutto per rovinare il miglioramento che si profila all'orizzonte. Ad attanagliare il povero è una sorta di patologia del fallimento. Una sorta di attrazione del male – che non è di ordine morale ma psicologico – nel quale si è ormai troppo sprofondati: «A che serve, visto che siamo fottuti!».

Febbraio 1984

I giorni sono passati. La fine dell'inverno ci riporta il concerto gioioso degli uccelli, i profumi primaverili, una dolce luminosità. Ogni cosa concorre alla lode e alla meraviglia. Come la rondine, che ha percorso altri orizzonti, eccoci di ritorno. È come se ci si fosse lasciati il giorno prima. Gli abbracci calorosi traducono la gioia e la commozione reciproca. E subito: «Dove andate a dormire?». Preoccupazione costante, nostra e loro. Sollecitudine fraterna che manifesta una comune appartenenza, un destino condiviso. Quelli che hanno una camera insistono per averci come loro ospiti. Quest'accoglienza riconforta e incoraggia perché in questa vita, come in ogni vita, ci sono alti e bassi. Poco prima, camminando per la città, prima di raggiungere i miei compagni, per un momento l'angoscia mi aveva afferrato. Mi sono seduto in un giardinetto. I rapporti che mantengo con le persone che non vivono sulla strada, amici, parenti, non sono una facile via di fuga. All'obiezione «Voi potete uscirne quando volete», Agnello rispondeva giustamente: «È vero, ma bisogna anche decidere ogni mattina di rituffarsi e di proseguire». Certamente avrò bisogno di un po' di tempo per riprendere pienamente questa vita. «Mi sento sballottare in un vasto mare», scrivevo, «senza sapere bene dove sono né dove vado». Questa vita è esigente. Abbassarsi, diventare anonimo, un nulla, senza una funzione sociale riconosciuta, nell'universo dei poveri, territorio ignoto o disprezzato, spazzatura del mondo. Abbracciare la miseria in comunione con tutti gli indigenti della terra. Ritrovare la scomodità, l'insicurezza, la solitudine e lo sgomento dei compagni che non si sono mossi di un centimetro... Qualche volta tutto questo scuote le convinzioni più forti, come, ad esempio: credere alla sfida di restare semplicemente vicino a un uomo che si addormenta; vigilare su di lui come un angelo custode, mettendo perfino in salvo la sua bottiglia di vino da una caduta fatale; cedere il proprio materasso o la propria coperta a un ritardatario in un rifugio notturno; far compagnia a qualcuno che ha paura di dormire da solo; interporsi in uno scontro o subirlo in silenzio... Credere ancora e sempre che questi gesti abbiano un senso e possano riempire la vita di un uomo. Essere intimamente persuaso che lo scambio dei cuori rimane quanto di più essenziale vi sia nelle nostre vite, e assaporarne la pienezza straordinaria.

Ripenso a tutte queste cose dentro di me andando alla riunione della Gare Centrale. Entrando nell'atrio, noto un uomo che cammina lentamente, a testa china. Il suo passo irregolare, i suoi vestiti consunti, la borsa di plastica che struscia per terra accentuano la sua stranezza. Prendo coraggio e lo avvicino, forse per superare il mio brutto momento, e gli offro della cioccolata nel modo più naturale possibile. Si ferma bruscamente: i suoi occhi si aprono in un ampio e delizioso sorriso. Non mi aspettavo una simile illuminazione! Fu il primo di una serie d'incontri tanto brevi quanto belli tra noi. Così soffia il vento della tenerezza che lenisce la solitudine e la sofferenza del cuore. Non sempre, comunque. Un altro uomo, isolato e ripiegato su se stesso, rifiuta ostinatamente ogni contatto, anche quando gli offro del tabacco che ho avuto da amici, e che normalmente è assai ambito.

L'assemblea riunisce molte persone e non è facile gestirla. Tutti vogliono parlare per primi. Ma poco a poco imparano anche ad ascoltare. Un giovane dal volto triste si avvicina timidamente e scambia qualche parola con Christian, un «veterano» che lo presenta solennemente agli altri, insieme a qualche bicchierino di troppo. Senza mostrarsi impacciato, il giovane si scusa di non poter restare di più; dà a Christian una banconota da mille franchi belgi e se ne va in punta di piedi. Ciò che mi colpisce, subito dopo, è che Christian e Sébastien, ben consapevoli che quel denaro rischia di scottare loro tra le dita, vogliono a ogni costo che lo prenda io. Preferisco non aspettare troppo a spenderlo, e siccome tutti, di solito, ci offrono una consumazione, propongo a varie persone di continuare la conversazione in un caffè. Andiamo da «Chez Catherine», nel quartiere di Marolles, un posto che loro frequentano spesso. Questo posto conserva le immagini, i volti, le forme della grande miseria d'inizio secolo. Squallide catapecchie, lugubri vicoli ciechi da percorrere col fiato in gola, caffè pieni di fumo, che trasudano odore di birra... Stasera Sébastien, che è vissuto per molto tempo sulla strada, è orgoglioso di annunciarci con un tono un po' solenne, e gli occhi che brillano d'emozione guardando Lydia: «È grazie a lei che non vivo più alla stazione». E aggiunge, a parte: «È vero, l'amore è qualcosa di profondo, la cosa più importante non è il sesso. Certo, ha la sua importanza, ma l'amore è un'altra cosa. È l'attaccamento, la presenza dell'altro».

Alcuni della tavolata sono riusciti a ottenere una camera. Non per questo è il paradiso che si aspettavano, e ne segue una conversazione animata. Papà Gustave, per esempio, ha trovato una camera sopra un caffè, ma dice: «Non ci sto mai, non ho il riscaldamento». Molte di queste camere, affittate a un prezzo esorbitante, sono spesso dei veri e propri tuguri, privi di ogni comodità. Dopo aver atteso a lungo prima di ritrovare un alloggio, il senzacasa ne è presto deluso. Solo e talvolta minacciato, in un universo sordido, fugge per cercare fuori di casa un po' di vita e di calore, un'animazione di cui non può più fare a meno. «Non riesco mai a restare più di sei mesi in un posto», mi spiega Quentin, «devo spostarmi. Ma non potrà durare sempre così; ci sono delle volte che non ne posso più!». Marcel, un ometto fragile e già vecchio, racconta che vengono a rubargli dentro casa perché la porta non si chiude. In molti casi l'alloggio tanto sospirato non mette fine alla vita randagia; anzi risospinge ad essa. Perché la grande sfortuna del senzacasa non è quella di non avere un tetto, ma di non poter dare né ricevere amore. Sébastien ce l'ha ricordato benissimo! Ecco perché le camere sono subito sovraffollate. Non si riesce a restare soli e poi non si possono lasciare fuori gli amici. Questo mette presto il nuovo locatario con le spalle al muro e lo porta alla catastrofe. Claire singhiozza: «Non voglio vivere per la strada, sono ancora giovane». È stata appena sfrattata dal suo monolocale perché una notte sono venuti a cercarvi asilo alcuni suoi amici. Prima ha rifiutato, poi li ha fatti entrare. Ma siccome hanno fatto baccano, è finita con lo sfratto. Eccola di nuovo per la strada. Senza domicilio perderà anche il diritto al Minimex. In pochissimo tempo, tutti i suoi sforzi per uscire dall'inferno vengono annientati. Vedendola così infelice, Thierry suggerisce a Éric, il suo compagno: «Abbracciala».

Al contrario di Claire, Maurice alla fine della serata dice: «Preferisco stare fuori, non c'è il letto, ma che importa? Mi piace ancora di più. C'è molta gente che non sa restare da sola in una camera!». Preferire star fuori che rimanere solo, come dice Maurice, non è una scelta libera e felice, ma il segno che tra due mali si sceglie il minore. Questo dimostra che la solitudine è il nemico più temuto. Ascoltare i poveri non vuol dire prendere tutte le loro parole per oro colato. Ma nelle loro espressioni c'è un messaggio più profondo, più vero, che bisogna saper comprendere. Condividere la loro vita aiuta molto.

Tra i molteplici aspetti che comporta la sistemazione fissa in un alloggio, non bisogna dimenticare che stabilirsi da qualche parte vuol dire rischiare anche di esporsi all'ondata delle questioni «pendenti»: debiti, giustizia... Appena uscito dal merdaio, bisogna stringere la cinghia, e assumersi la responsabilità di atti talvolta lontani nel tempo. In breve, l'uscita dal tunnel è ancora lontana.

Marzo 1988

Ritroviamo molti luoghi, abitudini e volti. Tra le buone notizie: si può stare giorno e notte in un grande complesso nei pressi della Gare du Nord, chiamato Centre Communications Nord (CCN). A bivaccare là siamo un centinaio, ripartiti su due piani. Al livello inferiore c'è l'entrata della metropolitana. Sono spazi immensi, che una gran folla attraversa ogni giorno. È qui che gli scout adesso distribuiscono i pasti, ma anche vestiti, scarpe, coperte, saponette... È qui che una madre disperata cerca il figlio di tredici anni scomparso da dodici giorni. È qui che un insegnante viene a vedere se può portare i suoi alunni per una colazione con noi, che un giornalista o un sacerdote passano in cerca d'informazioni o di un favore da fare... Purtroppo questa situazione idilliaca non dura. Eravamo perfino sorpresi che si prolungasse così a lungo. Un bel giorno la polizia interviene in forze, caricando quelli che vi si trovano, circa venticinque persone. Arrivo poco dopo «l'operazione» e vengo a sapere che sono tutti al commissariato. Ci vado subito e m'infilo il più discretamente possibile tra gli amici che devono essere interrogati. Conoscendo la mia identità, questi cercano gentilmente di dissuadermi dal restare. Mi rifiuto e dichiaro la mia solidarietà verso coloro con i quali ho spartito l'esistenza in questi ultimi giorni. Dentro di me sono perfino contento, perché da molto tempo sentivo il richiamo ad entrare nell'universo carcerario. Si sta per presentare l'occasione? Sono interrogato a mia volta. Il poliziotto non cerca di discolparmi e mi ritrovo con altri dieci guardati a vista prima di essere condotti l'indomani davanti al giudice. A dire la verità, l'ambiente è simpatico: siamo in gruppo, circola il buonumore, i poliziotti sono compiacenti. La mattina dopo eccoci davanti al giudice, un po' anziano, del genere «buon padre di famiglia», sbigottito e anche un po' inorridito di sapere che tante persone dormono alla Gare du Nord. Veniamo interrogati uno dietro l'altro; alla fine il giudice fa liberare tutti. Sono l'ultimo, e non oso credere che la mia richiesta di essere incarcerato venga accettata. Capita infatti che alcuni senzacasa, stanchi della loro erranza, si presentino volontariamente per raggiungere un centro di detenzione. Meraviglia inaspettata: potrò «riposarmi» in prigione! Sono quindi condotto in una cella nel sottosuolo del tribunale. Salto il pasto di mezzogiorno e non mi fanno nemmeno bere. Verso le quattro vengo infine trasferito in carcere. Cominciavo a chiedermi seriamente: mi hanno dimenticato? Tanto più che ero solo in cella. Prima impressione già abbastanza forte.

Non mi dilungherò sui tre mesi di detenzione, se non per attestare che uno dei primi shock è di cadere, nel giro di un secondo, in una sorta di grande vuoto, come se non si esistesse più per nessuno. La separazione dal resto del mondo è totale e viene inesorabilmente consumata nel momento in cui la pesante porta della cella viene richiusa. Non si può aprirla da sé, né si può andare e venire a piacere. Ormai il minimo spostamento dipende da un altro. Inoltre, attraverso lo spioncino si è visti senza vedere, in ogni momento. Sensazione, a dir poco, estremamente spiacevole. Ogni intimità viene negata, ed è tuttavia l'unica cosa che rimane! Intimità rubata anche durante le perquisizioni, ancora più impudiche, dopo i colloqui in parlatorio o al momento della doccia. Insomma, è l'unico luogo della mia vita in cui sono diventato assolutamente anonimo, senza più alcun significato sociale, senza più alcuna identità che quella che mi veniva dal delitto commesso.

Prima del racconto dell'epopea con la polizia, stavo parlando della situazione «idilliaca» nel complesso Ccn; di idilliaco, in realtà, non aveva che una certa tolleranza che ci proteggeva e l'allegra convivialità che vi regnava. Ma quest'ultima costituiva anche una trappola: non spostarsi più da lì, cadere a poco a poco in letargo e non avere più la forza di uscire dal «bozzolo». Ho avvertito anch'io questa pesantezza che si adagiava impercettibilmente sull'anima e sul corpo e finiva per anestetizzarmi. E poi c'è anche la trappola della bottiglia che circola in continuazione. Perché non prenderla? Essa rappresenta una mano tesa, una condivisione amichevole, ma anche un veleno! Ho sperimentato, là più che altrove, il pericolo di sprofondare, di sprofondare sempre di più in una terra di nessuno che è difficile lasciare se non si è sorretti da qualche forza o imperativo esterno. D'altro canto, questi luoghi familiari e conviviali in cui si abbozza una piccola comunità di vita con quelli che conosciamo meglio, non devono mai farci dimenticare coloro che sono più soli, più sperduti. C'è sempre un rischio, una tentazione. La nostra libertà di movimento rispetto ai vincoli istituzionali deve renderci vigili per andare incontro a chi non fa parte del gruppo, a chi non ci viene incontro. Mi ricordavo queste cose vedendo una notte un uomo che parlava da solo, vestito di stracci, con i piedi nudi infilati dentro vecchie ciabatte. Un errante solitario che nessuno aveva ancora incontrato...

Dopo esser stati cacciati dalla Gare du Nord, torniamo a gironzolare attorno alla Gare Centrale. Quasi ogni giorno, Armand e tanti altri si lamentano: «Questa vita mi uccide. Che noia». Sì, una noia terribile è in agguato ogni giorno, una noia appiccicosa, inevitabile, che impregna tutto. Attendere senza progetti, senza attività, senza il rifugio di una casa propria. Dover girovagare, ammazzare il tempo, alla mercé di tutti. Con, peggio ancora, un profondo senso d'inutilità: «Non mi aspetta più nessuno», sospira Olivier, «posso scomparire... Una vera anoressia mentale!». E, per mettere la ciliegina sulla torta, tutte le mattine dobbiamo subire i ripetuti controlli della polizia che fa uscire chi non ha il biglietto, con questa frase davvero gentile: «La sala d'attesa è per i viaggiatori, non per gli indesiderabili!». Le espulsioni che si ripetono ora qua ora là ci fanno pensare di essere degli appestati. Inutili e indesiderabili! Le giornate sono lunghe per rimuginare queste «buone» lezioni che penetrano nelle orecchie e nel cuore dei poveri. Perché anche questo è il dramma della persona abbandonata: finire per credere a ciò che si dice di lei e che forse si è già confessato a se stessi, prima ancora di sentirselo dire. Sì, le giornate sono troppo lunghe per ruminare la propria impotenza, i propri fallimenti, gli errori per i quali talvolta ci si giudica fin troppo colpevoli. Chi libererà il povero da questa coscienza negativa di sé che s'ingrandisce man mano che aumenta la sua deriva, e che mina le deboli energie che gli restano? E in quale misura potrà avere coscienza di essere unico, se nessuno ha bisogno di lui?

Di questo soggiorno a Bruxelles ricordiamo anche alcuni meravigliosi *fioretti*. Uno dei tanti: l'incontro in sala d'attesa di un padre con il proprio figlio. Vivevano tutti e due per la strada e fino a quel momento non si conoscevano. Questo incontro ha avuto luogo grazie a un controllo di polizia, nel momento in cui uno ha sentito pronunciare il cognome dell'altro: si sono ritrovati dopo sedici anni di separazione. Frédéric aveva diciotto mesi quando il padre abbandonò il tetto coniugale. Il bambino venne messo in collegio per molti anni; alla maggiore età si mise a vivere di lavori saltuari. Matthieu, il padre, mi ha confidato qualche tempo dopo che erano seduti uno di fronte all'altro, impacciati, incapaci di abbracciarsi. Lui aveva un nodo in gola e Frédéric, sconvolto, si era alzato per prendere aria. Momento di emozione intensa, si capisce, oltre che difficoltà a ritrovarsi dopo tanti anni di separazione. Ferite riaperte forse anche nel ricordo del cammino compiuto.

Partendo ancora una volta da Bruxelles, ci vengono dette parole gravi e incoraggianti. Thierry viene a sedersi accanto a me: «Sai perché bevo? Perché voi ve ne andate. Quando siete qui c'è un altro clima. Ora ricominceremo a litigare». Probabilmente non è l'unica ragione che fa bere Thierry, ma il suo cuore esprime tuttavia qualcosa che egli sente profondamente e che prorompe in questo modo. Mentre Ignace, più esuberante, mettendoci una mano sulla spalla, dichiara: «Rimarrete per sempre nel nostro cuore perché avete vissuto la miseria assieme a noi. È grazie a voi che esistiamo». Allude al processo e a tutto ciò che ne è derivato per il riconoscimento della loro vita. Ecco un ottimo viatico per il viaggio, un viatico davvero necessario e apprezzato, perché ogni volta che ci mettiamo in cammino verso altri cieli, partiamo con una stretta al cuore.

Ma perché tra noi e loro c'è un legame apparentemente così forte? Rivolgersi ai passanti per mendicare, lo sanno fare. Andare presso le istituzioni caritative, lo sanno fare. Ritrovarsi tra loro, lo sanno fare. Ma quello che non hanno ancora visto mai sono delle persone che, potendo vivere altrimenti, vengono a raggiungerli e condividono tutta la loro esistenza. Non credono ai loro occhi. E siccome si tratta soprattutto di sopravvivenza, si ritrova un po' il clima di fraternità spontanea e calorosa che caratterizza quelli che attraversano insieme momenti difficili, situazioni estreme, come la guerra. La scelta positiva di restare per molto tempo in un universo in cui nessuno viene, se non è costretto dalla necessità, comporta una serie di connivenze, ma anche dei punti di rottura. Siamo al tempo stesso presenti e assenti, vicini e lontani, e, come diceva Agnello: «Siamo abbastanza simili perché l'incontro con i senzacasa abbia luogo e abbastanza diversi perché questo incontro abbia un senso». Prendendo a modello in maniera concreta il loro modo di vivere, quelli che ci sono tanto distanti a causa della loro vita e della loro storia ci diventano all'improvviso molto vicini in un'indicibile condivisione intrisa d'intensa umanità, come se ogni barriera socioculturale crollasse. Allora ci scopriamo pienamente uguali, fratelli al cento per cento. Momenti fugaci, certo, ma non per questo meno reali e ricorrenti, che sono iscritti nel più profondo di noi stessi. Ecco perché, quando ci ritroviamo, anche dopo anni, gli incontri sono sempre segnati da questi ricordi comuni: «Ti ricordi di quando abbiamo dormito insieme nello stesso buco?». Molti rievocano l'attenzione di cui hanno beneficiato da parte nostra, specialmente nel gesto dello spezzare il pane.

Ma, se siamo vicini, siamo anche diversi. Infatti, volendo essere transfughi, non lasciamo completamente il nostro paese d'origine. Rimane un'estraneità nel linguaggio, nelle abitudini, nell'assenza di partecipazione a certi «intrallazzi». Non saremo mai poveri della loro povertà perché, anche se un giorno perdessimo tutto e affondassimo, resteremmo pur sempre dei ricchi impoveriti. È molto chic al giorno d'oggi affermare che ciascuno di noi potrebbe ritrovarsi nella strada. Oltre ad essere un po' fantasioso, questo pensiero non tiene conto della gravità delle cause che portano a una simile desocializzazione e non ha rispetto dell'immensa sofferenza delle persone erranti. La miseria, con il suo corteo di privazioni, non ha modellato i nostri esseri. Lo scrupolo quasi paterno di certe persone nei nostri confronti è molto significativo. «Andate là. Il parroco vi aiuterà». Altri hanno perfino paura e desiderano proteggerci: «Non va bene. Finirete per sprofondare nella merda come noi. Scappate finché siete in tempo!». Queste riflessioni mostrano ancora quanto questa vita sia insopportabile per i nostri amici. Quando una persona che essi stimano si ritrova nella loro situazione, vogliono farla uscire. Ecco perché alcuni obiettano: «Ma chi pensate di salvare in questo modo?». Eppure un minuto dopo c'invitano a brindare, abbandonando, davanti al dono della condivisione che essi sperimentano e gustano poco a poco tutte le loro obiezioni. Se la solidarietà tra di loro è difficile o equivoca, in compenso hanno mille attenzioni nei nostri riguardi, il che non è sempre facile da gestire nei confronti degli altri compagni, anche se cogliamo bene la portata e l'intenzione dei loro gesti.

«Quando non si ha che l'amore da spartire…».[7]

[7] Jacques Brel.

Capitolo quinto

«Più si va avanti e più mi sento peggio»

(Lille)

La tenerezza è quando ci si sente piccoli. Così... in pezzi davanti all'altro. Quando nel suo sguardo ci accorgiamo di esistere.
La tenerezza è quando si spartisce tutto e la comunione nulla sottrae dal giardino segreto che mai potrà appartenere all'altro.
La tenerezza è quando piangiamo con le lacrime dell'altro. Quando sul suo volto s'asciugano dentro un sorriso.
La tenerezza è quando ci mettiamo in ginocchio davanti alla libertà dell'altro. Quando sul punto dove si apre la ferita spunta d'un tratto l'Amore.

Anonimo

Tra il 1993 e il 1995 abbiamo vagato per parecchi mesi nella città di Lille.[1] Come era successo già a Bruxelles, questa lunga permanenza ci ha consentito di rinsaldare i legami con i senzacasa e con altri. Anche a Lille abbiamo conosciuto la gioia di diventare amici degli uomini e delle donne dell'ombra.

L'avventura meravigliosa di questa amicizia ebbe inizio fin dalla prima sera del nostro arrivo. La stazione, dove subito ci rechiamo, chiude i cancelli, come sempre e come ovunque, verso mezzanotte e mezza. Comincia allora la ricerca di un rifugio per la notte. Incontriamo due donne. La più giovane trascina alcuni cartoni. L'altra, piccola e rotondetta, la segue a fatica appoggiandosi alle stampelle. A giudicare dall'aspetto e dai bagagli, è evidente che non sono alla ricerca di un albergo. Le avviciniamo e domandiamo se conoscono un posto dove andare a dormire. Non sembrano sorprese. Anzi la più anziana ci invita con decisione a seguirle e, con un tono privo di qualsiasi diffidenza, aggiunge: «Così non saremo sole». Il luogo è vicino. Scendiamo

[1] Ricordiamo che, a partire da questo capitolo, il racconto riguarda sia Michel Collard che Colette Gambiez.

le scale della metropolitana, offrendoci di buona voglia a sorreggere quella più anziana, che è piuttosto pesante, e per di più chiacchierona. La loro accoglienza ci fa sentire meglio. Nonostante il timore del freddo, del rumore e di eventuali visite indesiderate, ci sentiamo tranquillizzati. Le nostre ospiti si chiamano Annie e Pierrette. Con un'attenzione particolare per Pierrette, che è la più anziana e disabile, ci sistemiamo tra i primi scalini e la cortina metallica che impedisce l'accesso ai corridoi della metropolitana. Bisogna riconoscere che Pierrette conosce l'arte di metterci a nostro agio, come se ci conoscessimo da sempre. Naturalmente non mancano di affacciarsi alcuni vagabondi per vedere chi c'è là sotto... Pierrette, abituata a dormire con un occhio solo, si dimostra una donna di temperamento. Con voce decisa sa come dissuadere chi tenta di importunarci. Alcuni giorni più tardi, indicandoci alla custode dei WC, che la tratta con gentilezza, dirà: «Sono i miei angeli custodi». Non era forse il contrario?

Ma non tutte si chiamano Pierrette ed è sicuro che le donne che vivono sulla strada vanno incontro a grandi pericoli. Claudia, per esempio, che si avvicina a noi qualche giorno dopo. Ci confessa di avere molta paura di notte. Dorme in stazione finché la chiudono e poi nella rientranza di un negozio, ma sta sempre seduta, sul chi vive. La notte dopo la passiamo assieme a lei. Può finalmente distendersi e ci confessa: «Io sono una barbona. È duro essere barboni. Sapeste quanta vergogna provo a chiedere l'elemosina! Sono quattro mesi adesso che vivo sulla strada. Ero andata in un centro di accoglienza; me ne sono andata via perché mi hanno fatto delle osservazioni. Due volte. La prima perché fumavo. La seconda perché ero testarda. Sono troppo orgogliosa per tornarci!». È la povertà dei poveri, che li rende schiavi dei loro impulsi e restii ad accettare le frustrazioni. Ma, allo stesso tempo, è anche un'affermazione di dignità che tradisce il loro rifiuto ad essere maltrattati e infantilizzati, come spesso invece avviene. Di quanti casi siamo stati diretti testimoni!

Un'altra sera, in stazione, una giovane donna, Éliane, ci racconta che uno sconosciuto l'ha appena invitata a casa sua offrendole del denaro... Tante donne, già rese fragili dalla vita sulla strada, sono costrette a fare la dolorosa esperienza supplementare di venire considerate come «prede» facili. Quando riescono a rifiutare il calore di un tetto, la dolcezza di un letto, queste donne danno testimonianza della loro forza interiore, della loro sete di dignità. Non è frequente, ma capita, in alcuni casi.

Quanto a Pierrette, quante volte avrà raccontato di quella notte, e con quale fierezza, infiocchettando ogni volta la storia con nuovi dettagli! Era la fine del 1993. Avevamo deciso di sposarci e siamo andati a chiederle di farci da testimone, tanto era importante per noi. Povera Pierrette! Abbiamo appena saputo che è morta.

Giorno dopo giorno, notte dopo notte, la vita a Lille per noi ha voluto dire frequentare la stazione e la vicina metropolitana, i centri di accoglienza come l'Abej, gli *squats*, in particolare una vecchia caserma abbandonata, i giardinetti, le strade commerciali del centro eccetera. Dopo tanti mesi di presenza, alcuni volti hanno preso dimora nella memoria dei nostri cuori. Abbiamo appena ricordato Pierrette. Ma ci sono anche Blaise, Théo, Gaston, Valentin, Arsène, Renaud e tanti altri.

Ciascuno a modo suo ci ha svelato momenti della sua vita alle prese con la miseria.

Blaise

L'abbiamo conosciuto alla stazione. Faceva parte di un gruppetto che comprendeva Célestin, Gaston e Isidore. Andava d'accordo soprattutto con Isidore. Assieme a lui dormiva all'entrata di un palazzo, che al piano terra era occupato da un ristorante molto chic. Avevano in comune di essere piuttosto calmi, perfino accomodanti in caso di litigi. Blaise trascinava una gamba che pareva fargli più o meno male. Mandava sempre lo stesso odore acre di vestiti non lavati e portati ininterrottamente. Sul suo impermeabile grigio scuro si vedevano correre regolarmente i pidocchi. A dormirci vicino si era sicuri di portarne via qualcuno. Tra gli altri faceva un po' la figura del filosofo. Forse per il fatto d'essere polacco, prediligeva i discorsi religiosi; evocava spesso «Nostro Signore Gesù Cristo che ha tanto sofferto per noi» e non esitava a intonare a squarciagola la sua canzone preferita: «Vittoria! Tu regnerai, o Croce, tu ci salverai!». Frequentava con assiduità alcuni preti e alcune brave dame che lo aiutavano finanziariamente e sulle quali si sprofondava in elogi. Un bel giorno, senza dire niente, il suo compagno Isidore partì per una destinazione sconosciuta. Nel corso delle settimane che seguirono, quelli che gli stavano più vicini si decisero a cercarlo, ma senza successo. Nessuno lo vide più. Per metterci l'anima in pace demmo per buone alcune voci che lo davano nella sua Bretagna natale.

Questa fuga silenziosa mostra bene a quale solitudine e a quale impulsività è abbandonata la vita dell'errante. «Partire» non è una decisione che faccia parte d'un vero progetto. Non se ne parla con nessuno. Il primo ad esserne sorpreso è colui che parte! Comunque sia, l'assenza di Isidore fece precipitare Blaise nell'isolamento più assoluto. Contrariamente agli altri, Blaise non parlava mai del passato e delle cause della sua situazione. Non se ne lamentava. Gli pareva normale. Blaise da allora non frequentò più la stazione. Alla stazione preferì la cattedrale della Treille, nella vecchia Lille, il suo quartiere preferito.

È là che lo ritroviamo in un grigio giorno di pioggia, nascosto sotto i cespugli, con i quali si confonde. Le scarpe sfondate lasciano vedere i piedi neri. Ci assale subito l'odore pestilenziale che viene dalle gambe. Dorme dalle parti del palazzo del Congresso. Dice di non avere alternative per l'inverno. Già in altre occasioni lo avevamo spinto a farsi curare. Ora che il suo stato fisico si è fatto molto preoccupante, insistiamo. Ma Blaise è, come sempre, testardo e incosciente. Rifiuta categoricamente e si accontenta, quando il tempo è troppo brutto, di ripararsi all'interno della cattedrale.

«Più la deconnessione dalla società è grave, più l'individuo sembra perdere la cognizione del proprio corpo in quanto entità. La sofferenza fisica, la preoccupazione di fronte ad una ferita, la responsabilità istintiva che noi avvertiamo nei confronti del nostro corpo, vengono da essi rimosse, ignorate ed occultate. Quando qualcuno viene a consultarci per un mal di piedi e il dito viene via assieme alla calza, ci troviamo in presenza di una evidente scissione patologica tra il piede, il dolore, e la percezione da parte della persona di ciò che la riguarda. [...] Una forma classica di automutilazione, di masochismo legato a una profonda disistima di sé».[2] La sofferenza ad ogni livello è tanto grande e profonda che il dolore fisico non ha più la sua sede tradizionale. Il corpo diventa un estraneo. Si vive lontani da se stessi, come «delocalizzati». Chi siamo allora?

In seguito veniamo a sapere che Blaise, per la sua gamba, è stato comunque ricoverato in ospedale. Se gli assistenti dell'Abej non l'avessero costretto a ricoverarsi a viva forza, avrebbe finito per perderla. Andiamo a fargli visita. Fatichiamo un po' a trovarlo perché qui ha ripreso il suo vero

[2] Patrick Henry e Marie-Pierre Borde, *La Vie pour rien*, cit., pp. 211-213.

nome: Théodore M. Ecco Blaise in uno scenario molto diverso da quello della strada. Quello che abbiamo davanti è tutt'altro uomo. È contento delle cure che riceve, parla a profusione e ci mette al corrente dei suoi progetti per il futuro. Per la prima volta in dodici anni di strada, con l'aiuto di un assistente sociale dell'Abej, ha trovato una camera dove andrà ad abitare. Non l'ha ancora vista a causa del suo ricovero. C'è però un inconveniente: la camera è situata al secondo piano e lui non dovrebbe piegare la gamba malata. In compenso, ha il vantaggio di trovarsi nella vecchia Lille, che è il «suo quartiere», dove si è fatto diverse amicizie. Mantenendoci sempre in contatto con l'associazione, ci preoccupiamo di accompagnarlo in questa nuova tappa.

Ancora una volta constatiamo che non è facile passare da un modo di vita ad un altro. Attorno a Blaise si era costruita una rete di persone che lo avevano preso in simpatia e che lo aiutavano; tra gli altri, il proprietario di un ristorante che è venuto anche a trovarlo all'ospedale. Una volta scomparso dalla circolazione, Blaise per queste persone esiste molto di meno ed è privato di tutti quei gesti quotidiani dai quali era circondato e riconosciuto. Comincia così una nuova avventura di cui non ha alcuna esperienza e che gli procura un'angoscia acuta. Sono queste cose che bisogna sapere quando parliamo di alloggio e aiutiamo delle persone ad accedervi. Il «radicamento» nella strada si è fatto così profondo da modellare un modo di vivere totalmente differente da quello usuale.

Quando finalmente Blaise lascia l'ospedale per la sua camera, non possiede assolutamente nulla: non ha biancheria, né lenzuola, né coperte, né stoviglie, non ha il gas per cucinare. La sua è una camera più che monacale. Che contrasto vergognoso con la quantità di mobili e di oggetti diversi che si ammassano in tante soffitte e dei quali non si riesce a disfarsi... Ci preoccupiamo di procurargli quello di cui ha bisogno raccattandolo qua e là. Blaise dipende da coloro che abitano come lui in quell'immobile vetusto e che, come lui, sono senzacasa alloggiati là tutti insieme. Sconsideratamente affida loro il denaro che gli arriva attraverso l'assistente sociale perché provvedano a fargli la spesa. Dopo tanti anni di erranza, per l'interessamento dell'Abej, gli viene riconosciuto il diritto a percepire l'RMI. Non passa molto tempo che ritrova i vecchi compagni della strada, anche se gli è esplicitamente vietato di mendicare. Ma la solitudine... Ricomincia a bere. Finché rimaniamo a Lille, lo andiamo a trovare frequentemente. Di tanto in tanto ci invita a condividere con lui il pasto. Quando arriviamo, tuttavia, non troviamo mai niente di pronto. Non è abituato a fare da mangiare? Certo. Manca di iniziativa? Anche. In ogni caso tocca a noi andare a comperare qualche cosa dal droghiere all'angolo e cucinare la pasta. Dopo più di una settimana dalla nuova sistemazione, il proprietario non ha ancora riparato il campanello difettoso e l'educatore non ha portato la bombola del gas che avrebbe dovuto procurare. Tutti questi contrattempi lo fanno brontolare e, poco a poco, pregiudicano la riuscita del «progetto di reinserimento». Un giorno troviamo Blaise particolarmente nervoso ed angosciato perché l'infermiera che gli prodiga le cure quotidiane, di cui non può fare a meno, non è passata. È restato tutto il tempo di guardia alla finestra a spiare il suo arrivo. Attesa vana dei poveri. Con il compagno del piano di sopra ripariamo il campanello, poi lasciamo un messaggio alla segreteria telefonica dell'infermiera.

Si sa. Il passaggio dalla strada all'ospedale e dall'ospedale a una camera ammobiliata è un passaggio brusco. Come potrà restarci? Perché? E per chi? Crisi di senso. Sarebbe necessario un accompagnamento sociale molto più lungo e graduale, ma le associazioni mancano di mezzi, di tempo e di personale. Tuttavia, di fronte all'aumento incessante della miseria, è necessario e urgente assumere nuovo personale e fare appello a un volontariato motivato e preparato, che si prenda particolarmente cura delle persone più deprivate.

Un anno dopo, l'assistente sociale ci informa che Blaise è tornato sulla strada, che durante l'inverno ha dovuto essere nuovamente ricoverato con la forza perché la gamba era ridiventata purulenta e rischiava l'amputazione. Dunque non doveva aver abitato nella sua camera che qualche settimana! Lo troviamo con il rosario in mano, nella cattedrale di Treille. Lui, che nel vederci ci accoglieva ogni volta con esclamazioni festose, alla nostra apparizione improvvisa non reagisce. Ci rendiamo subito conto che delira gravemente. Ci lascia all'improvviso per andare ad incontrare l'*abbé* M., che conosce di persona. Quando usciamo dalla cattedrale, ancora sconvolti d'averlo trovato in quello stato, sta parlando all'orecchio di un vecchio prete. È un'immagine che ci ferisce.

Théo

È un pezzo d'uomo grande e forte, ma che mostra già i segni della decadenza. È quasi sempre sotto l'effetto dell'alcol. In stazione o fuori, lo si vede spesso accasciato sopra una grande borsa. Ostenta volentieri una bibbia, «ma una bibbia protestante» tiene a precisare, che conserva gelosamente nel suo borsone e dalla quale ci legge frequentemente passaggi che sceglie a caso. Sembra sempre felice di incontrarci. Vederci per lui è un aiuto perché, se vive sulla strada – dichiara – è essenzialmente per compiere una missione. Si sente inviato da Dio ad annunciare la Parola e, come il profeta, si lamenta di non essere ascoltato. È chiaro che si trova alle prese con un profondo conflitto interiore, come traspare dalle reazioni aggressive che ha nei confronti di quasi tutti. Pur facendo credere il contrario, nella vita ha fatto naufragio. Solo lui sembra credere alla sua missione di inviato di Dio. Ma quanto ci crede? Una sera ci invita ad andare insieme a lui per la notte (ha scovato l'ingresso di un parcheggio, che ci proteggerà dalla pioggia ma non dalle correnti d'aria); ci propone di recitare un salmo che non inizieremo mai perché non farà che parlare del suo ruolo di «inviato al popolo della strada». Sotto l'effetto dell'alcol sente caldo, mentre noi tremiamo di freddo. Allora offre il suo cappotto a Colette. Regalo avvelenato perché è pieno di pidocchi! Al mattino, svaniti i fumi dell'alcol, è lui a tremare di freddo. L'esaltazione della sua missione si tramuta ora in «calvario»; «calvario» è la parola che usa per descrivere quello che è costretto a sopportare.

Per buona parte del pomeriggio, Théo di solito mendica seduto davanti alle vetrine di un grande magazzino. È là che lo troviamo qualche mese dopo. Pur essendo un «forzuto», reso inerte dall'alcol, viene regolarmente picchiato. Ci sediamo sul marciapiede accanto a lui. A un certo momento, leva in alto le braccia, fa schioccare le dita ed esclama: «Questa sì che è una fortuna! Meglio che ricevere un franco; sono contento di rivedervi». Poi, fedele ai suoi propositi religiosi, prosegue: «Dio è il mio soccorso».

«Come?».

«Mi aiuta».

«Sì, ma come?».

«Nella gioia e nella miseria. Egli è con me. Stiamo insieme. Con la Bibbia, io mi sento vicino a Lui».

Ci assicura di portare con sé ancora quella che gli abbiamo regalato noi (la perde in continuazione). Ha dei soldi. Vuole offrirci da bere e ci chiede di andare a comprare vino per lui e biscotti per noi. Ripete senza sosta che, nel vederci, i passanti non possono non restare sorpresi; non quando vedono lui, ma quando vedono lui assieme a noi:

«Se qualcuno vi riconosce, la sua stima per voi calerà paurosamente!».

D'improvviso, pur continuando a ripetere che l'incontro con noi gli ha fatto bene, Théo si mette a piangere: «Le cose non possono più andare avanti così. Pregate per me». E, alzando gli occhi al cielo, prosegue: «Questo poveraccio riuscirà o no a fare qualcosa?». È il grido che l'uomo fa salire verso Dio quando non ne può più e non intravede più alcuna via d'uscita. Ma il Dio che attende è il Dio onnipotente, il Dio prestigiatore, il Dio interventista. Un Dio che agisce senza le mediazioni umane, senza un lavoro responsabile su se stessi. Tutto ciò provoca una rassegnazione che infantilizza l'uomo e che, in certi momenti, di fronte a un Dio silenzioso e assente,[3] lo fa precipitare nella rivolta o nella disperazione più profonda. La fede di Théo, come la sua vita, è una fede tempestosa. In quale luogo del suo intimo può mai veramente sentire che Dio lo aiuta, come continua a sostenere, se, per tutti gli anni che lo abbiamo conosciuto, è vissuto sempre nell'indigenza estrema? Che cosa vogliono dire le sue professioni di fede? Non c'è dubbio che, alla sua maniera, ci deve credere e forse ciò gli farà del bene. Ma, se dobbiamo rispettosamente tacere davanti al mistero del suo rapporto con Dio, non possiamo invece esimerci dall'interrogarci sulla missione di cui si sente investito.

L'uomo che avverte il vuoto della sua esistenza e sente bruciargli dentro il suo fallimento può, per sopravvivere, fuggire e rifugiarsi in un immaginario positivo, religioso o non, sostenendo, per esempio, di essere un «marginale felice». È un modo di salvaguardare la propria dignità. Vuol dire rac-

[3] Sul tema del Dio silenzioso, si può leggere la bella meditazione di Sylvie Germain nel suo libro *Les Échos du silence*, DDB, Parigi 1996; trad. it. *Gli echi del silenzio*, Edizioni Lavoro, Roma 1998.

contare a se stessi una storia sopportabile, fabbricarsi un personaggio per esistere, difendersi, costruire, per mezzo d'artifici, di illusioni e di sogni, una propria identità. È comunque meglio che confessare a se stessi di essere un senzacasa semplicemente perché non si è riusciti a fare altrimenti. Fuggire diventa necessario, perché, come fare a riconoscere che si è fallito? In ogni caso, alla fine, uno non sa più dove è e chi è. Si fa ricorso a un passato glorioso per ingoiare la pillola amara del dolore presente. «Avevo tutto, 15 mila franchi al mese, un buon posto e perfino una Mercedes», era il rimpianto di Robert. Si immagina veramente o si vuole far credere che il disastro attuale sia soltanto un brutto momento destinato a passare in fretta, compiangendo addirittura i compagni che non hanno altrettante opportunità! Anche i racconti che riguardano il presente sono ugualmente inaffidabili. Serge, un uomo di settant'anni, mendicante da anni, reso fragile dall'abuso d'alcol, strombazza: «Nel mio caso, ho scelto io di fare un'esperienza di tre settimane sulla strada, per sapere cosa è, ma il mese prossimo ritorno al mio lavoro». A ogni inizio del mese, invece, Serge, in un giorno o due, spende tutta la pensione nei bistrot. E allora, per salvare la faccia, che alternativa gli resta se non di annunciare il prolungamento dell'esperienza e di sostenere che gli piace? Il povero, per fuggire dalla sua realtà, non ha altro mezzo che raccontare storie immaginarie e il primo compagno di questa «epopea fantastica» è l'alcol. A volte fingiamo di credergli, diventiamo «complici» dei suoi fantasmi, mentre in questa fuga travolgente bisognerebbe riuscire a fermarlo, aiutarlo a ritornare alla realtà e a cercare i mezzi giusti perché «le cose cambino», per dirla con le parole dello stesso Théo. Ma non è una cosa semplice. Saper accogliere ciò che l'altro ci offre di se stesso per noi è una sfida, anche se sappiamo di muoverci sulle sabbie mobili. Per costruire su un terreno solido, bisognerebbe essere capaci di far cadere, poco a poco, le maschere, di guidare l'altro a vivere nella verità e nella fiducia.

Nei nostri frequenti rapporti con Théo affiorano spesso delle tensioni: Théo ci rimprovera di non fare niente, di non annunciare nemmeno il Cristo. Come dobbiamo comportarci con lui, visto che è in stato d'ebbrezza quasi permanente? Si attribuisce una missione che viene direttamente da Dio per aiutare la gente della strada, ma, allo stesso tempo, non può non essere cosciente che è lui stesso ad andare alla deriva senza poterci fare niente. D'altra parte, più affonda, più esalta la sua missione e noi stessi diventiamo per lui un rimprovero, un'istanza involontariamente accusatrice, l'immagine di ciò che vorrebbe essere... E come possiamo, noi, non lasciarci destabilizzare dall'aggressività? In che modo la nostra presenza al suo fianco può continuare ad essere benefica, come un pilastro di tenerezza al quale egli possa appoggiarsi, riprendere forza e non urtarvi contro? Amando gratuitamente, di un amore vero e profondo, più ancora quando veniamo respinti di quando siamo stimati o anche adulati. La prova dell'amore non consiste forse nello star male per l'altro, nello star male del male dell'altro? È difficile.

Gaston

È il buontempone del gruppo, il pagliaccio quando ne ha la fantasia. Personaggio estremamente affascinante, all'occorrenza sa recitare la parte del seduttore. Alla stazione, nei caffè, nella vecchia Lille è molto conosciuto. Per noi Gaston è una vera «madre», una madre di una delicatezza squisita, piena di attenzioni, che appare nei momenti più imprevedibili. Ma sa anche essere insopportabile, senza peraltro rendersene conto. Vuole essere lui a proteggerci e perciò sopporta male che altri ci avvicinino. Lo sentiamo perfino geloso, capace di mostrarsi autoritario ed esclusivo. Alla fine della giornata, l'alcol che ha ingerito lo rende più nervoso: dà fastidio ai passanti, aggredisce i compagni con gesti apparentemente amichevoli, che talvolta degenerano nella rissa. A Gaston piace mostrarsi con una grande croce sul petto (almeno episcopale, a stare alla misura) che indossa come un amuleto, o un portafortuna o uno scacciamalanni. Con Raoul fanno un duetto di fratelli gemelli quasi inseparabili, anche se di tanto in tanto si comportano come cane e gatto, con una violenza impressionante.

Parlavamo della sua delicatezza. Eccone alcuni esempi. Un giorno vede Michel senza occhiali. Lo nota subito: «E i tuoi occhiali?». Forse teme che gli abbiano fatto un brutto scherzo. O ancora, lui che è abitualmente così sporco, si preoccupa di spazzolare qualche granello di polvere dai nostri vestiti. Nella sua borsa conserva gelosamente un bel maglione bianco per Colette. Che paradosso! Ci riempie anche di cose da mangiare e ci invita spesso al caffè. Incontrandoci, dopo alcuni giorni di lontananza, piange, ride, ci stringe alle spalle con l'espressione: «Amici miei». Ci può essere un'accoglienza migliore? Bisogna aggiungere che Gaston soffre di un disturbo alle corde vocali e che è difficile capire quello che dice. Per questo con lui, più ancora che con gli altri, la comunicazione passa attraverso gli sguardi e i gesti.

«Anche se totalmente desocializzati, i *clochards* hanno intuizioni di una grande finezza e reagiscono in modo brusco solo perché non hanno più quei filtri sociali che a noi permettono di diminuire i nostri reali sentimenti. [...] Presentano sempre reazioni prive di sfumature, reazioni immediate, senza perifrasi. Lavorare con loro costringe a vivere integralmente le emozioni, la tristezza, la gioia effimera di un istante. È un continuo fuoco d'artificio che fa di ogni incontro un'occasione di grande intensità, sia nei momenti difficili che in quelli piacevoli della condivisione [...]. Come ciascuno di loro ha la sua testa, il suo modo di amare e di non amare, così ciascuno ha il suo umore, può passare improvvisamente dal riso alle lacrime, dalla collera all'abbraccio, senza poter essere sospettato di ipocrisia».[4]

Una sera Gaston ci invita a passare la notte in un posto che ha scoperto. Lungo la strada, si ferma di fronte a una pizzeria dove di tanto in tanto gli danno qualcosa da mangiare. Il cameriere gli offre una pizza bella calda. Gaston non la vuole neppure assaggiare e la mette nelle nostre mani per farcela mangiare. Che banchetto! Più avanti entra in un bar, dove lo conoscono, ma ne esce a mani vuote. Gaston ha raccolto un po' di indirizzi buoni e alla stazione molti gli allungano una busta di cibo. Ma per quella notte, «l'angolo» dove avremmo dovuto dormire risulta inaccessibile. Per nostra fortuna, un poco più in là è rimasta socchiusa la porta di un palazzo. Ci infiliamo dentro e ci addormentiamo, pienamente appagati, in sua compagnia. È vero che un'amicizia profondissima lega noi a lui e lui a noi, ma non è sempre facile accogliere i suoi inviti perché la sua sporcizia lo mostra a dito. Lo seguiamo, perché, soprattutto alla fine della giornata, Gaston perde il controllo di sé e rischia di combinare guai irrimediabili. È così conosciuto e così seduttore, che alcuni baristi sono tolleranti con lui. Ma non tutti. Anzi. Più di una volta siamo stati messi alla porta. In queste occasioni ci si rende conto che, chiunque siamo, nel ribellarci contro l'esclusione dei poveri, non possiamo essere intolleranti. Chi di noi, infatti, andrebbe a sedersi volentieri, dopo Gaston, sulla panca sporca? È normale che si voglia istintivamente fuggire la miseria in tutte le sue manifestazioni. Chi di noi può credere di essere più buono e più generoso del barista che cerca di proteggere dal povero gli altri clienti? La conversione è lenta e deve andare di pari passo con l'umiltà.

[4] Patrick Henry e Marie-Pierre Borde, *La Vie pour rien*, cit., p. 229.

Pensiamo agli ostacoli che deve superare chi vive sulla strada per mantenersi pulito. Prima che si moltiplicassero i luoghi di accoglienza diurna, non era davvero semplice lavarsi: bisognava spogliarsi nelle toilette delle stazioni e dei locali pubblici o alle fontane. E questo richiede davvero una grande disinvoltura. Alle difficoltà materiali, si aggiungono, in misura ancora più determinante, la mancanza di energia e l'indifferenza. Un uomo ci disse: «Vedete, io il sapone ce l'ho, ma ho un tale disgusto di me stesso...». Non è semplice neppure cambiarsi e lavare regolarmente la biancheria. Anche se esistono alcuni luoghi dove ciò è concretamente possibile e dove vengono forniti anche dei vestiti, decidere di farlo richiede una dose di dinamismo e di organizzazione che non ha più chi è andato troppo avanti nel processo di desocializzazione. Gaston dorme dove capita. Un giorno lo abbiamo accompagnato in uno dei suoi nascondigli: una stanza sul retro di una costruzione in rovina, esposta ai quattro venti, con il pavimento cosparso di detriti e di sudiciume accumulato lì giorno dopo giorno; nel mezzo, un vecchio materasso ammuffito. Dopo aver percorso il tragitto come un automa, si abbandona, totalmente incosciente, senza alcuna preoccupazione, dentro questo tugurio. Con l'aiuto di alcuni amici, una mattina abbiamo fatto pulizia e cambiato il giaciglio; ma dopo qualche giorno, tutto era tornato come prima. Sono ormai quattro anni che Gaston, Théo e molti altri, ugualmente a malpartito trovano riparo per la notte in un centro di accoglienza. È già una bella vittoria per loro poter contare ogni sera su un luogo dove mangiare, lavarsi, stare al caldo e al sicuro. Da allora, Gaston, diventato sempre più incontinente, viene vestito a nuovo ogni giorno.

Resta però irrisolto il problema della giornata. Di solito andiamo a incontrare i compagni nella metropolitana, dove passano tutto il loro tempo. Di fronte alla totale inoperosità delle loro giornate, di fronte a questi uomini distrutti dalla noia e dall'alcol, proponiamo la grande sfida di un centro di accoglienza aperto a tutti, un centro che non esiga nulla di particolare; aperto, per esempio, il solo pomeriggio, con dei giochi, dei piccoli laboratori (anche per essere utili agli altri), delle attività culturali ecc. Per alcuni il reinserimento è diventato ormai quasi impossibile; allora cerchiamo di promuovere attività che li distolgano dallo stato «meramente vegetativo». L'idea è quella di creare luoghi comunitari sul tipo delle comunità dell'Arche di Jean Vauer, in cui i nostri amici possano vivere in un universo relazionale caloroso, di tipo familiare, occupati in qualche attività.

Ecco alcuni suggerimenti per coloro che si chiedono che cosa fare:
– organizzare piccoli spazi diversificando gli orari di apertura; tenendo aperto, per esempio, la domenica, giorno particolarmente difficile perché è tutto chiuso; o al mattino presto;
– offrire la possibilità di fare un bagno. Né più, né meno. È bene stabilire fin dall'inizio i limiti di ciò che si può offrire, senza farsi venire sensi di colpa. Non si può fare tutto, ma si può sicuramente fare qualcosa;
– personalizzare l'offerta di cibo e di vestiario;
– mettere a disposizione le proprie abilità nei centri di accoglienza: musica, pittura, disegno, ceramica, montaggio di audiovisivi eccetera;
– prendere contatto con le associazioni esistenti per proporre un'escursione culturale o nella natura;
– offrire una settimana di vera vacanza eccetera.

Nella metropolitana, Bruno quasi ci aggredisce domandandoci: «Che cosa venite a fare qui, se non portate da bere?». Gaston, che segue la conversazione, risponde prontamente: «Vengono per vedere noi». Quello che dice esprime bene la gratuità, la semplice condivisione di una presenza amichevole. Con noi non si sentono minacciati nel poco che posseggono. Per questo, nei luoghi che frequentiamo insieme, ci invitano con insistenza a tavola e ci tengono un posto vicino a loro.

Nel momento in cui ci accingiamo a lasciare il gruppo per andare ad Amiens, Gaston dichiara: «La cattedrale di Amiens è la più bella della Francia. L'ho visto nell'enciclopedia; non ci si può mettere contro l'Accademia!». Gaston è capace non di rado di battute come queste, succulente, sottolineate da un sorriso pieno di furbizia. Nella foga del discorso, ricorda anche il giorno in cui, dovendo entrare in ospedale, siamo andati a cercare insieme dei vestiti, e l'altro in cui abbiamo fatto le pulizie nel suo rifugio. Memoria sorprendente che sottolinea quanto, malgrado ogni apparenza, la bellezza e la bontà riposino anche al fondo delle loro esistenze in attesa di potersi esprimere. Alla sua maniera, ce lo ha ripetuto l'altro giorno, in strada, Yasmina: «Grazie di essere così gentili; tutti abbiamo un cuore; noi siamo come tutti gli altri; non siamo mica delle bestie». Eterno grido del povero. Il suo grido più profondo.

Valentin

Lo chiamano Nonno Tintin, sebbene non abbia più di cinquant'anni. Anche lui ha «il suo posto» alla stazione. In seguito a due incidenti, gli sono stati amputati una volta una gamba e l'altra un braccio; perciò si muove su una sedia a rotelle. Passa diverse ore a chiedere l'elemosina davanti alla stazione o nel corridoio della metropolitana. «Mi conoscono tutti. Ho i miei benefattori fissi, che si preoccupano quando non mi vedono». Come molti altri, Nonno Tintin parla della questua come di un lavoro: «Vado a sgobbare un po'. La gente pensa che è denaro guadagnato con poca fatica, ma non sanno quanto è duro stare cinque-sei ore al giorno a mendicare!». Questo modo di esprimersi deve costituire per noi tutti un invito a non vedere la mendicità solo nell'ottica dell'avvilimento degradante, della fannullaggine e del guadagno facile e a considerarla invece nella sua dimensione di lavoro, come un modo autentico di guadagnarsi il pane (unico mezzo di sussistenza per certuni), che richiede pena e fatica. Stare immobili per ore, al freddo, sotto lo sguardo di tutti, sottoposti al giudizio implicito o esplicito di chiunque, non è cosa facile e gradevole. Per far tacere la vergogna e l'umiliazione, molti, prima di mettersi a elemosinare, sono costretti ad ubriacarsi. Altri pensano che sia più dignitoso mendicare che ricevere passivamente l'aiuto dello Stato. È un modo di situarsi «onorevolmente», che manifesta la volontà di «darsi ancora da fare», di conservare un legame con il mondo. Dipende soltanto da noi cogliere l'occasione per aprire un dialogo. Senza voler fare l'apologia della mendicità, non è possibile, in ogni caso, guardare con altri occhi coloro che ne dipendono per vivere e aprirsi con sensibilità alle questioni che questi atteggiamenti e questa necessità sollevano? Su questo ritorneremo.

Una sera troviamo Valentin nel retro di un albergo. Siede sulla soglia. Non sta bene. Lo accompagna Alain. Alain si è appena fatto un bicchiere in un bar per poter andare alle toilette. L'elemosina serve anche a questo! Lo hanno trattato da barbone. Arriva un signore e chiude la porta dell'albergo. Con tono secco ci ingiunge di «sloggiare» immediatamente. Vaghiamo alla ricerca di un altro angolo dove dormire. Ci imbattiamo nell'entrata di un negozio. Sono già le due. Valentin non vuole sdraiarsi per paura che lo derubino, anche se non ha niente. È perfino poco vestito. Il suo timore è comprensibile. Ultimamente lo hanno aggredito e gli hanno rubato tutto: sacco a pelo, radiolina, documenti... Spoliazione del povero, sempre in pericolo e privo di protezione. Non può neppure fare una denuncia alla polizia per non sentirsi rinfacciare: «Se dorme per strada, tanto peggio per lei». Per presentare una denuncia bisogna essere forti e ricchi. Il povero, invece, è sempre più povero. Subisce e si rassegna ad essere cacciato, derubato, aggredito. Che pretese potrebbe avanzare, d'altronde? Finisce per accettare tutto come sua sorte e suo destino. Si identifica con quest'ultimo e, giorno dopo giorno, ne resta sempre più prigioniero.

Quando l'Abej gli ha assegnato un alloggio, l'abbiamo visto molto felice, come se finalmente si fosse accesa una speranza. Quando ci ricevette nel suo appartamento era raggiante. Ne aveva cura. Che cambiamento! Diceva: «La strada, l'alcol, è acqua passata» e giurava di essere finalmente uscito dal tunnel. Ci credeva davvero ed era felice di esserne venuto finalmente fuori. Ci raccontava, senza che glielo chiedessimo, il suo passato, anche se lo evocava con molte omissioni, in modo frammentario e sfocato. Ritornava spesso sugli stessi fatti, che stavamo però ad ascoltare con rispetto perché sapevamo che, in quel modo, si sforzava di comunicarci qualcosa del suo intimo. Diventavamo così i depositari della sua storia a brandelli. Ma poco a poco Valentin si è lasciato riprendere dalla depressione. Non mangiava quasi più; si trascurava; non riusciva a vivere solo. Quando lo lasciavamo con la promessa di tornare presto, aggiungeva immediatamente: «Se sarò ancora vivo. Sapete, mi trovo in bilico». All'inizio non voleva visite; gli invitati se li selezionava lui. Si trattava di una precauzione sicuramente raccomandatagli dall'Abej. Ma, poco a poco, si è lasciato invadere dai vicini, che si trovavano in una situazione precaria, e dagli «anziani della zona». Le cose si sono rapidamente avvelenate, al punto che Valentin, di notte, si è trovato relegato sul canapé, mentre gli intrusi occupavano il suo letto. Si trovava ad essere espulso dal suo alloggio ad opera di quelli ai quali, di buon grado o malvolentieri, aveva aperto la porta. Al medesimo tempo, rifuggiva sempre di più l'assistenza dell'Abej, assentandosi durante le visite degli assistenti sociali.

Abbiamo già ricordato la complessità dei rapporti tra i poveri. Gli elementi che vi concorrono sono tanti. A volte, Valentin, conteso da sentimenti e imperativi contraddittori, non sapeva più neppure lui quello che voleva: aveva bisogno degli altri, non poteva farne a meno e, allo stesso tempo, non sopportava che si approfittassero di lui. Alla fine la situazione è diventata troppo pesante da gestire. Anche questo aspetto delle relazioni umane, pur riguardando tutti, acquista un carattere diverso e, in qualche misura, estremo, quando si tratta dei poveri, per effetto della loro vulnerabilità. Il ricco ha diverse relazioni e tra esse può scegliere. Il povero ha solo quelle che gli offre il circoscritto ambiente in cui vive. Non è padrone della sua vita; il ricco invece sì; il ricco per proteggersi può alzare delle barriere. Comunque sia, Valentin ha cominciato a disertare sempre più il suo alloggio e, quasi schiavo di un appello irresistibile, è tornato a vivere alla stazione. «La mia vita è qui, sulla strada». Anche in questo caso ci troviamo di fronte ad una realtà assai complessa. Come fare a rompere con tanti anni di erranza e infelicità che ti si sono ormai incollati alla pelle? Qual è il meccanismo inconscio che induce tanti nostri amici gravemente marginalizzati a ritornare sempre allo stesso punto di partenza? Il reinserimento li obbliga a scendere a un compromesso con una logica esistenziale completamente diversa, con un diverso sistema di «valori» e di abitudini. Con rapporti verso gli altri e verso se stessi che, rispetto allo spazio e soprattutto al tempo, sono profondamente angoscianti.

Il rovinoso ruzzolone fu fatale a Valentin. Abbiamo saputo della sua morte, avvenuta sulla strada, nel settembre '96. Dopo più di venticinque anni di vita randagia, senza dimora, Nonno Tintin ha trovato un domicilio fisso nell'eternità.

Arsène

Messo fuori per qualche giorno da un centro di accoglienza perché trovato in stato di ebbrezza (dopo sei mesi di cura disintossicante, si ubriaca di nuovo molto), vaga all'interno della stazione senza alcun bagaglio, irsuto, con le mani affondate nelle tasche, avviluppato in una specie di cappotto militare come per proteggersi meglio da qualsiasi intrusione; ciò gli conferisce un'aria ancora più strana. Arsène borbotta e si rifiuta di parlare. Fa pena. Tanto più a noi che l'abbiamo conosciuto al centro di accoglienza, dove aveva il ruolo del nonno pieno di bonomia e d'astuzia. Per il momento, si ostina a restare solo. Una mattina, verso le cinque, lo vediamo seduto sui gradini delle toilette. Ronfa. Ci sediamo accanto a lui. Arriva un altro trascinando sei buste di plastica. Si addormenta anche lui accanto a noi. Ci sentiamo spinti a restare là vicino a loro in silenzio invece di rifugiarci nella sala d'aspetto riscaldata. Stare là in silenzio per offrire una presenza affettiva a chi è già tanto emarginato rispetto alla folla che passa accanto, frettolosa e cieca, che corre a prendere la metropolitana per recarsi al lavoro. Non lasciare in disparte l'escluso, il marginale. Fare in modo che la sua sofferenza non sia vissuta nella solitudine e nell'abbandono. Circondarlo di umanità. Prestare attenzione agli esseri che vediamo anche quando non gli parliamo o con i quali scambiamo soltanto qualche parola. Raccogliere la loro storia unica e preziosa. Chiamarli per nome e affidarli al Padre di ogni tenerezza perché possano così esistere più pienamente per noi e ai loro stessi occhi. Ecco quello che bisogna fare. E, all'opposto, dobbiamo lasciare anche che il povero ci prenda tra le sue braccia. Dobbiamo mendicare alla porta del suo cuore l'amore che in lui è deposto per noi. Dobbiamo lasciarci ricevere la lui.

Arsène si abbandona dolcemente sulla spalla di Michel. Sussurriamo con il salmo 12:

Per l'oppressione dei miseri e il gemito dei poveri,
io sorgerò – dice il Signore –
metterò in salvo chi è disprezzato.[5]

Si sveglia e si mette a cantare. La folla continua a passare davanti a noi più compatta, più frettolosa. Un vigile di ronda gli dà un calcio sul piede:

«Se vuoi cantare vattene fuori».

«Non fa del male a nessuno», obiettiamo.

«No. Ma alla gente dà fastidio».

Arsène chiede: «Che cosa dice?», e aggiunge divertito: «Vuoi vedere che ti dice che non puoi tenere un libro in mano? Vedrai se non succede». Poi, come la nube non può impedire al sole di splendere, ecco che, dopo l'atto di brutalità, un uomo si avvicina e posa con discrezione dietro di noi dei viveri, senza aspettare neanche un grazie. Alcuni istanti dopo un giovane ci chiede: «Avete fame? Ecco del pane». Una piccola dolce consolazione prima che la polizia ci inviti a uscire.

Arsène adesso è sveglio del tutto. La sua lingua si scioglie e vomita veleno contro il centro di accoglienza che l'ha espulso per tre giorni. Dopo alcuni periodi in cui si è lasciato coinvolgere positivamente, i suoi rapporti con l'équipe responsabile del centro sono caratterizzati da atti di secco rifiuto. In questi momenti giura e spergiura che non ci metterà mai più piede e che la direttrice è una che ci marcia: «Buon per loro che ci sono dei coglioni come noi a farli vivere. Fanno i quattrini sulle nostre spalle!». Le reazioni aggressive dei nostri compagni di sventura verso chi lavora per loro non sono affatto infrequenti. Sono reazioni e risentimenti che ci fanno personalmente male, ma che dobbiamo ancora una volta accogliere per decifrarne il

[5] Salmo 12, 6.

messaggio. Sono grida, sofferenze più pesanti ogni giorno che passa e che, ad un certo momento, esplodono. I poveri avvertono confusamente che non riusciranno mai ad uscire dalla «vita da cani» che fanno e ne sono profondamente umiliati. Semplicemente per sopravvivere, sono obbligati a bussare alla porta di tanti che li respingono, che fanno loro la morale o che sono troppo esigenti rispetto alle loro capacità di aderire a questo o a quel progetto. Anche le istituzioni e le persone più umane prima o poi finiscono per essere messe da loro alla berlina. Perché succede? Perché la sempiterna dipendenza, dalla quale i nostri amici non riescono ad affrancarsi, in certi momenti diventa insopportabile. Genera risentimento e amarezza. Ancora una volta esorcizzano i loro guai accusando gli altri, trascinando gli altri nel fango. Si autogiustificano proiettando sull'altro la propria incapacità di cambiare. I poveri vivono la loro condizione come un'ingiustizia sulla quale non riescono ad avere presa. Ma come si può guarire dal sentimento di ingiustizia? Ecco perché, come diceva Vincenzo de' Paoli, noi dobbiamo sempre farci perdonare ciò che doniamo. Il servizio anche meglio «riuscito» rappresenta, talvolta involontariamente, un'aggressione. Tanto più che, malgrado la gentilezza e la presenza discreta, chi interviene (sia un operatore professionale o un volontario) in alcune circostanze viene visto come il ricco che ha tutto e può tutto. Ciò che, naturalmente, non è del tutto falso. Le istituzioni e tutti coloro che si accostano ai poveri non dovrebbero mai dimenticare che l'aggressività di chi è ferito non è rivolta direttamente a chi gli prodiga aiuto, ma significa soltanto che c'è uno stato di sofferenza acuta. Tener conto della sofferenza altrui non vuol dire tuttavia lasciarla debordare indefinitamente senza opporle i limiti richiesti da un confronto esigente. Ma la strada di questa maturazione è lunga e occorre ricominciare sempre da capo. Molti si sentono feriti così nel vivo che non potranno mai accedervi.

Arsène ha faticosamente camminato su questa strada di crescita e di vita. In certi periodi, è riuscito ad apprezzare il benessere di un posto dove rigenerarsi: il centro di accoglienza dove ha soggiornato a lungo, alcune vacanze comunitarie, una casa di riposo confortevole. Ma, come onde di fondo, sono poi tornate regolarmente le «forze malefiche» che lo respingevano in continuazione verso il nulla della strada. Anche lui è morto nell'abbandono di una notte d'autunno.

Renaud

Renaud è il sofferente, il debole sul quale tutti si accaniscono di continuo e gratuitamente. È uno che subisce violenza senza sapere perché e come. Ci ha fatto il callo e non fugge i luoghi pericolosi dove la violenza si manifesta. D'altra parte, dove potrebbe andare? Lo si vede spesso con il viso tumefatto, gli occhi pesti, supplichevoli, che gli danno l'aria di un cane bastonato. Guardandolo, in filigrana, si può scoprire il volto del Servo sofferente descritto da Isaia:

> Disprezzato e reietto dagli uomini,
> uomo dei dolori che ben conosce il patire,
> come uno davanti al quale ci si copre la faccia,
> era disprezzato e non ne avevamo alcuna stima.[6]

Renaud è ormai agli sgoccioli e tuttavia gli ci sono voluti quattro giorni per decidersi ad andare all'ospedale e farsi medicare un braccio fratturato che gli procurava atroci dolori. Si inventava di tutto per non andarci. All'ospedale poi se la prendono con comodo, fanno passare molto tempo prima di operarlo. Questo fa dire al suo compagno di stra-

[6] Isaia, 53, 3.

da Robert: «Quando sei uno senza fissa dimora, se ne fregano». All'ospedale nello stesso momento c'è anche Gaston. Anche lui ha tergiversato a lungo prima di decidersi a farsi medicare un occhio gravemente ustionato da un candelotto lacrimogeno che la polizia gli ha lanciato contro. A indurlo a «fare il salto» sono stati i saggi incoraggiamenti di Célestin. Ci colpisce che siano i compagni di miseria a convincere questo o quello a rivolgersi all'ospedale.

In tutti gli anni in cui lo abbiamo frequentato, Renaud ha dovuto essere ricoverato in ospedale di frequente, soprattutto per problemi polmonari e non è mai stata una cosa semplice. Lui, come tanti altri, sopportava male la claustrazione forzata accompagnata dal divieto di bere. Questo spiega le sue numerose fughe, con le intuibili ripercussioni sul suo stato di salute. Era spesso a causa di brutte ricadute che ritornava in ospedale. Questo spiega anche la nostra particolare attenzione a far visita ai compagni nei «luoghi di predilezione» come gli ospedali, i tribunali, gli ospizi e le prigioni.

Una volta, in occasione di un ricovero, Renaud ci incarica di metterci in contatto con una delle sorelle per informarla sul suo grave stato di salute. Sono cose che facciamo volentieri per ricostruire legami perduti. Nel suo caso, purtroppo, la sorella preferisce mantenere le distanze dalle «cazzate» di Renaud. L'uscita dall'ospedale fu decisa da un momento all'altro. Una mattina approdò esausto alla stazione con la lettera di dimissioni in mano. Fu necessario che un volontario minacciasse l'ospedale di denuncia «per mancata assistenza a persona in pericolo» perché fosse riammesso, come era suo desiderio, all'ospedale diurno.

Renaud era schiavo dell'alcol, lo sapeva. Noi eravamo spettatori contemporaneamente della sua forza, del suo bisogno vitale di venirne fuori e della sua debolezza tormentata davanti al «demonio». Lotta patetica che si leggeva sul suo volto, nei suoi occhi azzurro chiaro, nei suoi gesti. L'alcol permette di evadere, di fuggire da se stessi, da una realtà troppo penosa da sopportare. Annienta tutto l'essere e procura l'oblio. Renaud ne parlava spesso: «Hanno un bel dire l'alcol... Meno male che c'è! Ti permette di dimenticare le preoccupazioni, ti calma. Ma il giorno dopo è peggio. Se tutti quelli che vivono sulla strada fossero lucidi, sarebbe un casino. Quando si è coscienti, non si può sopportare una situazione del genere... L'alcol, insomma, è un falso amico. Uno beve perché non ha nient'altro. Tu credi che ci piaccia essere come siamo. Se nessuno ti aiuta, è allora che diventiamo così».

Quante volte lo abbiamo trovato in uno stato simile al coma. L'alcolismo fa oscillare la vita dalla coscienza all'oblio. Che cosa percepiscono i nostri compagni dell'orrore di una simile vita? Del disgusto che procura? Si rendono conto del sudiciume immondo degli *squats* dove si rifugiano? Noi proviamo più di loro difficoltà a sopportare certe situazioni, come il freddo, la sporcizia, il dormire all'aperto, sostenere gli sguardi della gente pieni di disprezzo. Ma ci sono altri momenti in cui essi danno prova di una coscienza acutissima del loro decadimento. L'alcolismo, che è la conseguenza di tante violenze rimosse, diventa poi la causa della loro caduta. L'ambiente ha il potere di rendere definitiva la condizione di schiavitù dall'alcol. Liberarsi dall'alcol è una decisione molto pesante. Vuol dire trovarsi soli, separati dal gruppo di appartenenza. Come e perché si dovrebbe pagare un simile prezzo?

Il consumo eccessivo di alcol favorisce anche le effusioni. Spinge a dichiarare verità che resterebbero altrimenti taciute. Allora è importante essere là, pienamente presenti, per ricevere in tutta la loro profondità queste confessioni, e riprenderle poi per farne, se possibile, una leva di liberazione. È necessario ascoltare fino in fondo, lasciarsi ferire senza opporre resistenza, lasciare che queste grida strazianti risuonino nel nostro profondo. Si tende troppo spesso a ironizzare o a disdegnare i discorsi degli alcolisti che, d'altronde, non sono sempre facili da comprendere (salvo quando finiscono nel buffonesco), ma che svelano non di rado l'angoscia dell'anima. «Fa bene parlare», azzarda André, «io parlo perché sono ubriaco, sennò tante cose non le direi». E Charles: «Bevo perché sono depresso, perché c'è una cosa che voglio fare da un mucchio di tempo e non ci riesco: i miei genitori sono morti da sei anni e non ho mai i soldi per comprare dei fiori da portare sulla loro tomba». È chiaro che Charles avrebbe la possibilità di acquistare un mazzo di fiori. Non lo fa perché rifiuta di confrontarsi con il lutto e con ciò che esso può riaccendere in termini di sofferenza. L'autodistruzione permanente, in particolare attraverso l'assunzione di alcol, e il rifiuto di curarsi, non è forse un modo di rispondere al male subìto che invade tutto l'essere? Tra i poveri non si verificano molti suicidi nel senso stretto del termine, ma una distruzione lenta e continua di sé, che costituisce con certezza un modo inconscio di rispondere al profondo sentimento di impotenza a vincere la sfortuna, a cambiarne il corso devastatore. «Tutti i giorni», mormora Camille, ancora tanto giovane, «vivo una sorta di suicidio, senza il coraggio di metterlo in atto. In fondo, è una specie di suicidio mentale».

Evocare la figura di Renaud vuol dire anche penetrare nell'inferno della violenza subita e provocata. La violenza è il pane quotidiano dei poveri: essi si fanno aggredire e rubare il poco che possiedono. In mezzo a tante altre sventure, Renaud ci racconta anche che tre giovani lo hanno brutalmente spogliato dei documenti e del berretto. «Che ci potevo fare? Dopo che si è stati messi a terra più di una volta è difficile riprendersi». In un bel reportage televisivo,[7] veniva intervistato un uomo nel métro di Parigi. Aveva il volto sfregiato e suturato in più punti. Dopo aver denunciato tutta una serie di aggressioni e di furti, il suo discorso si chiudeva con queste parole terribili: «Ecco, questa è la mia vita». Un'amica, che era stata picchiata dal compagno e dai suoi stessi figli, un giorno ci scrisse: «La violenza è più difficile da sopportare della miseria». La violenza rende il povero fragile e lo spinge alla rassegnazione. «Che cosa ci potevo fare?». La paura prende dimora dentro di lui e lo paralizza. I traumi riportati modellano una psicologia particolare. Per esempio, noi siamo stati sempre sorpresi nel vedere Renaud ricacciarsi instancabilmente «nelle fauci del lupo», mentre noi avremmo fatto di tutto per porre fine a una simile situazione.

Nell'universo dei poveri, la violenza, così come l'alcolismo, ha cause profonde: la povertà di linguaggio, i risentimenti, le contrarietà, le umiliazioni e i fallimenti, e poi l'alcol, per l'appunto, che rimuovendo le inibizioni, fa esplodere tutte le frustrazioni. Senza dimenticare che non ha ragioni di rispettare l'altro chi è convinto di non avere alcuna importanza. Non c'è più nulla da perdere. «La strada rende cattivi. Preferisco picchiare io prima che mi picchi un altro. Io o lui», esclama Dimitri, molto agitato. Talvolta succede anche che la persona infelice senta il bisogno di fomentare la violenza come modo per esistere: fare la guerra, dominare l'altro. È più facile prendersela con qualcuno che con se stessi; finché ci si arrabbia con qualcuno, si ha la sensazione di vivere ancora un po'. Tra i nostri compagni, io e Colette siamo spesso i testimoni infelici della violenza latente o dichiarata; cerchiamo di smorzare il conflitto, di sdram-

[7] *Sur les bancs du métro, des hommes*, documentario televisivo di Catherine Plantrou, «Arte», *La Vie en face*, martedì 19 novembre 1996.

matizzare le reazioni impulsive, di interporci con più o meno coraggio. Sappiamo che bisogna, da una parte, essere vicini alla vittima e, dall'altra, considerare anche l'aggressore e aiutarlo. Accompagnare vuol dire farsi prossimo dell'uomo che si vergogna di se stesso, al quale non resta che la violenza per purificarsi di tutte le umiliazioni. Non va colpevolizzato perché ciò lo spingerebbe ancora più in basso. Bisogna invece adoperarsi per far emergere la parte migliore che c'è in ciascuno. Attraverso il nostro atteggiamento, noi cerchiamo di aiutare l'uomo che ha fatto il male a trovare in se stesso la strada del bene. È esattamente il contrario della reazione istintiva di chi accusa e punisce, di chi, pretendendo di correggere l'autore del male, umilia ed opprime. Soltanto la pace interiore può disarmare la violenza, passare la spugna sulla rivolta, lasciare che si esaurisca. Guardiamo i grandi artigiani della pace: Gesù, Francesco d'Assisi, Gandhi... Più che cambiare il mondo, essi hanno cercato di trasformare se stessi. La morte di Gesù non è un'azione rivolta agli altri, è una passione. Violenza e odio in lui si sono esauriti. Disarmare la violenza vuol dire diventare completamente non violenti.

Ricordiamo l'incontro leggendario di Francesco d'Assisi con il lupo di Gubbio e l'episodio dei «frati briganti», che ci narrano i *Fioretti*. Nel secondo racconto, i frati chiedono a Francesco come si devono comportare verso i malfattori che vengono regolarmente a chiedere loro la carità. Tralasciando i particolari della scena, citiamo soltanto l'esortazione di Francesco:

«E Francesco seguitò: "Andate, acquistate del buon pane e del buon vino, portate le provviste ai briganti nella selva dove stanno rintanati, e gridate: – Fratelli ladroni, venite a noi! Siamo i frati e vi portiamo del buon pane e del buon vino –. [...] e serviteli con rispetto e buon umore"».[8] Poi ai

[8] Cfr. *Leggenda Perugina*, in *Fonti Francescane*, Edizioni Messaggero di Padova, Padova 1980, p. 1255.

suoi frati propone di invitare i briganti a convertirsi. Non è dunque a quest'ultimi che Francesco chiede di convertirsi per primi, ma ai suoi compagni. È il capovolgimento – che consiste nel riconoscersi «frati» dei briganti e «servirli» portando loro cose «buone» – che insegnerà loro a considerare i briganti in maniera diversa – e cioè che essi non sono soltanto né definitivamente cattivi, ladri, profittatori, violenti o assassini – e farà sì che i briganti poco a poco vedano se stessi in una luce differente.

Quanto a Renaud, egli sprofonda sempre di più in un preoccupante stato depressivo e annega nell'alcolismo la perdita della fragile impalcatura messa in opera durante i suoi soggiorni in ospedale. Una sera in cui è ubriaco fradicio fa una brutta caduta. Le ferite sul viso si sono riaperte. Mentre Colette gli asciuga il sangue, si avvicina una signora gentile. Dice di far parte del pronto soccorso. Lo medica con cura e rispetto. Tutto ciò è davvero bello. Poi, alla meno peggio, accompagnamo Renaud fino al posto dove dice di voler dormire. È dietro la staccionata di un cantiere, in uno scenario sinistro. Quando si è coricato, gli chiediamo se desidera che restiamo vicino a lui. Tra le altre cose, pensiamo alle aggressioni che, così «esposto», potrebbe subire. Risponde di sì. Ci corichiamo al suo fianco. È allo stesso tempo dolce e amaro. Renaud si è lasciato andare, il suo alito puzza di vino. Ci addormentiamo come fratello e sorella, anche se per noi il sonno arriva tardi, a causa del rombo delle macchine che ripartono ai semafori. Poco a poco la dolcezza eclissa l'amarezza e il «lebbroso» diventa un amico. Ed è perché diventa un amico che l'amarezza si tramuta «in dolcezza di anima e di corpo».[9] Strana espe-

[9] Cfr. il «Testamento» di San Francesco, laddove parla della sua conversione, che ha inizio dall'incontro con il lebbroso. *Fonti Francescane*, cit., p. 131.

rienza di un amore che non viene dal fascino dei profumi, dalla bellezza dei corpi, dalla complicità dei sentimenti o dall'intelligenza, ma dallo Spirito. Alle cinque comincia a cadere una pioggia sottile. Lo diciamo a Renaud, che si volta dall'altra parte. Lo copriamo allora con i nostri cartoni e ci rifugiamo nella sala d'aspetto della stazione, dove possiamo anche riscaldarci.

Poiché va di male in peggio, Renaud, all'uscita da una ennesima degenza in ospedale che lo ha messo a dura prova, finisce per accettare il ricovero di un centro di accoglienza. Non stava più sulle gambe. Rivediamo i suoi occhi quasi trasparenti: rivelavano la morte dell'anima. La sua salute era talmente compromessa che non è riuscito a tornare a galla. È morto poco dopo. A trentacinque anni. «Non si dirà mai abbastanza che la strada è anche questo: la morte, sia essa improvvisa o distillata goccia a goccia, un giorno dopo l'altro, dalle condizioni di vita e dal ricorso all'alcol».[10] La strada uccide da giovani.

Molti di coloro che abbiamo conosciuto ci hanno lasciato. Inesistenti per la società, perduti per la famiglia, rischiano di venire sepolti all'alba, senza rimpianto né fiori, in una fossa comune. Spesso sono i loro stessi compagni che ne segnalano il decesso rivolgendosi ad una associazione. Con alcuni volontari, partecipano all'ultima assemblea, dalla quale l'emozione non è assente, per dire addio e ricordare il loro amico: «Abbiamo sofferto tanto insieme. Non c'è nessuno che possa capire... Era lui a farsi i bidoni dell'immondizia perché si avesse tutti qualcosa da mangiare». Al funerale di Dany, alcuni si indignano: «Avremmo dovuto essere in trenta. Siamo solo in dieci!». Ma quando la propria vita se ne va in brandelli, neanche la morte di un compagno riesce a provocare un sussulto di energia. Restano i

[10] Rapporto di Médecins du monde, cfr. Appendice 2.

piccoli gesti che esprimono l'amicizia: Olivier che porta dei fiori al cimitero quando riscuote l'assegno sociale, altri che si tassano perché il compagno scomparso abbia almeno una bella croce… «Ogni anno», dice Renaud, «si va tutti sulla tomba di Alain per versarci sopra un litro e berne un altro insieme».

Sulla strada si compie un rito, è molto diffuso: prima di cominciare una bottiglia, si versa un po' di vino per terra alla salute dei compagni morti.

Il popolare proverbio, molto diffuso anche tra i poveri, lascia credere che «c'è una sola giustizia» e che almeno di fronte alla morte siamo tutti uguali. Magra ed erronea consolazione! Un giorno Colette, con alcuni membri dell'associazione Magdala, ha assistito ai funerali di un compagno senzacasa. Quale non fu la loro sorpresa nello scoprire che non c'era il morto! Per quanto inverosimile possa sembrare, le pompe funebri avevano semplicemente dimenticato che doveva essere celebrata la funzione per quel povero indigente, che avevano già sepolto nella fossa comune. Gli amici della comunità si indignarono. Clamore di un popolo considerato tanto poco, non considerato per niente. È proprio perché i più poveri non fossero più sepolti come cani che alcune donne dell'associazione Quart Monde si sono messe insieme e hanno dato vita a Lille alla comunità Magdala. Assieme all'Abej, la comunità Magdala si prende cura che la gente della strada, quando muore, venga onorata con una bella cerimonia. Questo succede ormai anche in altre città, grazie a una mobilitazione degli ultimi anni a favore dei senzadimora.

Abbiamo raccontato frammenti di storia di alcuni nostri compagni di Lille. Vorremmo soffermarci ancora un poco sulle vicende di questo e di quello. Martial, per esempio. La stazione e i suoi dintorni non hanno alcun segreto per lui. Percorre su e giù incessantemente questo suo dominio con passo deciso, come un animale alla ricerca di una preda. Sosta volentieri per parlare un po', ma senza attardarsi. A differenza di molti altri, è pulito, ben vestito e passa inosservato. A noi, che da anni sapevamo che viveva nell'erranza, un giorno disse: «Io non sono abituato a vivere nella strada. Non mi piace. Non è bello. Trovo sempre qualche lavoretto: ripulire una cantina, rimettere a posto un carretto, cercare le schede telefoniche abbandonate per rivenderle ai collezionisti, dare una mano in un bar. Non mi piace essere comandato. Voglio la mia libertà. Io i soldi me li guadagno. Oggi per passare la notte in pensione ho bisogno ancora di 30 franchi. Certo, in pensione sei e non sei a casa tua, ma fuori mette paura. La mia sola distrazione è la sigaretta... Ne ho le scatole piene di Lille. Mi piacerebbe andare all'altro capo del mondo». Martial, pur riconoscendo di essere anche lui un marginale, vuole distinguersi dagli altri. Si tiene a debita distanza da essi e li disprezza: «Non cambieranno mai». E aggiunge: «Del resto anch'io. Io sono un ladro. Cerco, dico cerco, di smettere». Martial non è il solo a cercare di sopravvivere facendo piccoli lavori. Ma per molti il lavoro, anche occasionale (vendemmie, fiere, mercati, lavori interinali), non è sempre un successo. Spesso si fanno sfruttare e molti tentativi mal riusciti finiscono con una delusione in più, con la sensazione – che purtroppo corrisponde alla realtà – di essere presi in giro. E allora, perché darsi da fare? E infine, nonostante lo sforzo di essere assidui ed efficienti, sentono che questi lavori sono precari e mortificanti.

Nella vita di strada ci sono anche sorprese che cadono dal cielo, incontri che rappresentano veri e propri doni. Vagabondando nel centro della città, attacchiamo bottone con un venditore del giornale «Macadam». Condividiamo con lui il nostro cibo. Ci interroga, stupito e interessato. È ospite di un'amica che sarebbe sicuramente contenta di fare la nostra conoscenza. Ci invita da lui quando vogliamo, anche quella stessa sera. Facciamo così. Farid e la sua amica Samia ci commuovono per la loro verità e la loro ingenuità, per la loro bellezza e fragilità. Lui si droga con l'eroina dall'età di sedici anni. Oggi ne ha ventotto. Cerca di smettere, ma non ce la fa. Ha ancora bisogno di 600 franchi al giorno per acquistare le dosi necessarie. Adesso ha difficoltà a trovare la vena e torna dal bagno con il braccio tutto macellato e sporco di sangue. Samia, da parte sua, si sforza di continuare gli studi di psicologia e lo aiuta come può. Si mostrano molto colpiti dalla nostra vita e non vogliono che torniamo a dormire fuori. Dormiamo da loro, nella loro unica stanza. «Sono davvero felice che siate qua», dice Farid a più riprese. «Mi piacerebbe avere dentro di me una parte di voi. Credo che Dio mi darà presto un segno, una illuminazione». Samia e Farid ci hanno invitato a tornare ogni tanto da loro. Abbiamo accolto di buon cuore l'invito e ciò è servito ad approfondire il nostro rapporto.

Dopo pause benefiche come questa, ritroviamo lo sconforto dei luoghi più aridi e spiacevoli. In primo luogo, la stazione, dove ora regna un clima di tensione tra i senzacasa e la polizia. C'è inoltre il lato penoso di dover restare delle ore in piedi, in mezzo alle correnti d'aria, senza che le conversazioni siano tanto appassionate da farci scordare tutte queste scomodità. Verso la fine della giornata, la gente e l'animazione aumentano. È il momento in cui ci troviamo attorno a una minestra e ai panini offerti da una associazione privata. Ma alla polizia questo non interessa e ci caccia fuori. Un poliziotto particolarmente rozzo urta Gaston che finisce per terra. Il suo collega, al contrario, gli parla garbatamente e lo aiuta a sollevarsi. Interveniamo:

«Non c'è un po' di tolleranza quando fa molto freddo?».

«Certamente no», risponde secco il primo poliziotto.

«A Parigi lasciano aperte le stazioni del métro».

«Qui siamo a Lille. Non c'è nessuna tolleranza anche se facesse cinquanta sotto zero».

«Non è molto umano».

Non risponde. Poi, quando scoppia una rissa, raccomanda al collega: «Lascia che si picchino. Non è niente. Sono *fatti*». In questo mondo di insicurezza, la polizia, invece di svolgere una missione di protezione e di pacificazione, diventa essa stessa violenta o indifferente.

Dopo una notte di freddo, ci scaldiamo nella sala d'attesa, dove si trovano già alcuni compagni. Tra di loro, una coppia carica di borse, che sembra nervosa e turbata. Verso le otto, controllo dei biglietti. Un poliziotto decisamente aggressivo espelle un uomo accompagnato da un cane. «Ti ho già detto tre volte di uscire!». Ma dove andare quando non si ha niente? Necessità fa legge. Da bandire è la rigidità del regolamento e non il povero in cerca di un riparo. Fortunatamente, in tutta questa depressione, talvolta in alcuni sorveglianti si incontra un po' di elasticità e di tolleranza. Uno di essi ci autorizza a restare nella sala d'attesa, pregandoci di non dirlo. Ci offre persino una bevanda calda. Confessa di essersi sempre proposto di comportarsi umanamente con i senzacasa.

Un bel giorno, che siamo seduti con Gaston e altri sulle scale delle toilette, arrivano due poliziotti accompagnati da un signore distinto. Si avvicinano a noi. Gaston si sta agitando. L'uomo cerca di sapere chi siamo, se apparteniamo ad una associazione, o... Rispondiamo che siamo semplicemente degli amici. Desidera parlare più a lungo con noi. È il nuovo responsabile del servizio commerciale delle Ferrovie. Ci dà un appuntamento per il giorno dopo. È uno scambio profondo. M.R. ci comunica l'intenzione di favorire all'interno della stazione un clima di convivenza, di permettere ai senzacasa di stare lì nel rispetto di alcune regole. «Ma almeno», dice, «che non ci siano scontri di tipo razziale!». Rispetto agli ultimi mesi è una novità. M.R. ha già eliminato i cani poliziotto e vuole che i suoi subordinati si rivolgano a chiunque con rispetto. Ci mostra la relativa nota di servizio. Lo mettiamo in contatto con l'Abej. Sapremo poi che stanno mettendo su un progetto di distribuzioni gratuite a favore dei senza fissa dimora. Noi rendiamo grazie per questo incontro reciprocamente confortante, nel quale, con la sola nostra presenza, abbiamo potuto gettare un ponte tra due universi e contribuire a infrangere l'esclusione tra due mondi che si ignorano e si misconoscono.

La festa di Pasqua si avvicina. La settimana che la precede ci immerge con Cristo nella sofferenza del mondo. Per noi questa sofferenza non è lontana. È su tutti i volti che non cessano di porre l'immensa ed eterna domanda: perché? Questi giorni soffusi di gravità ci invitano all'approfondimento del mistero pasquale e a rinnovarci nella qualità della nostra presenza per rimanere sempre all'ascolto di ciò che vivono e soffrono i nostri compagni. Guardare con rispetto e venerazione coloro che soffrono è già diventare più umani e più buoni.

Venerdì Santo. Ci rechiamo alla chiesa dei Santi Pietro e Paolo. Un giovane ci chiama. È Réginald. È molto timido. Cerca di dirci qualcosa, ma non si capisce. Viene con noi in chiesa, si mette in ginocchio, abbozza qualche preghiera, l'inizio del Padre Nostro. Fa dei segni di croce e invoca il nome di Maria. Tutto ad un tratto si dirige verso un altare, al fondo della chiesa, ed esce. Torna più tardi assieme alla comunità di Magdala. La cerimonia è bella, sobria, lenta. Ci invade un sentimento di amore. Durante la venerazione della Croce, Réginald si accosta una seconda volta per baciare il Cristo sul volto. Intimità di poveri. Del povero con il Povero.

Domenica di Pasqua. A mezzogiorno elemosiniamo un po' di cibo di porta in porta. Troviamo molta accoglienza. Mentre gustiamo i doni ricevuti seduti su una panchina di pietra, un uomo mal vestito, con i pantaloni che gli cadono, passa e ripassa dinanzi a noi. Poi si accosta un altro; ha in mano una busta di plastica. Dice buongiorno e si siede accanto a noi. I suoi occhi sono ridotti a due grandi chiazze viola. Fa impressione. È stato aggredito, ma conserva buonumore e bonarietà. «Passerà!». Quanti ne vediamo malconci come lui e accusati troppo in fretta di essere dei litigiosi! Lo sconosciuto, che si è seduto sulla panchina accanto a noi e che discorre con noi, ci ricorda – come potrebbe non essere così in questo giorno? – lo strano viandante sulla strada di Emmaus... Il nostro cuore è infiammato della bontà che si sprigiona da quest'uomo ferito.

La bontà! Circola – in incognito – più di quanto non si creda. Si posa nei cuori, visita gli sguardi, scivola nelle mani. Alcuni la raccolgono e la fanno splendere più di altri. In Célestin, pare avere scelto un domicilio stabile, facendo alleanza, come spesso succede, con il buonsenso. Mentre prendiamo un caffè all'Abej, ci confessa di essere preoccupato per Blaise e Gaston. Dentro la sua propria deriva conserva una grande lucidità. Fa fatica a esprimersi con le parole, ma riesce a tradurre le emozioni con i gesti delle mani. Malgrado abbia una evidente difficoltà a restare pulito, ama indossare camicia e cravatta. Lo si riconosce di lontano quando cammina claudicando nel suo impermeabile grigio. Un giorno che facciamo la strada insieme, si ferma di botto, affonda le mani nelle tasche profonde e tira fuori una manciata di monetine che conta e riconta. Poi, senza dire una parola, entra nell'osteria che ha provocato il suo brusco arresto. Ci costringe a seguirlo. Si sforza di articolare una frase, ma non esce alcun suono. Stiamo là a guardarci a lungo. Chiude di continuo gli occhi, li alza al cielo, apre la bocca, scuote la testa, ma le parole continuano a non venire. Doloroso e sublime! Dopo un po' di tempo, si alza e usciamo. Una volta sul marciapiede, esita: che direzione dobbiamo prendere? Allora ci abbraccia e ci bacia. È detto tutto!

Quando ci vede, gli piace prendere le nostre mani, stringerle nelle sue, prenderci per le spalle, appoggiare la sua testa alla nostra come per meglio unirci a lui, per meglio unirci tra noi. Quando riesce a spiccicare qualche parola, dice: «Voi volete farvi bassi, non stare al di sopra degli altri; voi volete accompagnare, sostenere; è bello questo; voi potreste stare più in alto... Noi siamo più che compagni, c'è dell'amicizia tra noi. Siamo uniti per la vita e per la morte». È così che a noi viene data la loro amicizia: sempre profonda e semplice, fiduciosa e fedele. Noi ci sentiamo spesso in debito; debitori verso i nostri amici. Desideriamo essere facitori di relazioni umane e i poveri stessi ce lo chiedono. C'è in essi una sete inesauribile di relazione che comincia dal toccare: dobbiamo lasciarci abbracciare, impugnare, stringere; una volta, due, ancora. La frase del Vangelo che riguarda il modo di essere di Gesù ci illumina e ci indica la strada: «Infatti ne aveva guariti molti, così che quanti avevano qualche male gli si gettavano addosso per toccarlo».[11]

La comunione fraterna, che cresce col passare dei giorni e delle notti, è particolarmente viva quando si «dorme insieme». È nel dormire insieme che si dimostra se l'impegno nei confronti degli amici è vero. La notte è una prova. Non tornare a casa propria vuol dire accettare fino in fondo le loro stesse condizioni. Alcuni *squats* sono, notte e giorno, luoghi di vita; altri sono soltanto «rifugi» notturni; universi lugubri e fantomatici, veri e propri luoghi del malaffare. Conviene sempre essere in più, per farsi coraggio e vincere la paura. Ecco perché certuni preferiscono stare all'aperto che rinchiusi in uno *squat* dove i pericoli sono talvolta mag-

[11] Vangelo secondo Marco, 3, 10.

giori. In questi luoghi, infatti, ad ogni istante, c'è un nuovo arrivo, e per i motivi più diversi: coricarsi un po', cercare un compagno, ma anche minacciare e rapinare. Una notte, per esempio, in una caserma in disuso, verso le quattro arrivano due sconosciuti. Dicono di voler dormire, ma alle cinque già se ne vanno. È strano...

In questo *squat* chiacchieriamo spesso fino a tardi. L'oscurità favorisce le confidenze. Si tratta di momenti privilegiati dove si manifesta anche la loro meravigliosa sollecitudine verso gli altri. Una notte, vedendoci senza coperte, Henri, che si è già coricato, dice: «Avete tutto quello che vi serve vicino a voi», poi, alzandosi con grande fatica, anche a causa della sua corpulenza, va a cercare personalmente il necessario per coprirci. La mattina, prima di andarsene, Bernard stende sopra di noi le sue coperte, bisbigliando: «Fa fresco». Altre volte ad esserci offerta è la colazione, con quello che «passa» la strada: croissant trovati nei bidoni dei rifiuti, una casseruola di acqua calda per il caffè. «Nessuna persona è così povera da non avere nulla da donare; nessuna persona è così ricca da non avere nulla da ricevere... In questo scambio di dare e ricevere, il povero vede umanizzata la sua povertà. [...] Il cuore sente, canta, loda, vibra, piange, prova compassione. Il cuore sente il polso del cuore altrui».[12]

A chi vi è stato fatto precipitare, la povertà non porta che oppressione. Per noi che la scegliamo è fonte soprattutto di bontà e di delicatezza. Dai luoghi da cui i nostri amici tornano con le parole «amarezza» e «rivolta», noi torniamo con la parola «tenerezza». Nei momenti di fraternità condivisa noi proviamo gioia, sentiamo batterci il cuore, ridia-

[12] Leonardo Boff, *François d'Assise, force et tendresse, une lecture à partir des pauvres*, Cerf, Parigi 1987, pp. 47 e 132; trad. it., *Francesco d'Assisi, un'alternativa umana e cristiana*, Cittadella, Assisi 1982.

mo. E in essi troviamo sempre fierezza nell'accoglierci, una fierezza che riabilita e conferisce dignità.

Una sera Rodrigue manda Louis a cercarci. «Nello *squat* tutto è pronto. Abbiamo un cuore universale. Non dovete dormire all'aperto». Noi auspichiamo che altri possano venire con noi, ma è chiedere troppo. «Non si può allargare all'infinito», argomenta Louis. Cammin facendo, capiamo che il problema non è il numero, ma la presenza di persone meno «raccomandabili» ai suoi occhi. Come tanti altri, anche lui ci fa la morale: «Non bisogna frequentare gente come quella. Avrete solo guai. L'avete visto coi vostri occhi, sono disgustosi». Eppure... il luogo dove stiamo andando, per superare l'esitazione a entrarci, bisogna proprio volerlo e attingere un sovrappiù di energie dalla fraternità tanto desiderata. Si trova vicino ad una uscita della metropolitana, sotto alcune lamiere appoggiate obliquamente alla recinzione e ricoperte di cartelloni pubblicitari. Per accedervi siamo costretti a piegare la schiena. Rodrigue, per proteggerci meglio dalle intemperie, ha steso un telo di plastica. I cartoni e le coperte non impediscono all'umidità di penetrare. All'alba abbiamo l'impressione che entri qualche goccia di pioggia; ma no, sono gocce di colla! I cartellonisti sono al lavoro. Rannicchiati in quel buco angusto siamo in sei. Chi può immaginare che degli uomini possano trovare un riparo di quella natura in un paese sviluppato? D'altra parte, la presenza di alcuni topi ci segnala che ci troviamo nel loro territorio più che nel nostro. La presenza di queste bestie ricorda a Michel un altro *squat*. A Marsiglia, nel 1988. Era un vecchio capannone di una fabbrica a ridosso della cattedrale, un edificio immenso pieno di detriti; era funestato da una vera invasione di roditori enormi che non esitavano a correrci sulle gambe e a zampettarci sugli orecchi. Abbiamo resistito una sola notte in quelle condizioni. Due ci sono sembrate troppe. L'immersione ha pure i suoi limiti...

La vita negli *squats* sconfina talvolta nell'orrore. È così che un mattino apprendiamo con stupore e amarezza che Eddy ha ucciso la compagna con la quale da parecchi anni conduceva una vita vagabonda. Non sopportava più le sue sbronze. L'ha uccisa di botte. Che dramma e che angoscia deve essere stato per Eddy! In un attimo, per una reazione incontrollata ha compromesso una intera esistenza. Miseria terribile che fa saltare i nervi. Colette, in qualità di visitatrice dei carcerati, ha potuto incontrarlo a più riprese.

Nel vortice, nel calvario dell'erranza, esistono luoghi particolarmente necessari e benefici. Sono i centri di accoglienza diurna il cui numero aumenta sempre di più. Mettono a disposizione diverse opportunità: innanzitutto la possibilità di riposare in ambienti riscaldati, conversando distesamente attorno a un tavolo con i volontari; e poi quella di lavarsi; di fare il bucato, di ricevere la posta... A Lille, l'Abej offre anche l'assistenza medica e infermieristica gratuita, l'assistenza sociale, con una attenzione particolare al problema dell'alloggio, alcuni laboratori artigianali, il barbiere, una sartoria. Come i nostri compagni, anche noi sentiamo il bisogno di queste oasi, che, d'altra parte, sono i luoghi privilegiati in cui incontrarli. In questi luoghi conduciamo coloro che «sbarcano» per la prima volta sulla strada e non conoscono ancora questo genere di indirizzi. È l'occasione per accompagnarli in un percorso che è stato loro prospettato, ma rispetto al quale sentono di non disporre ancora dei mezzi concreti: come contattare un ufficio della pubblica amministrazione, come e dove cercare le medicine di cui hanno bisogno, come cercare un ostello che li accolga per la notte... È il caso di Greg, che si appoggia molto a noi. Per quanto sia facile, non riesce mai a trovare la strada, anche se l'abbiamo percorsa più volte insieme.

Tutti i giorni, dunque, veniamo a passare qualche minuto all'Abej, dove, attorno a una tazza di caffè, nascono discussioni di tutti i tipi più o meno animate. Talvolta ci adoperiamo a sedare gli inevitabili rancori e le frustrazioni che colgono i nostri amici a causa delle incomprensioni con i responsabili dei servizi o per i ritardi nel disbrigo delle pratiche che li riguardano. In alcuni casi, in effetti, il servizio, se esiste dovrebbe essere tempestivo, altrimenti «a cosa serve, se bisogna aspettare?» (è il caso, per esempio, delle domande per l'assegnazione degli alloggi). Per molti la sola cosa che conta e che invade l'intero campo della coscienza è il momento presente; è questo o quel bisogno avvertito in modo insopprimibile. Ora, è evidente che tale esigenza è inevitabilmente destinata a non essere soddisfatta, almeno su due piedi. Per raggiungere i propri fini, alcuni non esitano a colpevolizzare il loro interlocutore: «Se non mi trovi quattro mura, mi metto a dormire fuori della porta e domani mi troverai morto di freddo. E la colpa sarà tua!». Altre pretese sono ancor più irrealizzabili, come quella di vivere con questa o quella responsabile del servizio di cui ci si è innamorati...

Nel dialogo con i compagni delusi o inaspriti, ci sforziamo di far rinascere la fiducia, di calmare l'eccitazione, di incoraggiare il desiderio di «venirne fuori» che è stato all'origine della loro richiesta, di accompagnarci a loro incoraggiandoli alla dolcezza e alla pazienza, invece che alla rivolta. È quello che cerchiamo di fare con Benoît. Benoît ha ventotto anni e da giorni ci racconta un mucchio di cose contraddittorie. Dice di abitare in un bungalow sul luogo di lavoro, ma allo stesso tempo di essere disoccupato. Inoltre ha fatto domanda all'Abej per essere ospitato in un centro di accoglienza perché è sulla strada. Vorrebbe incontrare una donna ricca, «anche una vecchia», per non dover più sgobbare. Benoît è uno che si eccita molto, è spesso coinvolto in affari poco puliti, partecipa con passione alle manifestazioni politiche: «Bisogna far saltare tutto!» È totalmente alienato dalla realtà e schiavo di ogni impulso che gli nasca sul momento nell'incontro con gli altri. Qual è il suo vero desiderio? Ne ha uno? Quali reazioni provocano dentro di lui gli innumerevoli fallimenti, le carenze che ha dovuto subire? Come può venir fuori dalla vita burrascosa che ha avuto fin dall'infanzia? Il povero viene sballottato di qua e di là senza che riesca a trovare un punto fermo. È difficile comprenderne la psicologia; la sua instabilità è fuorviante. La miseria guasta talmente l'essere profondo che uno non sa più chi è e chi vorrebbe essere. Il povero assomiglia a un vaso infranto. Anche se lo si incolla, resta comunque un vaso rotto, al quale non di rado mancano dei pezzi.

Alì è uno che sa citare a memoria, anche se con approssimazione, interi passaggi dell'Apocalisse di san Giovanni. È stato in contatto con i pentecostali: afferma che andrà all'inferno perché ama i piaceri: «Dopo che ho chiesto perdono, ci ricasco subito e perciò non sarò salvato!». Noi gli ricordiamo alcune frasi della Bibbia che parlano invece della misericordia e della pazienza di Dio. Allora dice: «Voi mi ridonate la speranza, ma tra un'ora sarà tutto finito». È terribile accorgersi di come un povero legga la Bibbia, come gli parli di Dio e di sé: in termini di esclusione e di condanna! Un nostro vicino di tavola esce dal silenzio e professa: «Nella società siamo dei rifiuti, ma per Dio siamo tutti figli». Ci confessa di essere il figlio di uno stupro, di sentirsi colpevole della separazione con sua moglie, anche se non ne conosce la ragione. Non ha intenzione di rifarsi una vita con un'altra donna: «Sono sposato davanti a Dio e agli uomini», spiega. Ha le lacrime agli occhi; le mani gli tremano per l'emozione: «Un amico mi dice che sono mezzo matto a stare così, ma il mondo è pieno di matti che non riescono a realizzare quello che portano dentro».

L'incontro dei nostri amici con i volontari provoca immancabilmente reazioni come questa: «Vi piace visitare dei disgraziati come noi, vero?». Oppure: «Qui sono tutti vagabondi e delinquenti. Perdete il vostro tempo». Sempre la stessa percezione negativa che i poveri hanno di se stessi: «In questo mondo non mi sento considerato neppure come una bestia, semplicemente come un oggetto ingombrante».

Impressionante «dichiarazione di fallimento» personale, accompagnata da un senso di colpa esasperato e da crepe profonde nell'immagine di sé.

Appena il sole torna a scaldare un po', i parchi e i giardini della città si rianimano. Non c'è bisogno di descrivere questi spazi, dove è bello passeggiare sognando in mezzo ai giochi e alle grida dei bambini. Noi che non abbiamo casa gustiamo il momento in cui è possibile vivere al ritmo della natura, che ha il potere inestimabile di riconciliarci con la vita. È il momento della tenerezza, in cui si risvegliano le sorgenti profonde. Stare ad osservare i giochi delle tortore, le anatre che scivolano sull'acqua attorniate dai loro piccoli, i ciliegi in fiore, ha il potere di distrarre un istante da se stessi. La primavera può essere anche il tempo per stare tranquillamente insieme agli altri: per uno scambio di sguardi, per un sorriso di fronte all'innocenza di un bambino che ti viene incontro offrendoti un fiore. Tutto è spontaneo. È possibile scambiare due parole. O starsene in silenzio. Chiudere gli occhi e abbandonarsi alla bellezza e alla bontà della Creazione. Per chi è ben disposto e ha un po' di tempo, è questo il momento in cui è più facile annodare un rapporto non artificiale con il senzacasa.

Ecco Babeth, l'immagine personificata della povertà: ferite sul volto, capelli unti e rigidi, andatura claudicante, pantofole sformate e scolorite, un misero corpo avvolto in un cappotto liso e troppo lungo. Si lascia cadere sulla panchina vicino a noi con un lungo sospiro. Le offriamo un pezzo di formaggio che inghiotte tutto d'un colpo. «È buono quando si è affamati», dice con un bel sorriso, mettendo in mostra la bocca sdentata che mastica e rimastica. È evidente che cerca un orecchio attento con cui sfogarsi. È ospitata da qualcuno. Domenica passata, in occasione del suo compleanno, i figli sono venuti a trovarla e l'hanno riempita di regali. Ma non sta sognando Babeth? Come del resto Léon, che adesso vive in una camera che dà sui giardinetti in cui ci troviamo in questo momento. Passa molto tempo alla finestra e, vedendoci, grida: «Ehi! Ehi!». Fa segno di salire da lui. Saliamo, inorridendo ad ogni gradino un poco di più: una parte della scala non c'è più, il pezzo che resta rischia di crollare da un momento all'altro sotto il nostro peso. I muri sono slabbrati e hanno perso il rivestimento di gesso. L'impianto elettrico mette paura; si notano sfiammate sopra i fili scoperti che pendono sfiorando le nostre teste. Léon ci accoglie fiero ed eccitato, tanto è felice di vederci. Ci fa gli onori delle sue due stanze sotto il tetto, sovraccariche di oggetti eterocliti scovati nelle discariche durante le uscite notturne. Ci offre l'aperitivo; e non manca la scelta! Léon ha mille e una cosa da raccontarci. È inesauribile e dissemina il racconto di: «È bello qui, eh!», oppure: «Sono molto contento che siate venuti». Ci racconta che da quattro anni fa l'aiuto infermiere (noi l'avevamo conosciuto sulla strada) con un orario poco plausibile: riposo e ferie quasi per niente, a sentire lui. Lavorerebbe alle dipendenze di una infermiera; li chiamano «gli inseparabili». Guadagnerebbe più di 9 mila franchi al mese e in più il CHR (Centre Hospitalier Régional) gli pagherebbe sigarette, metropolitana, pasti e vino! Di tanto in tanto la «collega» viene a trovarlo e si ferma anche per la notte. Léon ci domanda se «viaggiamo» sempre e come ce la sbrogliamo per mangiare. Quando lo lasciamo, ci dà del pane e del formaggio. Aggiunge che, adesso che sappiamo dove abita, quando vogliamo possiamo passare da lui. Dopo averlo lasciato, ci scambiamo diverse riflessioni. Come capita per la solidarietà, ad essere messe in dubbio sono affermazioni stereotipate, quali: «Il povero è una persona vera, che non indossa maschere. Non è come noi ricchi che ci mascheriamo per nascondere i nostri difetti». Tutto quello che Léon ci ha raccontato sul suo lavoro è manifestamente inverosimile. Viene da chiedersi come, senza battere ciglio, abbia potuto fare un discorso così irreale. Che cosa lo spinge a parlare in questo modo? E noi, quale atteggiamento dobbiamo prendere di fronte a questo genere di discorsi? Come cercare di avvicinarci alla verità?

Se è vero che il povero, a differenza del ricco, non può nascondere la propria debolezza perché troppo evidente, ciò non vuol dire che anche lui non tenti, il più delle volte inconsciamente, di occultarla. Per farlo, può reagire in tre modi: criticando e disprezzando gli altri; facendosi passare per vittima. Ma di questi due aspetti abbiamo già parlato. Il terzo è quello di costruirsi un'esistenza, inventandosi un personaggio favoloso, mitico. L'abbiamo potuto vedere nel caso di Théo ed ora di Léon. In realtà, quest'ultimo si è mostrato più realista nel momento in cui ci ha fatto dono di alcuni viveri per il viaggio e nel momento in cui ci ha apostrofato. Quanto a noi, ci siamo commossi molto per il suo gesto e per il suo invito.

Poiché in questi incontri passeggeri, se vogliamo mantenere un rapporto improntato a verità, non possiamo fare ricorso ad alcuna «pedagogia», ci concentriamo sul desiderio di offrire bontà e di riceverne. In un ascolto capace di individuare, anche nel linguaggio più irreale, l'angoscia, l'attesa, la speranza che esso cela nel suo profondo. Da queste scoperte ci è venuto un nuovo incoraggiamento a proseguire sulla nostra strada, un richiamo benefico alla nostra vocazione di presenza gratuita, meravigliosa prefigurazione dell'Eucaristia alla quale ci stavamo allora incamminando. Grazie, Léon, angelo apparso sul nostro cammino!

All'uscita della celebrazione eucaristica, troviamo Lucien che mendica alla porta della chiesa. Scambiamo con lui soltanto qualche parola per non ostacolarne la «questua». Lo ritroviamo più tardi nei giardinetti dove avevamo incontrato Babeth. Questi spazi sono crocevia dove, nel corso del tempo, si ritrovano gli habitué; per noi è importante esservi presenti con regolarità. Ora Lucien è tutto pimpante, trasformato anche nel vestire. Due giorni prima, al punto più basso della degradazione, si era presentato con tracce di escrementi sui vestiti e anche su un documento che aveva tirato fuori dalla tasca. Chiede il nostro parere in merito a un contratto propostogli da un'associazione: mettere da parte mille franchi del suo RMI ogni tre mesi per mettere insieme la somma necessaria a pagare l'affitto di un alloggio. Ha subito una prima obiezione da fare: «Non capisco; agli altri non domandano niente». Noi sappiamo che non è così. Seconda obiezione: «Che cosa mi resta per vivere?». È vero. A chi è deprivato manca l'energia, il savoir-faire, la motivazione per trarre vantaggio da una piccola opportunità. Discutiamo assieme a lui, gli mostriamo i vantaggi delle diverse alternative: a che cosa tiene di più? Per il povero è difficile accettare delle costrizioni. Tanto più che, per uscire dalla strada e procurarsi un alloggio, deve investire tutte le sue magre risorse, mentre il «ricco» può risparmiare senza quasi accorgersene, facendo crescere i propri risparmi. Bisogna inoltre aggiungere che quest'ultimo ha anche maggiori risorse relazionali e morali che gli consentono di rendere più sopportabili le eventuali privazioni. Il povero non può neppure pensare che per il suo benessere futuro sia necessario affrontare altre privazioni nel presente. Quali che siano le ragioni pedagogiche che ci inducono ad aiutare le persone ad affrontare la propria realtà, non dobbiamo mai dimenticare che nelle nostre società, in cui la ricchezza è visibile ovunque e a tutti, il povero, in confronto agli altri, è proporzionalmente segnato dall'esperienza della privazione, che rende il contrasto ancora più doloroso, e la sua rivolta, in certa misura, sana, normale, comprensibile.

L'ingiustizia sociale è palese. I poveri ne fanno in continuazione le spese. Ma noi non ne teniamo sempre conto quando li aiutiamo. Non mancano gli esempi: ci scandalizziamo delle loro esigenze e del loro diritto ad usare come credono l'aiuto ricevuto: «Gli è stato erogato un aiuto di emergenza e sono stati visti al cinema!». «Non hanno soldi per mangiare, ma il figlio gira in motorino! Il motorino non va mica ad acqua». «Non soltanto vogliono la televisione, ma deve essere anche a colori. Gli è dovuto tutto. Ci devono pur essere dei limiti!». Però, per quanto ci riguarda, troviamo normale far uso di tutte queste cose. L'abbiamo forse «meritato» più di loro? E che cosa è il merito? Perché vogliamo mortificare chi si trova in eterno stato di privazione? Il fatto è che, in fondo, noi vogliamo restare padroni di ciò che doniamo, e poiché alcuni non se ne curano, ci arroghiamo il diritto di intrometterci. Quando facciamo beneficenza, pretendiamo che essa venga utilizzata soltanto per i bisogni di prima necessità. Non sopportiamo che i poveri si procurino il superfluo o che esprimano delle preferenze! Dovremmo invece essere felici che essi preferiscano una cosa piuttosto che un'altra perché è il segno che sono ancora vivi. La rassegnazione è la morte. Preferiamo vederli rassegnati e amorfi? Dovremmo preoccuparci invece della loro passività e mancanza di esigenze – che, d'altronde, rappresenta il loro modo abituale di essere – perché è il segno che hanno interiorizzato il fatto che il loro ruolo e la loro sorte sono costituiti dal «poco» e dal mediocre. Noi restiamo spesso stupiti nel vederli giudicare in modo positivo un luogo che ai nostri occhi è invece sinistro. Ma vi è di più. Forse inconsciamente temiamo che una loro rivendicazione ne chiami un'altra fino a mettere in discussione i nostri privilegi di ricchi.

Prendere coscienza di quanto sia pesante l'esistenza del

povero, rendersi conto dell'inferno della loro vita aiuterebbe a meglio comprendere il loro bisogno di «diversivi», di beni che noi giudichiamo superflui. Dovremmo comprendere che la loro indigenza li rende ancora più vulnerabili ai miraggi della società dei consumi e che non sempre sono capaci di resistervi. Tutto ciò esige da noi di essere vigili e di imparare a conoscere la realtà a partire dall'altro. In molte delle nostre reazioni è implicita l'idea tenace e perversa che i poveri siano comunque un po' responsabili e colpevoli della loro situazione, e che perciò non si debbano «viziare». Ma chi siamo noi per giudicare le colpe degli altri, quando invece siamo tanto condiscendenti verso le nostre debolezze? «[...] Il ricco si libera del senso di colpa che fa nascere dentro di lui la povertà altrui, attribuendo alle vittime la responsabilità della loro situazione. Questo processo presenta il duplice vantaggio di tranquillizzare la coscienza e di non esigere alcun cambiamento nei comportamenti. La colpa fatta ricadere sul povero rafforza la legittimità del ricco».[13]

In una maniera ancora più insidiosa, noi siamo disposti a venire in aiuto al povero a condizione che resti povero. È questa l'insopportabile ingiustizia benedetta e camuffata da beneficenza paternalistica e saccente. Ancora troppo spesso affondiamo le nostre radici in una struttura mentale arcaica fondamentalmente inegualitaria. Il ricco, che è dentro ciascuno di noi, che pensa che il povero esageri e che si faccia fin troppo per lui, non dovrebbe dimenticare che la sua ricchezza non è solo materiale, ma anche interiore, culturale, spirituale.

Molto abbiamo ancora da fare per liberarci della nostra mentalità accondiscendente e accusatrice. Noi stiamo parlando qui dei comportamenti quotidiani, ma le reticenze

[13] Alain Durand, *La Cause des pauvres. Société, éthique et foi*, Cerf, Parigi 1992, p. 157.

sulla legge contro le esclusioni o il dibattito politico sulla riforma dell'RMI, risentono degli stessi meccanismi: infatti si vorrebbe condizionare la corresponsione di questo sussidio ad alcune contropartite, mentre si sa bene che non esistono né posti di lavoro, né occasioni di vero reinserimento da proporre. Inoltre, è quasi impossibile vivere con il solo sussidio di disoccupazione. E si vorrebbe togliere al povero anche questo obolo irrisorio! Se si misura lo scarto esistente tra il tenore di vita del ricco e il tenore di vita del povero, c'è da restare sconvolti che possa anche soltanto venire in mente di rimettere in discussione questa forma moderna di assistenza. Siamo spilorci quando dovremmo essere magnanimi. Dovremmo essere magnanimi come lo è Dio. «Gesù disse poi a colui che l'aveva invitato [un capo dei farisei]: "Quando offri un pranzo o una cena, non invitare i tuoi amici, né i tuoi fratelli, né i tuoi parenti, né i ricchi vicini, perché anch'essi non ti invitino a loro volta e tu abbia il contraccambio. Al contrario, quando dai un banchetto, invita poveri, storpi, zoppi, ciechi, e sarai beato perché non hanno da ricambiarti. Riceverai infatti la tua ricompensa alla resurrezione dei giusti"».[14] Gesù qui non fa certamente l'apologia di un invito che possa essere causa di umiliazione per colui che non è in grado di contraccambiare. Il racconto mira a suscitare in colui che invita la gratuità assoluta perché è soltanto la gratuità assoluta che procura la gioia. In definitiva, si tratta di cercare sempre un grado più elevato di giustizia. «Quando si parla di una scelta prioritaria a favore dei poveri, si vuole indicare una "discriminazione positiva" a loro favore. È questo, infatti, l'unico modo di ristabilire l'uguaglianza alla quale il povero ha diritto in rapporto agli altri. A rigor di termini, il povero non è amato da Dio più degli altri, ma ha diritto ad una attenzione particolare da parte sua [e noi aggiungiamo: e dunque da parte nostra] in nome della stessa disugua-

[14] Vangelo secondo Luca, 14, 12-14.

glianza di cui è vittima e dell'urgenza di ristabilire la giustizia».[15] E non c'è bisogno – pensiamo – di credere in Dio per riconoscere la legittimità di queste indicazioni.

Queste considerazioni non tolgono nulla alla complessità e alla difficoltà dell'intervento socio-educativo a favore delle persone in situazione di grande precarietà e non sosteniamo affatto che il povero abbia tutti i diritti perché è povero. Non è questione di scusare tutto, deresponsabilizzando. Ciò che sosteniamo è, da una parte, la necessità di una migliore comprensione dei meccanismi, talvolta inconsci, che ci animano e che nocciono alla causa del povero, e, dall'altra, che bisogna finirla di legare il povero ai soli bisogni elementari. Anche i poveri hanno diritto al «superfluo», talvolta più necessario a loro che a noi. È ora che incominciamo a volare a più alta quota.

Soffermiamoci un istante sul problema del lavoro, che abbiamo appena sfiorato. I discorsi sulla lotta alla disoccupazione e i sogni del ritorno al pieno impiego ci sembrano sempre più vani e caduchi. Non è forse venuto il tempo di favorire una rivoluzione copernicana dei nostri modi di pensare? La nostra società, infatti, è stata strutturata sul valore mercantile del lavoro. Da sempre, il lavoro rappresenta il fattore più importante di identità sociale dell'individuo, al punto che coloro che lo perdono (perché disoccupati o pensionati) ne sono spesso destabilizzati. Fintanto che il lavoro produttivo continuerà ad essere la preoccupazione primaria della nostra società, il fattore essenziale e normativo della vita umana, il segno del valore e della dignità dell'uomo, contribuiremo immancabilmente a relegare i poveri nell'esclusione e nel non senso.

Bisogna forse insorgere contro il progresso che ha fatto

[15] Alain Durand, *J'avais faim. Une théologie à l'épreuve des pauvres*, DDB, Parigi 1995, pp. 22 e 23.

piazza pulita di tutti i lavori del piccolo artigianato e che nel futuro esigerà sempre di più flessibilità, produttività, alta specializzazione? A causa dello sviluppo scientifico e tecnologico, il lavoro oggi non è più necessario come prima; in alcuni casi è diventato addirittura superfluo. Tanto meglio così. Non è un dramma; è un miracolo, il miracolo della nostra epoca. Il problema non è tanto di trovare un lavoro ad ogni costo, quanto piuttosto di redistribuire la ricchezza prodotta senza di esso. Si tratta di adattare la nostra scala dei valori allo sviluppo che caratterizza il mondo di oggi. Non si può continuare a fare del lavoro il valore della vita. Il lavoro non è più lo scopo della vita, la consacrazione di un'esistenza riuscita. In una prospettiva d'amore, ciò di cui siamo debitori agli altri non è di fare delle cose o di produrre dei beni, ma siamo noi stessi, un «dare-ricevere-restituire». Poiché il tempo del lavoro produttivo si riduce, bisogna cercare nuove vie di crescita nel tempo relazionale che è il tempo dello scambio e del dono, e nel tempo spirituale che è il tempo interiore, un tempo lungo, estetico, il tempo dell'approfondimento dell'essere. A noi spetta di vegliare perché da questa rivoluzione forse ineluttabile non restino fuori i poveri. Se fossimo capaci di raggiungerli là dove sono e camminare assieme a loro, essi potrebbero divenire per noi, proprio a causa delle privazioni essenziali di cui soffrono, dei profeti, dei pionieri nella ricerca di una nuova etica esistenziale, dei nuovi ideali della società. Dopo averli esclusi dal lavoro, non bisognerebbe escluderli anche da un avvenire ricco di promesse e di novità.[16]

Solo i gesti di bontà ci umanizzano e alleviano il peso della miseria, i gesti più semplici che nella loro spontaneità san-

[16] Una parte di questa riflessione si ispira al discorso di J.-P. Chabenet apparso nella corrispondenza con i lettori de «La Croix» e alle posizioni di J.-B. De Foucault nei «Dossiers de l'actualité», gennaio 1998.

no dischiudere l'orizzonte che la disperazione rende impenetrabile. È l'ora di mezzogiorno in un giardino pubblico. Due uomini su una panchina, uno seduto, l'altro coricato, sonnecchiano. Ai loro piedi delle buste e alcune bottiglie di vino. Non lontano, due giovani stanno mangiando dei panini. Si alzano e ne offrono ai loro vicini. Nello stesso parco, alcune studentesse ci hanno avvicinato e ci hanno chiesto se potevano portarci qualcosa dalla mensa universitaria. All'opposto dei nostri compagni, siamo restati sbalorditi anche perché pensavamo di non dare l'impressione di essere in stato di bisogno. La grazia della giovinezza! Un'altra volta, mentre siamo seduti all'ingresso di un bar, si avvicina un signore e ci offre due hamburger: «Prendete, vi prego...». Ci ha visto mangiare le croste di pane trovate nel bidone dell'immondizia che è lì di fronte? Ne siamo commossi e confusi. Una sera di Natale, una giovane coppia in auto fa marcia indietro, e si accosta a noi con molta semplicità per allungarci una banconota. Abitualmente rifiutiamo il denaro, ma, di fronte alla loro insistenza, lo accettiamo: «È meglio dei rifiuti. È Natale. Vi prego, accettate». Capita che talvolta ci venga dato senza che chiediamo; è un'esperienza particolarmente forte. I nostri amici sottolineano anche loro felici: «C'è ancora della gente gentile». Pace e dolcezza, gioia e felicità della povertà scelta come sposa. Ancora più commovente per noi è stata quella volta, all'ingresso di un supermercato, quando un mendicante, vedendoci estrarre un pezzo di pane da un cesto dei rifiuti, tirò fuori dalla tracolla dell'affettato e un pacchetto di biscotti e ce li offrì. Meravigliosa complicità fraterna. Successe all'inizio del nostro soggiorno a Nantes, quando non conoscevamo ancora nessuno.

Quando mendichiamo di che vivere, veniamo più spontaneamente assimilati ai nostri compagni. Ci viene fatta spontaneamente l'elemosina, come abbiamo visto, ma capita anche che veniamo guardati di traverso e presi in giro. Cercare nei rifiuti, raccogliere il cibo all'ora di chiusura dei mercati indica il povero a dito, e lo fa sprofondare nella vergogna e nell'umiliazione. Molti si rifiutano e preferiscono rubare.[17] Ma i meno coraggiosi nel mendicare e nel rubare sono costretti ad andare a testa bassa in cerca di qualche manna abbandonata. E talvolta, prima di saziarsi, soprattutto in alcune ore, è necessario percorrere dei chilometri. Per noi, questo gesto è carico di significato anche se non sempre facile da vivere. Rappresenta innanzitutto la comunione con tanti uomini, donne e bambini che, in tutto il mondo, per la loro sopravvivenza, sono a caccia delle briciole abbandonate dai ricchi. Rappresenta anche un monito e una protesta contro gli sprechi di una società sazia, mentre tanti, vicini a noi, vengono abbandonati alla miseria estrema.[18]

Perciò non dobbiamo provare vergogna. Vergogna dovrebbero provarla invece le persone sazie, l'indifferente, l'incurante. Un'amica venuta a passare alcuni giorni assieme a noi era terrorizzata all'idea di venire riconosciuta e

[17] Il furto (in genere si tratta di furtarelli) è una realtà che fa parte della vita di molti dei nostri compagni. In teoria, essi tendono a stabilire una differenza tra il piccolo furto in un grande magazzino e la rapina perpetrata ai danni di una persona, ma nei fatti poi praticano entrambi. I riferimenti morali non sono mai esistiti o si sono perduti. D'altronde, non bisogna dimenticare che, se il furto esiste, esso viene anche incoraggiato dalla gente cosiddetta perbene. Il nostro amico Bertrand ruba liquori nei supermercati e li rivende a baristi compiacenti, felici di fare buoni affari. Spesso sono i complici rapaci e poco scrupolosi a mantenere i ladri!

[18] Il lettore ha idea di cosa si può trovare, sul solo piano alimentare, nei rifiuti? Panini talvolta riccamente imbottiti, appena cominciati o dei quali resta più di un quarto; patate fritte (ancora tiepide se si ha la fortuna di metterci le mani al momento giusto); fette di prosciutto; resti di pasticceria e anche brioche al cioccolato intatte nel loro sacchetto; pacchetti di biscotti non finiti... In un collegio privato di Liegi abbiamo recuperato spesso le succulente merende (preparate con tanto amore dalle mamme) che gli alunni gettavano nei cestini dei rifiuti nel cortile.

chiamata per nome. Non ci si deve nascondere, ma si deve invece affermare il significato di un atto altamente umano, esistere nel proprio gesto in piena libertà interiore.

La sera molti di noi spiano la chiusura delle pasticcerie, di McDonald's, di Quick, di Pic-Pain. Gli indirizzi buoni vengono scambiati talvolta in segreto, perché si teme di perdere un ben di Dio a causa di qualcuno che rovina tutto. Alcuni negozi e ristoranti hanno l'abitudine di mettere da parte ciò che resta di commestibile. Altri, al contrario, mischiano tutto e cospargono gli alimenti di prodotti nocivi alla salute per evitare che i poveri sventrino i sacchi, ciò che – bisogna riconoscerlo – avviene abbastanza di frequente. Ci sono commercianti che per questa ragione espongono l'immondizia soltanto all'alba. Comunque sia, questi appuntamenti, talvolta tesi e movimentati, quando non si è molto numerosi danno buoni risultati. Un uomo molto gentilmente ci informa: «Andate laggiù stasera, hanno messo fuori molta pasticceria rimasta invenduta». Ci si scambia il dolce con il salato, a seconda dei gusti. Il più delle volte però ciascuno riparte furtivamente con il suo bottino. Ma ci sono circostanze in cui si «prepara la tavola» e si mangia in piccoli gruppi.

Durante uno di questi momenti, due uomini si rivolgono a noi parlandoci in maniera torrenziale. Jean-Pierre esprime il suo grande smarrimento. Adrien, invece, è caduto svenuto per strada; in ospedale non l'hanno tenuto; in più ha un'ulcera allo stomaco e si rifiuta di mangiare. Ci raccontano l'aggressione di cui sono rimasti vittime recentemente. È per questo che ci chiedono di andare con loro durante la notte in un vecchio ospedale in demolizione? Può essere, ma certamente anche per una sincera amicizia nascente. Restiamo loro vicini perché la strada di accesso non è di tutto riposo: bisogna superare ogni sorta di staccionate e recinti, scavalcare nel buio montagne di ferraglia, farsi strada in mezzo a mucchi di macerie per entrare alla fine in quel che rimane di un edificio immenso che molto tempo fa deve aver conosciuto la sua ora di gloria. Ma la sicurezza non è davvero la nostra compagna più fedele. Infatti, non abbiamo fatto in tempo ad addormentarci che veniamo svegliati di soprassalto da passi pesanti su vetri rotti ed assi che scricchiolano. Drizziamo l'orecchio, il cuore ci batte all'impazzata. Rumori sinistri amplificati da uno scenario tenebroso!

Durante le peregrinazioni notturne, possiamo osservare quello che non è concesso di vedere a chi ha chiuso dietro di sé l'uscio di casa. Vincent è seduto sulla soglia di una porta. Sono le undici. Lo raggiungiamo e spartiamo con lui un po' di cibo. «Siete gentili», dice. «Spero che ci si riveda; siete anche voi della zona?». Più tardi ci sdraiamo sotto una pensilina. Verso le due ci sveglia uno stropiccìo di passi trascinati che si avvicinano. Spunta, soffiando, un vecchio. Ha due sacchetti per braccio. Un piede è bendato grossolanamente. Si vuole allungare dove siamo noi. Vista l'esiguità del posto, gli proponiamo un'altra pensilina dall'altra parte della strada. S'incammina umilmente. Allora Michel si alza e gli fa dono di un cartone. Il vecchio ringrazia con un tono di voce educato: «È davvero gentile da parte vostra perché per terra è comunque freddo». Da dove viene quell'uomo, a quell'ora? E dove va? Figura sconvolgente questa silhouette anziana, malata, sola nel cuore della notte, che prima dell'alba è già scomparsa. Eterno e terribile vagabondare dei poveri...

La nostra vita si illumina di gesti, di momenti vissuti insieme come questi: cercare da mangiare, trovare un riparo per la notte, farsi mettere alla porta. E in tutto questo andirivieni, nascono possibilità di scambio e di aiuto reciproco.

Ci ritroviamo regolarmente negli stessi posti. C'è Francky che è piuttosto facondo ed euforico (si droga); giura di non voler cambiare vita, ma quando Colette gli domanda notizie del suo bambino, si mette a piangere. Parla della sua sofferenza augurandosi che per lo meno serva a qualcosa. Vorrebbe farla finita, ma deve prima trovare chi lo sostituisca nella sua missione rivolta a tutti coloro che nella società non capiscono niente. Francky ci ricorda Théo e anche Christian, che era venuto a testimoniare assieme a noi davanti a dei seminaristi. Quella sera era leggermente brillo e il suo discorso era quello di un uomo beato. «Sono felice», continuava a ripetere come un *leitmotiv*. Noi non possiamo impedire a Christian di confessarsi felice, ma lo conosciamo sotto tutt'altra veste! C'è un linguaggio «tranello» che bisogna imparare a decodificare. Si tratta di saper cogliere l'insieme delle vite dei poveri e non soltanto alcuni istanti di euforia alimentata dall'alcol e dalla presenza gratificante di un pubblico. Dietro una facciata decorata si dissimula spesso un dramma esistenziale. Un giorno, la televisione ci ha mostrato un uomo avvolto in un telo di plastica, solo, ghiacciato sotto la neve, che si proclamava totalmente felice... Bastava vederlo! Evidentemente ciò può starci bene e a buon conto rassicurarci. Per nascondere la durezza della sua vita, per dimenticare il fallimento e darsi ancora un valore, il povero mistifica la sua condizione fino a farvi credere che gli infelici siete voi!

La vita di chi è privo di vincoli e legami, che va da un luogo all'altro, che sopravvive grazie ad ogni sorta di espedienti, deve dare talvolta la sensazione di una libertà capace di procurare un benessere almeno temporaneo, una libertà che a tutti noi fa un po' invidia. Vivere in parte questo sogno è ciò che fa dire a Christian di essere felice. Ma chi è stato sbattuto fuori dal nostro mondo, si isola nel suo e si convince di scegliere e di godere di ciò a cui è stato, invece, costretto. È l'ultima sfida che egli ci lancia, dall'altra riva, dove si è incagliato. Un giorno di minore entusiasmo Francky ci confidò drammaticamente: «Mi accorgo che qualcosa è morto dentro di me. Non provo più emozioni. Che cosa sto diventando? Ho paura. Più si va avanti, e più mi sento peggio... È probabilmente così che egli si sente man mano che passano gli anni nel vagabondaggio. Sempre la morte e la solitudine che ti rodono l'anima. Come ci si può abituare? Esse ci trafiggono da una parte all'altra; fanno capolino in ogni momento. Ascoltare qualcuno che soffre vuol dire stare vicino a lui quanto basta per capire quello che chiede, il suo autentico desiderio.

Essere pellegrino in città significa essere attento e disponibile ad ogni sollecitazione, esplicita o no. Significa, per esempio, aiutare due bambini zingari che non ce la fanno a portare da soli la bombola del gas. Sui loro volti e nelle loro parole puoi cogliere la purezza del cuore. Ci invitano a prendere un succo d'arancia dalla nonna, dove si trovano altri due loro fratelli handicappati. La famiglia ha appena subito un lutto. In un istante, eccoci finiti nel cuore stesso della vita, nel cuore della prova. Essere pellegrini vuol dire ancora spostarci, andare a visitare chi si rintana in casa, dove la miseria è nascosta, insospettata, invisibile. È il popolo dei poveri: immenso, sotterraneo, meno visibile di quello dei senzatetto, ma in altrettanto grande pericolo di oblio, di disperazione e di morte. D'altronde, anch'essi hanno spesso conosciuto la strada e rischiano di ritornarci.

Ci troviamo da Suzanne che abbiamo conosciuto nello stato di erranza. Vive da sola in una piccola casa occupata abusivamente. La stanza dove sta è lugubre e glaciale; in un angolo sono ammonticchiati i piatti sporchi. Suzanne ha perso il gusto di mangiare, di accendere le candele, di procurarsi l'acqua da una vicina ben disposta che veglia un po' su di lei. Resta immobile e «persa» nella sua solitudine, abbandonata su una sedia di fronte al fornello spento, intorpidita dal freddo, dall'anoressia, dal «vuoto». Suzanne ha quarantasei anni. A due riprese si alza, si dirige, vacillando sulle gambe che non la sorreggono più, verso il buffet per bere di nascosto un bicchiere di vino. Poi, come se prendesse coscienza poco a poco della nostra presenza e come se la nostra presenza la richiamasse alla vita, si rianima, accende le candele e il fuoco, riscalda del coniglio vecchio di cinque giorni. Le promettiamo di tornare. Sembra farle piacere. Durante la nostra visita arriva Françoise, una povera donna piccola e gracile che, a modo suo, si dà da fare per alcune persone abbandonate del quartiere, tra le quali Suzanne. Françoise propone a Suzanne di andare a prendere due recipienti d'acqua e, al ritorno, di fermarsi un momento da lei.

Grande e segreta bellezza degli «anawim», benvoluti da Dio. Attraverso un contatto epistolare, veniamo a sapere che Suzanne è stata trovata quasi morta dalla sua buona vicina Françoise. I pompieri l'hanno portata al pronto soccorso. Oggi vive in un ostello. Che ne sarà di lei all'uscita? Un'altra volta passiamo davanti all'abitazione di Fanny e Thomas, una giovane coppia con due bambini. L'alcolismo di Thomas rende estremamente fragile tutta la famiglia, al punto che Fanny è stata costretta ad andarsene lasciando Thomas da solo. Quel giorno ci chiama dalla porta di casa: «Venite a scaldarvi un po'». L'attenzione dei poveri è molto concreta; essi non hanno bisogno di grandi discorsi per capire ciò di cui l'altro ha bisogno.

Tra tutti questi incontri, come non ricordare la figura inenarrabile di Yvette, fiera e insostituibile portabandiera di Magdala al pellegrinaggio di Lourdes? Nei nostri spostamenti, la incontriamo verso la fine del pomeriggio. Vedendoci, ci fa segno con le braccia e, molto nervosa, si affretta a dire: «Meno male che vi vedo!». È appena stata umiliata da un gruppo di giovani all'uscita dal cinema, dove era andata a schiarirsi le idee: «Non mi piace che mi guardino dalla testa ai piedi come se fossi un bidone della spazzatura. Io non lo sono affatto. Bisognerà che mi procuri presto tre milioni perché non mi insudicino anche sotto terra!». Saltando di palo in frasca, come le capita di frequente, Yvette si ricorda dei suoi otto figli, dei quali ha perduto le tracce: «Io non conto niente per loro, ma non me la prendo». Poi narra di aver vissuto per un anno con un uomo: «Quando non aveva bevuto era un pezzo di pane, ma quando era ubriaco mi buttava senza ragione sulla strada. Alla fine non l'ho sopportato più. È morto di cancro. Ma quando se ne è andato, mi è proprio dispiaciuto». Poi Yvette ci parla della sua solitudine: «Ne sento il bisogno; essere soli è comunque duro», e poi anche dei suoi scoraggiamenti, ma «mi riprendo e mi sforzo di risalire la china». Cura ancora la casa e si sente ben spalleggiata da Magdala. Poi ci lascia bruscamente. Mentre riprendiamo la strada, prolunghiamo la gioia dello scambio così denso, sgorgato come un'eruzione dal cuore di Yvette. Sentiamo dentro di noi la sua umiliazione, i suoi scoraggiamenti, la sua solitudine, ma anche la sua stupefacente resistenza, la pazienza e l'accanimento (sono tutte parole usate da lei) per lottare contro la miseria, anche se poi aggiungeva: «Non ce la faremo mai». L'impressione di una fatalità inesorabile non abbandona mai del tutto chi subisce troppe prove e per troppo tempo.

Su suo ripetuto invito, un mattino ci rechiamo senza preavviso a casa di Yvette, in una delle corti tipiche di Lille. Quando arriviamo sta spazzando davanti casa. Vedendoci, grida: «Ah, questa sì è una bella sorpresa!». Yvette abita in una piccola casa mal ridotta, inserita in uno scenario apocalittico. È un indescrivibile coacervo di oggetti, che ci ricorda quello del criceto che accumula di tutto come provvista per il periodo del letargo invernale.[19] In mezzo ai cartoni, ai detriti, alle cassette, ai mobili sgangherati c'è appena lo spazio per muoversi. Non c'è spazio neppure per un letto. C'è solo un sordido giaciglio, con i topi per compagnia. Attualmente Yvette ha grandi difficoltà con i vicini, che l'hanno querelata e le hanno versato della varecchina sotto la porta perché, avendo visto dei topi nel cortile, ne hanno attribuito subito a lei la responsabilità. Da allora si sente spiata, continuamente braccata. Ma la grande novità del giorno è che Yvette ci invita «al ristorante»! Forse si ricorda di quella sera che ci aveva riuniti presso di lei con un'altra coppia, stretti come sardine attorno a un tavolo traballante e che, essendo finito il gas, con grande disappunto, non aveva potuto terminare di friggere le patate. Oggi, dunque, è giorno di festa. Yvette ha ricevuto il sussidio e ci trascina tutti nel bar che di tanto in tanto frequenta. Prima di uscire, al centro della topaia in cui vive, compie il gesto straordinario di mettersi un asciugamano sulle spalle per farsi bella. Il contrasto è ancora più impressionante perché, indossando, estate e inverno, più vestiti uno sopra l'altro, emana un odore molto forte. In strada, la nostra inesauribile ospite, eccitata e orgogliosa, salta da un marciapiede all'altro, ripetendo senza arrestarsi mai: «Non ve l'aspettavate, eh!». Certo che no. Ma eccoci arrivati. Una volta oltrepassata la soglia, ci accorgiamo immediatamente che Yvette è, in effetti, ben conosciuta dal personale del locale. In due eravamo troppo pochi per la sua parlantina: ci seppellisce di chiacchiere dall'inizio alla fine. Riusciamo comunque anche ad apprezzare la cena. La cosa straordinaria di questa storia è che Yvette è perfettamente conscia della sua

[19] La propensione ad accumulare è un comportamento patologico corrente nelle persone molto povere. Esso si spiega, tra l'altro, con il timore della privazione, con il bisogno di circondarsi di molte cose per sentirsi sicuri. Alcuni, per esempio, spostano il mobilio in continuazione, tradendo un senso di instabilità e di malessere.

prolissità. Uscendo, infatti, si scusa: «Spero di non avervi storditi con le mie storie insulse!». È vero che siamo un po' ubriachi (non di vino), ma anche così felici per e con Yvette. Potessimo davvero, come rabdomanti d'amore, far circolare sempre la tenerezza negli universi mortiferi come quelli di Suzanne e di Yvette, e deporvi un germe minuto ma tangibile di resurrezione!

Come abbiamo già detto, i nostri soggiorni in città diverse ci offrono l'opportunità di incontrare, oltre ai senzacasa, anche altri gruppi di persone: amici con i quali condividiamo la nostra esperienza e presso i quali ci rinfranchiamo. Tra questi c'è a Lille una piccola confraternita di domenicani, che si è istallata in un quartiere popolare. Con essi ci trovavamo ogni settimana per la celebrazione eucaristica, alla quale seguivano agapi gioviali e profonde. Di tanto in tanto abbiamo preso parte alle riunioni assembleari di Magdala. A più riprese, ci siamo recati anche in seminario e dai nostri colloqui con i seminaristi è nato, nel 1993, il progetto dell'«Operazione Thermos», che si prefigge di offrire un'occasione di scambio settimanale, in piena strada, tra studenti e senzacasa, attorno a una scodella di minestra o a una tazza di caffè.[20]

Al termine di tutto questo tempo passato a Lille, poiché i nostri compagni insistevano che li raggiungessimo nel ricovero notturno Les Portes du Soleil, alla fine ci siamo lasciati convincere, anche perché abbiamo sempre considerato una grazia poter «piantare la nostra tenda» di nomadi. Il centro Les Portes du Soleil è aperto dalle sette di sera alle otto di mattina. È tenuto da un gruppo di volontari e da due operatori CES e può accogliere fino a trenta persone. Presso

[20] Questa interessante iniziativa è illustrata nell'Appendice 4.

il centro viene servito un pasto completo la sera e la colazione la mattina. Questo luogo è caratteristico per l'atmosfera familiare che vi si respira, accentuata dal fatto che la maggior parte degli ospiti vi si ritrova quotidianamente. Non ci sono limiti di tempo alla frequentazione ed è il solo posto a Lille dove vengano accolti i senzadimora che si trovano in situazioni disperate. Vi incontriamo Théo, Gaston, Annie e molti altri, che conosciamo da molto tempo, e che sono dei «relitti» miracolosamente ancora in vita. È una gioia trovarsi con loro attorno a un tavolo. Prolunghiamo la conversazione dopo il pasto, ma non molto a lungo perché la maggior parte è tanto affaticata che ha bisogno di mettersi a letto presto. Alcuni sono così sfiniti ed ubriachi che saltano addirittura la cena. Assistiamo così ad una scena commovente e drammatica: Jules con calma e applicazione sbuccia le patate che poi non mangerà! Benedetto Jules! Non tralascia di riesumare, magnificandoli, i momenti vissuti insieme nello *squat* e di esprimere la sua gioia per la nostra scelta, della quale peraltro ha una percezione giusta che lo fa piangere ogni volta. «Questi qui non possono capire. Hanno di voi l'opinione che hanno tutti gli altri. È da matti... Avete del fegato a stare con dei disgraziati come noi, mentre potreste non farlo». E poiché ci ribelliamo a queste parole, insiste: «Sì, io sono proprio un disgraziato!». Nel corso delle serate, Jules spesso ricorda con nostalgia l'infanzia e i suoi progetti andati a monte: «A quattro anni mi hanno messo dalle suore; ero bravo a scuola, avrei potuto diventare dottore. Ma a diciotto anni, un colpo di testa, la Légion... È andato tutto in fumo. Per colpa mia, *mea culpa*! Poi ho fallito in tutto e adesso vado per i cinquanta...». Si mette ancora a piangere.

Dalle otto di mattina alle sette di sera passa il tempo seduto su un muretto assieme a Fabrice; bevono molto tutti e due. «Ci conoscono tutti; tanti ci dicono buongiorno; fa piacere. È niente ed è tanto, perché capisci che non sei dimenticato del tutto». Quante cose evocano in ciascuno di noi queste parole. Jules è disgustato della vita, è come se poco a poco una spirale infernale lo inghiottisse. Come possono lui e gli altri intravvedere una qualsiasi liberazione? In ciascuno di loro si accumulano cadute e ricadute, in conseguenza di traumi, fratture, carenze basilari che diventano poi cause di tormenti aggiuntivi…

Jules e anche Aimé ci hanno particolarmente commosso con la loro fragilità, con la loro lucidità e una specie di innocenza, di aspirazione ad uscire dalla sofferenza che li opprime senza riuscire tuttavia a spegnere dentro di loro una certa luminosa bellezza. Sì, si vede ancora un po' di luce negli occhi di Jules, un po' di dolcezza in quelli di Aimé. Quest'ultimo si rivolge a noi in maniera diretta: «Voi vi interessate dei senza fissa dimora? La prima volta che vi ho visti all'Abej stavate scambiando con gli altri dei panini. Siete un raggio di sole qui, una valvola di sfogo. Mi aiutate a tener duro. Senza saperlo, siete un esempio. Siete bravi, voi. Continuate la strada che avete preso. Quanto a me, spero di venirne fuori abbastanza presto». E tuttavia la verità è che Aimé è sulla strada già da cinque anni, schiavo insieme dell'alcol e della droga. Dice di essersene liberato, ma si riconosce ancora fragile. Una sera che ha bevuto, dichiara di non valere niente. È una parola che fino ad allora non aveva mai pronunciato. Non migliorando, la situazione lo porta all'angoscia. Aimé dà l'impressione di essere capace, più degli altri, di venirne fuori, e, allo stesso tempo, da qualche parte «slitta». Si mostra spesso nervoso e irrequieto; quando è così, balbetta, ma non perde il suo sorriso d'angelo. Lo spettacolo dei compagni lo spaventa, ne è scosso, ma di loro dice: «Contro di loro io non scaglio la pietra, bisogna sapere quello che hanno passato prima». I nostri scambi con lui sono sempre disseminati di digressioni sul senso della vita e della sofferenza: «Se se ne viene fuori, dal negativo può nascere qualcosa di positivo, ma, ripeto, solo se se ne viene fuori». E ancora: «Voi conducete uniti questa vita che spesso deve riservare delle sorprese! È vero che la vita può essere eccitante, ma a patto di crederci, di mantenere viva la speranza».

E poi c'è Fabrice, il fedele compagno di sventura di Jules. A causa della gamba, Jules si muove su una sedia a rotelle ed è Fabrice a spingerlo. È commovente vederli, così sfortunati e così legati l'uno all'altro. Perché anche Fabrice è un povero dei poveri. Non ha ancora quarant'anni e ha già sfiorato più volte la morte. La vita sulla strada ha completamente devastato la sua salute. Gli piace ascoltare la radio e stasera nella stanza suona a tutto volume un vecchio disco di Michel Sardou: «Non mi chiamate mai più Francia, la Francia mi ha piantato in asso...». Fabrice, con umorismo misto a disappunto, allora esclama: «È proprio vero!». Ogni mattina si preoccupa di sapere se la sera prima è stato maleducato con noi; è perché teme che l'ubriachezza gli abbia giocato brutti scherzi. Siamo colpiti da questa coscienza che veglia ancora, che non cade totalmente nell'oblio, che conserva una certa lucidità e il rispetto per l'altro. Quando si lavano i piatti, lui asciuga le pentole. Tutto ciò appare straordinario se si pensa allo stato di annichilimento in cui si trova la maggior parte del tempo. Simili gesti e simili parole sono il segno che la vita non ha abbandonato del tutto le persone come lui.

Il quotidiano «La Croix» del 19 ottobre 1995 riferiva della proposta governativa di creare alloggi specifici per le diverse categorie di persone senza domicilio fisso: famiglie con bambini, persone con cani, tossicomani... La proposta si prefiggeva di evitare amalgami nefasti e di rispondere in modo più adeguato ai bisogni degli uni e degli altri. È un progetto non privo di fondamento e di senso, ma che rischia di creare i ghetti dei poveri. «Les Portes du Soleil», al contrario, hanno fatto la scelta di non dissociare questo «popolo multicolore»: dentro «Les Portes du Soleil» ci sono anziani annientati dalla miseria e dall'alcol, giovani rovinati dall'abbandono e dalla droga; persone rese temporaneamente fragili da varie vicissitudini. La coabitazione, tenue germe di socializzazione, sembra essere ben tollerata da questa variegata popolazione. Non è forse questa la soluzione?

In questo luogo, anche i due guardiani notturni sono persone limitate e vulnerabili. A disagio nel loro ruolo, sono spesso agitati, dipendono in molte cose dagli stessi ospiti, sono del tutto incapaci di ascolto. Il primo, che dorme nei bagni e si arroga un potere arbitrario, è destinato anche lui a diventare prima o poi un barbone. Quanto al secondo, brontola in continuazione perché gli ospiti hanno più soldi di lui. Essi infatti percepiscono l'RMI oppure l'AAH (Allocation aux adultes handicapés), il sussidio per gli adulti disabili, non versano niente al centro (o al massimo 300 franchi al mese) e dispongono di 2 mila o 3 mila franchi da spendere come meglio credono. Lui, invece, che lavora con un contratto CES in un contesto difficile, deve far fronte all'affitto e a un mucchio di spese e fa fatica ad arrivare alla fine del mese. Come liberarlo dalle sue preoccupazioni e far sì che nelle sue reazioni, coscientemente o inconsciamente, non se la prenda con i ricoverati? Una mattina, Aimé e Max chiedono di uscire. Appena chiusa la porta, mugugna: «Auf wiedersehen! Due rompiballe in meno». Come augurio per affrontare una giornata difficile, non c'è male! Ferita in aggiunta alle altre ferite.

Tutto ciò ci colpisce molto: sul piano della semplice giustizia, ancora una volta ai poveri vengono destinate solo le briciole. La povertà di questo luogo non è tanto quella, così reale e pregnante, dei ricoverati, quanto quella dei mezzi impegnati dai poteri pubblici. Non biasimiamo affatto l'iniziativa, che riposa sull'impegno generoso dei membri dell'associazione, ma non possiamo non denunciare la politica generale di continua diminuzione delle risorse a favore delle persone più svantaggiate. È una vera ingiustizia che porta pregiudizio ai poveri, privi di difese e di sindacati. Per alcuni, che vi trovano protezione contro i morsi del freddo e contro la violenza, «Les Portes du Soleil» rappresentano l'ultimo baluardo contro la morte. Con un contributo supplementare non si potrebbe creare un ambiente familiare più bello e piacevole che favorisca una migliore qualità nelle relazioni e che renda evidente che la vita è più forte della morte?

Per noi si chiude qui una tappa. Siamo soddisfatti di essere stati in questo ambiente con semplicità, di aver tessuto con naturalezza nuovi legami e, con Jean Vanier, possiamo pregare: «Benedici noi, o Signore, con la mano dei tuoi poveri».

Capitolo sesto

Quando il povero può invitare e offrire

(Rouen)

Conservare verso tutto e contro tutto la meraviglia [...].
Perché sono uomini.
Credere che alla fine riusciranno a venirne fuori [...].
Essere sicuri che il miracolo alla fine ci sarà, che ai giorni della tensione, della collera, della violenza seguiranno, sempre più ravvicinati, i giorni della comprensione, della condivisione e dell'affetto.
Esserne certi, perché sono uomini. Questo significa lottare contro la miseria [...]. Sentirsi lacerati delle loro lacerazioni, feriti delle loro ferite, confusi delle loro confusioni [...], sperando attraverso la loro speranza, amando attraverso il loro amore, pregando attraverso la loro preghiera, per fronteggiare, assieme a loro, l'infelicità, e allontanarla, e annientarla. Questo significa distruggere la miseria.
Al di là delle idee, delle intenzioni e dei desideri, pagare il prezzo della libertà e della giustizia, dei diritti e dei poteri, vuol dire portare all'umanità la carità verso ogni uomo.

Joseph Wresinski

Dopo un periodo di riposo e di raccoglimento all'abbazia di Mont des Cats, dove ci rechiamo periodicamente, eccoci in partenza per una nuova destinazione: Rouen. Ci mettiamo in cammino, secondo la nostra abitudine, in autostop. Quello a cui però non riusciamo mai a far l'abitudine, sono gli incontri umani che, soprattutto in queste circostanze, non cessano di sorprenderci e di coinvolgerci emotivamente. Così non abbiamo ancora avuto il tempo di esporre il nostro «cartello indicatore», che già si ferma un signore: ha indovinato che noi facevamo l'autostop. Ci accompagna per un lungo tratto di strada e non esita a fare un largo giro appositamente per condurci nel punto migliore per la nostra prossima tappa. Lungo il tragitto, ci racconta alcune vicende dolorose della sua vita. La seconda persona che si ferma è una giovane donna. Ci confida con molta serenità: «La mia missione d'amore è quella di accompagnare mio marito fino alla fine: è condannato. Il tempo che ho passato assieme a voi mi ha ridato un po' di forza. Grazie!». Questo tipo di incontri, forse proprio a causa della loro episodicità, consente a chi ne ha bisogno di affidare il proprio fardello a uno sconosciuto. Per noi si tratta di offrire a colui che ci invita nella sua vettura un terreno permeabile e di accordare sul diapason dell'eternità confidenze istantanee spesso dolorose. Come è naturale, ci vengono poste prima di tutto le domande più banali: «Da dove venite?», «Dove abitate?», «Che mestiere fate?», e la particolarità delle nostre risposte suscita e alimenta l'interesse e la curiosità del nostro «buon samaritano», che talvolta compie anche un gesto concreto a favore di coloro che noi incontriamo sulla strada, offrendoci per loro del cibo, del denaro... Alcuni ci lasciano il loro indirizzo. Altri ci chiedono di proseguire l'incontro davanti a un caffè preso lungo la strada o invitandoci alla tavola familiare. In queste circostanze cerchiamo di svolgere appieno il nostro ruolo di *trait-d'union* e di portare una testimonianza della vita dei poveri. Perché, come confessano tutti, il mondo dei poveri, malgrado l'apporto del sistema mediatico, resta fondamentalmente un mondo sconosciuto.

La nostra forma di vita fa nascere anche domande di ordine spirituale e l'effetto inatteso dei nostri «passaggi» è spesso il risveglio di questi interrogativi. Una signora ci dirà: «Voi avete contribuito a cambiare la nostra vita». Se guardiamo ai testi sacri, comprendiamo meglio l'importanza che assume la figura dell'ospite di passaggio come inviato di Dio, per stimolare la conversione, per rafforzare il legame soprannaturale delle nostre esistenze terrene, per far intravvedere il mistero che sta oltre il quotidiano più ordinario. Diventiamo così «traghettatori di Dio». Ciò che stupisce è che la maggior parte di coloro che ci offrono un passaggio afferma di non aver mai osato imbarcare qualcuno prima di allora: «Sono dodici anni che ho la patente», conferma una signora, «e non ho mai preso su nessuno. Per una volta, non avrò fatto questo percorso per niente». Poi, grandi saluti d'addio, come se ci fossimo conosciuti da sempre. E, come avviene quando, mendicando il cibo, ci confondiamo nel ringraziare, sono i nostri ospiti che, ancora una volta, ci restituiscono con sincerità i ringraziamenti.

Arrivati a Rouen, il nostro ultimo autista, dopo averci invitati a casa sua, ci raccomanda con premura: «Non esitate a tornare quando volete, per dormire, lavarvi, telefonare. Ci farà un grande piacere». Un incoraggiamento che ci voleva per noi che stavamo cominciando. Tanto più che sbarchiamo, sotto la pioggia, in una città sconosciuta. Durante il nostro soggiorno avremo modo di sperimentare la giustezza dell'adagio che definisce Rouen come il «vaso da notte» della Normandia. Vivere sulla strada nei giorni di pioggia battente è davvero duro da sopportare: i vestiti fradici che non si asciugano mai completamente, le scarpe inzuppate, i piedi sempre bagnati. Per fortuna, queste difficoltà sono addolcite dalla grazia che caratterizzerà il nostro soggiorno: quella di essere stati «raccolti» da un gruppo che occupava uno *squat*. Il termine «raccolti» è stato usato da uno di loro quando, spiegando con fierezza a un giornalista chi eravamo, ha raccontato: «Sono i nostri pellegrini e noi li abbiamo raccolti».

2 dicembre 1994

Ci rechiamo in un centro di accoglienza diurna chiamato Epheta.[1] Una volontaria fa una piccola indagine sul nostro conto, poi, al momento della chiusura, uno degli ospiti ci raggiunge: «Ho sentito che dormite all'ingresso dei palazzi... Se volete, potete venire con noi nel nostro *squat*. Mi interessa discutere con gente come voi; siete dei pellegrini, mi piace. Penso che con voi non ci saranno né problemi né violenza. Siete trasparenti. Si vede. Anche con noi non ci sono problemi, siamo un gruppo di persone perbene, niente violenza, niente alcol, o almeno non troppo...». Accettia-

[1] Quando andiamo la prima volta nel centro di una città, passiamo in rassegna tutte le fonti utili di informazione: le stazioni, le chiese, il municipio, ma soprattutto il passaparola dei compagni. Basta trovare uno o due punti di partenza, poi il resto viene a catena.

mo, felici, l'offerta, tanto più che Gaëtan ci invita a visitare lo *squat* finché è giorno, in modo da sentirci liberi di restare oppure no. Lo seguiamo, dunque, accompagnati da Angelo, Aurore, David, Manu e Said. Lungo la strada, Gaëtan parla di sé e dei suoi fallimenti con le donne: «Quando mi trovo con una donna, dentro di me riaffiora la violenza e allora, almeno per adesso, preferisco fare un lavoro su me stesso per evitare un nuovo pasticcio».

Eccoci arrivati. Per entrare bisogna arrampicarsi e passare dalla finestra. Alcuni giorni dopo, i nostri amici supereranno gli scrupoli e forzeranno la porta d'ingresso. La casa è grande; ha numerose stanze completamente vuote; nell'insieme è molto degradata; non siamo i primi, altri sono passati prima di noi. Gaëtan è euforico e ripete senza sosta: «Mi piace proprio!». Invita tutti a sedersi per terra e a chiacchierare. Proponiamo che ciascuno si presenti. Prende la parola Aurore, molto commossa: ha ventiquattro anni, vive sulla strada dal 1989, e ha un bambino di due anni che è stato dato in affidamento, il marito è in prigione. Manu, quarantadue anni, è sulla strada dallo scorso mese di aprile, in seguito a una separazione; Angelo, Said e David vivono sulla strada da poco. Scambio semplice e commovente. Gaëtan comincia a fare progetti sull'arredamento dello *squat*. Manu e David tentano di rubare l'elettricità allacciandosi direttamente ai cavi elettrici; David ha studiato da elettricista. Intanto Gaëtan, il leader naturale del gruppo, propone a noi la stanza meno fredda, ma poi si riprende e dice: «No, è troppo brutta». I muri sono ricoperti da frasi e da disegni osceni. Questa è la ragione per la quale la trova brutta. Che attenzione piena di rispetto!

Passiamo la prima serata nella stanza dove Gaëtan si è sistemato assieme ad Aurore. Mentre discutiamo, sgranocchiamo patatine e biscotti, ricevuti in elemosina. Gaëtan racconta di aver fatto la comparsa nel film *Hiver 54*; poi torna a insistere sulle sue difficoltà con le donne. Dice di aver già vissuto con una decina di loro, ma che gli è sempre andata male a causa dello strano meccanismo distruttore che è dentro di lui. Si è ritrovato come un ragazzino di dieci anni, con un bisogno inestinguibile di tenerezza e ha finito per prendersela con gli altri. È lui stesso che si descrive così. Aurore, invece, ci mostra le foto del figlio Hugo, che è stato dato in affido da sei mesi. Gaëtan mette la foto dentro una cornice costruita col cartone, poi vi accende davanti una candela. Aurore è stata convocata dal tribunale martedì per il divorzio. Per il momento non ha voglia di vita di coppia, anche se nel suo smarrimento affettivo si lega ora all'uno, ora all'altro. Ha la mente totalmente occupata dal suo bambino, che rivorrebbe con sé e che le dimostra molto affetto quando lo va a trovare. Quando Gaëtan tira fuori dei preservativi e ricorda ad Aurore di prendere la pillola, Aurore racconta di un bambino che ha perduto e che ha fatto cremare. Gaëtan ci fa alcune domande più dirette sulla nostra vita di coppia e aggiunge: «Voi vi amate. Si vede. Avete un comune ideale. E questo è bello». Li lasciamo per raggiungere la «nostra» camera. Nonostante le coperte che ci hanno dato, la notte sarà fredda e umida.

L'indomani, percorrendo la città, ci diciamo tra noi la felicità che essi ci offrono, ricevendoci tra loro, nella «loro casa» e nel loro cuore. Ci ripetiamo il significato della nostra presenza che è di «apparentarci», cioè di diventare parenti, più che di «incorporarci», di essere come loro. Questa differenza tra noi e loro, non solo essi la rispettano, ma la sentono istintivamente come una libertà, come una forza. Così, veniamo sollecitati dai nostri stessi amici a vivere uno dei significati della nostra vocazione e del nostro percorso: andare là dove la sofferenza dilaga, in tutte le isole di povertà e di sofferenza, dietro ogni maschera di squallore; andare e restare in questi luoghi prediletti dallo stesso Gesù, affondare con lui in acque profonde. Perché sovrabbondi l'Amore e la tenerezza fiorisca dove tutto sembra perduto. Esserne gli umili servitori e testimoni giorno dopo giorno, «in una spiritualità che insiste sulla manifestazione silenziosa di una presenza di contemplazione, di semplicità, di servizio», come ha scritto il padre Riobé. Se i nostri compagni, soprattutto in gruppo, non riescono a sfuggire a comportamenti che li tirano verso il basso, la parte spirituale racchiusa in loro, in nostra presenza, riemerge. Ecco perché la nostra presenza non è mai una cauzione della loro pretesa immoralità, come certuni, fin troppo preoccupati di una morale «giusta», talvolta ci rimproverano. Essa provoca, al contrario, un'apertura verso l'alto. Noi viviamo una «visitazione» nel senso biblico del termine: come Maria andò da Elisabetta, così noi dobbiamo andare di buon passo e gioiosamente da loro per «salutarli», cioè per riconoscerli e lasciarci ricevere come «l'Ospite invisibile», che esulta di venire ad abitare in mezzo a loro.

3 dicembre 1994

Mentre camminiamo, verso le otto di sera, passando vicino a una piccola chiesa, ci accorgiamo che stanno facendo le prove di un concerto. Un coro di voci maschili, sobrio e sublime, profondo e mistico, canta melodie greco-ortodosse. Un concerto religioso che ci rapisce e ci eleva. Un po' preoccupati per i nuovi amici, ritorniamo allo *squat*. Li ritroveremo? E in quale stato? Il cambiamento di scena con quello che abbiamo appena vissuto è di un contrasto profondo: là, armonia di voci e di cori; qui, una serata e una notte movimentate. Aurore, prima tra le braccia di Gaëtan, finisce poi con Said e poi di nuovo con Gaëtan. Il divorzio la tiene in ansia. Tutti manifestano la loro gioia perché siamo spontaneamente ritornati. Essere semplicemente là. Per loro. Si potrebbe dire che è «tutto». D'altronde, è vero che, a partire dal momento stesso in cui abbiamo saltato il fossato, la nostra sola presenza dichiara che il muro dell'esclusione non è del tutto impenetrabile. Abbiamo infranto la porta che li teneva prigionieri, abbiamo abbassato il ponte levatoio. Gli amici ci comunicano che quella mattina una persona del Comune, incaricata di inventariare gli alloggi vacanti, ha filmato lo *squat*. L'iniziativa ci appare subito da collegare con le recenti manifestazioni dell'associazione DAL (Diritto alla casa) e con l'occupazione a Parigi di uno *squat*, appoggiata dall'*abbé* Pierre e da Jacques Gaillot, una vicenda in questi giorni molto presente nei media. Manu e Angelo si isolano nella loro camera. Aurore sostiene che fanno gruppo a parte. Poi tutti si separano per dormire. A mezzanotte Gaëtan grida: «Un mascalzone mi ha fregato il portafoglio!». La tensione sale. Scoppia una rissa, che coinvolge tutti e che si fa presto violenta. Finalmente il portafoglio salta fuori; non era stato rubato. Quanti strappi e accuse violente tra di loro! Poco dopo, un'altra gazzarra. Angelo ha lanciato in faccia a Said l'ingiuria suprema ai loro occhi: «Bastardo, figlio di puttana». «Tutto quello che vuoi, ma questo no!». «Offendi ancora mia madre e ti sfondo a calci!».

Parossismo del dolore. Non viene mai meno una specie di venerazione disperata per colei che li ha abbandonati. Continuano ad esistere dentro di loro terreni sacri che essi proteggono a qualsiasi costo. Fortunatamente, spesso c'è anche una sproporzione tra le minacce e le azioni che seguono. Ma contemporaneamente queste ultime, quando si scatenano, appaiono smisurate rispetto all'offesa. A noi pare essenziale continuare ad essere presenti anche quando le cose vanno male, senza cercare di arrestare le valanghe di parole che di tanto in tanto esplodono e si infrangono come raffiche di un uragano, ma invitando alla pace e alla riconciliazione e, nei casi di rischio grave, cercando di separare i contendenti. Il giorno dopo, Gaëtan all'improvviso ci dice: «Stanotte abbiamo avuto paura che non tornaste più».

Per noi, queste parole esprimono il senso più alto della nostra vita in mezzo a loro, che è di favorire l'epifania della parola di Dio riportata da Isaia:

> Nessuno ti chiamerà più Abbandonata,
> né la tua terra sarà più detta Devastata,
> ma tu sarai chiamata Mio compiacimento
> e la tua terra, sposata.[2]

11 dicembre 1994

Lo *squat* diventa ogni giorno che passa più confortevole. Ora abbiamo anche l'elettricità. Manu ha ricevuto o rubato un radiatore elettrico da una roulotte dove un tempo ha vissuto assieme a un altro. Arriva anche una vecchia cucina elettrica e dunque la possibilità di riscaldare la roba ricevuta al «Resto du coeur», o comprata da Leclerc. Ora questo ora quello ci invitano a prender parte alle loro agapi e a servirci delle provvigioni sistemate nella grondaia, «nel nostro frigo», come dicono loro. Per ora siamo in un momento di abbondanza, ma nella vita dei poveri si oscilla spesso tra i giorni delle vacche grasse e i giorni delle vacche magre. In nessun settore della loro vita si può trovare continuità. È un'esistenza fatta di alti e bassi.

I nostri incontri con loro avvengono soprattutto a fine giornata. Aurore, Gaëtan e Manu sono quelli che parlano di più. Angelo, Said e David sono più chiusi. Noi cerchiamo di passare qualche momento con tutti nelle loro camere. L'atmosfera stasera è piacevole. Sono ore dolci, propizie alle confidenze. Aurore continua a nominare il figlio. Oggi la prima cosa che fa è di comunicarci la sua gioia perché ha ricevuto un regalo da lui: un quadro con la sua manina stampigliata nella pasta di sale. Quando ci comunica la sua gioia,

[2] Isaia, 62, 4.

nel suo volto c'è qualcosa di molto infantile, di puro. Sono forse i discorsi di Aurore a far ritornare Gaëtan agli anni dell'infanzia. Comunque sia, si mette a biasimare gli atteggiamenti di suo padre: «Io fumavo erba nella mia camera, e lui faceva finta di non vedere, anche le volte che tiravo forte in sua presenza. Non ero importante al punto che si occupasse di me; mi disprezzava. Nonostante tutto, io continuo a volergli bene». Uno dei nodi per Gaëtan è la relazione con il padre. Con la famiglia ha rotto. Ci è tornato una volta a Natale, ma «dopo i primi momenti non funzionava più, non mi sentivo a mio agio». Anche in questo caso, che differenza con i nostri ritorni, che sono sempre fonte di gioia, di riposo, di mutua sollecitudine. Chi di loro invece ha ancora dei legami, deve superare rotture continue, delusione e amarezza.

Nello *squat*, nel quale finiremo per essere in quattordici, la maggioranza è di giovani sui venticinque anni. Il nostro impegno ci rende particolarmente vicini a loro, cerchiamo di essere attenti alle loro ferite affettive e familiari, ma come non pensare, al medesimo tempo, al dramma dei loro genitori e dei loro parenti che non sono riusciti a preservarli dalla «perdizione» e che ne sono straziati? Colette si ricorda di quella madre che piangeva per la sua intollerabile lacerazione: «Ho visto mio figlio mendicare davanti a Prisunic, sporco, con un gruppo di gente come lui che lanciava insulti ai passanti; ho saputo che dice dappertutto che è stato messo alla porta. Mi sono sentita talmente umiliata che non ho avuto il coraggio di avvicinarlo. Sono svenuta dietro la chiesa».

16 dicembre 1994

Gaëtan, nonostante i suoi comportamenti anarchici, ritiene che sia necessario un regolamento della casa. Pensa, in particolare, di fissare un contributo in denaro. Prende di mira ora l'uno ora l'altro, dichiarando: «Non capisco perché si debba dipendere in tutto dagli altri: per le sigarette, per il bere. In una vita come questa c'è sempre chi se ne approfitta. Io vorrei conoscere le aspirazioni di ciascuno». Gaëtan si lascia prendere da questa idea per uno o due giorni, poi essa svanisce da sola. La necessità di un ordine sociale per evitare il fallimento, al quale è spesso condannato questo genere di esperienze, viene tuttavia lasciata troppo all'iniziativa soggettiva di un individuo o di un piccolo gruppo che impone le proprie leggi prima di venire a sua volta messo a tacere da uno più forte di lui. Inoltre, quelli che si dichiarano a favore di un regolamento sono molto spesso i primi a non rispettarlo. Questo, come avremo modo di vedere presto, è il caso di Gaëtan.

Alcuni immaginano il mondo della strada come un mondo ben strutturato, con la sua gerarchia e le sue leggi. Invece nella vita di strada non c'è niente di organizzato e di stabile. C'è violenza e ci sono dei capoccia, questo sì. Ma non ci sono gruppi solidi e fissi. I capoccia di un giorno vengono detronizzati da altri il giorno dopo e quelli che la sera si professano «fratelli per la vita e per la morte», il mattino dopo si separano come «nemici giurati». Allo stesso modo alcuni, soprattutto i più giovani, insistono per una rigorosa classificazione della gente della strada: i *zonards*, i *routards*, i *clochards*.[3] L'intenzione è soprattutto di prendere le distanze dagli ultimi. *Clochards*, infatti, sono detti coloro che non si lavano più, che frugano nell'immondizia e che bevono. Ora, se è vero che in questa differenziazione si cela l'ultimo tentativo di difendere la propria dignità, è anche vero che tra gli uni e gli altri sono più le somiglianze che le differenze. Si tratta prevalentemente di una reazione di difesa, di una questione di apparenza, di contegno esteriore,

[3] *Zonard*: giovane sfavorito di periferia che conduce una vita da marginale. *Routard*: persona che prende la strada e vive di espedienti. *Clochard*: barbone [*N.d.T.*].

di vitalità legata alla giovinezza. Il *zonard* e il *routard* si scambiano di continuo i ruoli e, quanto alla «sporcizia» rimproverata al *clochard*, essa è talvolta preferibile alla vantata pulizia dei primi!

Aurore ci informa che per Natale è stata invitata dalla nonna, ma che ha rifiutato. «Non posso lasciare da soli i miei compagni, è più forte di me... Ma non so se ho fatto bene». Anche in questo caso, si può constatare come per loro, in un contesto di molteplici interdipendenze, sia quasi impossibile compiere azioni davvero libere o anche soltanto arrivare a conoscere quali sono i loro veri desideri. Aurore si deve essere sentita terribilmente combattuta. Lo stesso succede peraltro anche a noi; anche per noi non sempre è chiaro e scontato se siamo o no perfettamente liberi. La miseria, con quello che genera di instabilità affettiva e di destrutturazione della persona, ostacola ancora di più l'accesso ad una scelta libera e responsabile.

17 dicembre 1994

Ci sono due nuovi: Laura e Titoune. Come Aurore, anche Laura ha un bambino dato in affido. È la dolorosa situazione in cui si trovano molte donne della strada. Ieri David, vent'anni, è arrivato assieme a Thérèse. Questa sera circolano molte bottiglie di birra e di «blanc-Coc».[4] Gaëtan si sfoga: «Vorrei fare qualcosa, ma non so bene cosa e come. È per questo che lo *squat* può essere una buona cosa (vuol dire: creare una vita comunitaria), ma non lo so ancora. E poi, queste cose non si possono prendere alla leggera. Se uno si prende un impegno, poi lo deve rispettare. Mica può

[4] Blanc-Coc: bibita formata da due terzi di vino bianco e un terzo di Coca-Cola.

lasciarlo cadere come se niente fosse. In fondo, io ho trentasette anni e sono ventitré anni che faccio questa vita da cani. È grave però quando si diventa sporchi dentro (indica la testa); ci siamo distrutti con le nostre proprie mani». Aurore invece ci racconta della sua infanzia: allevata per lo più dalla nonna, da adolescente è tornata a casa del padre e della matrigna. La madre era morta di overdose quando lei aveva sette anni. Poi cambia bruscamente argomento (che fosse troppo penoso per soffermarcisi?) e ci chiede una nostra fotografia: «Così, quando ve ne sarete andati, mi resterà per sempre un vostro ricordo».

Poco dopo, agganciandosi a quanto ho appena detto, aggiunge più espressamente: «Perché non rimanete sempre con noi? In fondo, vi trovate bene qui». Queste domande ci vengono avanzate anche in occasione di convegni e di incontri e pensiamo se le ponga anche il lettore: perché partite e li abbandonate anche voi?
– Perché, almeno fino ad ora, la nostra vocazione è quella dei pellegrini, che vanno di luogo in luogo, seguendo le orme di Gesù, profeta itinerante.
– Perché gli stessi senzacasa, salvo alcune eccezioni, non rimangono mai nello stesso posto.
– Perché nelle nostre vite constatiamo molto spesso che gli incontri occasionali, temporanei ma intensi, segnano il nostro percorso più di altri durevoli, ma che hanno la contropartita della routine e della superficialità. L'istante, quando vissuto intensamente, può dare intuizioni profonde e germi di rinnovamento e di resurrezione.
– Perché, infine, tutti noi siamo chiamati, prima o poi, a conoscere la separazione e l'assenza. Ed esse non sono da vivere indefinitamente nel rimpianto, ma come aperture verso un avvenire sempre nuovo, ancora tutto da costruire.

Il pellegrino, come il mendicante, è testimone del Regno che s'intesse già ora, ma che è sempre altro. Nell'esperienza del «passaggio» vissuto come «presenza-assenza», è fondamentale che, durante il tempo dell'incontro, la persona sia aperta e disponibile a dare tutto di sé e a ricevere tutto dell'altro. Ogni occasione di prossimità deve essere vissuta come un tempo e uno spazio in cui a realizzare l'incontro benefico sono contemporaneamente la presenza e la distanza. «Noi ci tocchiamo a colpi d'ala», ha scritto Rilke. Lo spazio rimane dunque sufficientemente libero per consentire la solitudine necessaria a ciascuno, ma gli incontri fatti di tanti brevi contatti sono capaci di accrescere le energie e di modificare un cammino. Guardiamo i pellegrini di Emmaus: mentre due compagni, tristi e delusi, camminano, li raggiunge un terzo, sconosciuto, venuto da altrove. Si unisce a loro soltanto per un breve tempo. Il tempo di rivelare loro la verità e il senso profondo degli avvenimenti recenti, che sono anche la causa del loro turbamento e della loro malinconia. Il tempo di aprire loro un avvenire. Accetta l'invito pressante di restare un po' in loro compagnia. Poi si sottrae. Senza voler fare una trasposizione diretta, quello che noi cerchiamo è di mantenere un rapporto vivo tra questo episodio e la nostra vita. Detto ciò, a noi piace tornare a intervalli nelle città nelle quali abbiamo soggiornato e ritrovare le persone conosciute; è sempre un momento molto intenso nel quale si esprime la profondità del legame vissuto. In occasione di un ritorno a Rouen, dopo un periodo di assenza, Gaëtan con molta gravità ci dice: «Voi mi fate del bene, e non soltanto a me, e molto di più di quello che potete pensare. Ci dicevamo: sono partiti. Ma per me non eravate veramente partiti. C'è qualcosa di profondo che resta».

8 gennaio 1995

Passiamo un momento nella camera di Gaëtan, dove si trovano, oltre a Aurore, anche Laura, Thérèse e David. Aurore non sta più con Said, ma di nuovo con Gaëtan; cerca affetto e sostegno, moltiplicando le relazioni episodiche, che la lasciano d'altronde sempre più delusa ed esangue. Vino bianco e spinelli passano di mano in mano; ora l'uno ora l'altro «partono». Dopo l'esaltazione della fase iniziale, Gaëtan parla dello *squat* come di una fonte di guai: «Con Said che delirava è stato un casino. Sono volati pugni. Ci sono stati danni. Avete visto le porte? Meno male che non c'eravate». Laura ci chiede se domani andiamo con lei a Epheta, dove le sarà dato in custodia il suo piccolo Raphaël, che è affidato ad una nutrice. Titoune allora va a cercare alcune foto del bambino e ce le mostra commosso. Nella loro miseria è questo che ci chiedono: di ricevere ciò che, in fondo, resta per loro di più prezioso. In questo clima di fiducia, Titoune confida di aver già fatto molta prigione, anche prima dei ventun anni.

Negli ultimi tempi Aurore non è più andata a vedere Hugo all'asilo. Di questo comportamento sono ovviamente possibili letture diverse:
– un realismo venato di disprezzo: «Il fatto non le interessa veramente, è lei stessa una ragazzina...»;
– un desiderio di moralizzazione: «Aurore, ciò che devi fare, in quanto madre, è di darti da fare per riprendertelo»;
– c'è infine un'altra ottica: comprendere l'angoscia incommensurabile di Aurore, il gorgo della sua disperazione; sottolineare tutte le piccole attenzioni che ha avuto nei confronti del figlio, il desiderio manifestato così spesso di tornare a vivere assieme a lui; stare insieme a lei pazientemente in questo lungo cammino, vigili ad ogni segno di risveglio profondo; avvolgere tutto di fede e di speranza; collocarsi decisamente da questa parte della vita. Non occorre nascondere i traumi reali che ostacolano Aurore nel suo ruolo di mamma.

Al momento di coricarci nella camera di Gaëtan (quella che occupavamo non è più libera), scoppia una lite tra Titoune e Laura. Titoune rimprovera a Laura di essere un'alcolizzata e una drogata e – quasi come una coltellata al petto – di non essere neppure in grado di allevare il suo lupacchiotto. Con quali occhi vedrà il piccolo domani, se il rivederlo ravviverà l'accusa di Titoune?

Ci auguriamo che la notte dissipi le tensioni e deponga nei loro esseri doloranti i doni della dolcezza e del rinnovamento.

11 gennaio 1995

Gaëtan e Aurore ci chiamano nella loro camera. Aurore è in lacrime. Dice di essere molto giù: «Tutto quello che intraprendo mi va storto. Si direbbe che ho stampato sulla fronte di essere una donna senza fissa dimora. Come posso mantenere l'equilibrio mentale? Voglio recuperare mio figlio, ma tutti mi respingono. Non è possibile». È duro per lei vedere Laura e Titoune litigare in continuazione; le ricorda troppe cose. Spiega di aver bisogno di tranquillità, di non sentirsi bene. Rispolveriamo i suoi progetti di ottenere un alloggio, ma non è semplice perché percepisce soltanto l'RMI; non ha perciò i requisiti richiesti per presentare la domanda. Chiediamo a Gaëtan se gli piacerebbe avere un alloggio tutto per lui; risponde che non ne ha idea. Tutti e due criticano gli altri perché si ubriacano e, nello stesso momento, stanno bevendo del vino. Aurore assume dosi irragionevoli di ansiolitici. Ripete: «Siete benvoluti da tutti, la vostra presenza ci rende più calmi. È un bene che siate qui, è soltanto con voi che si può parlare apertamente». Dalla loro vita lacerata emerge sempre la stessa profonda aspirazione alla pace. Poi insiste per darci una coperta del suo letto (adesso abbiamo alcune brande e qualche materasso). Gaëtan fa notare che noi non creiamo mai problemi, che ascoltiamo molto e ciò fa supporre che siamo vuoti di noi stessi. «Vorrei anch'io essere così, ma non è facile». Sa analizzare bene la sua situazione personale, ma passare dalle parole ai fatti… le trasformazioni sono difficili. La perspicacia sui suoi meandri interiori, sui suoi desideri e sulle sue contraddizioni gli fa dire: «Non so più quello che voglio… cambiar vita è duro. La vita di strada ti si incolla addosso come una seconda pelle. È come una droga; diventa un modo di essere. Bisognerebbe arrivare ad avere disgusto per disintossicarsi di questo vagabondare. Non ce la farò mai. Allora mi lascio andare a fondo. Dovrei comportarmi diversamente. Dovrei fare come voi. Voi vi lasciate sì andare a fondo, ma nella vita, per la vita».

Tutto ciò che Aurore e Gaëtan dicono su quello che rappresentiamo ai loro occhi sottolinea la posta di un incontro che, procurando la pace interiore, fa del bene; di un incontro dove colui che si sente perso è improvvisamente raggiunto, toccato nel suo essere profondo, dove continuano a esistere le aspirazioni essenziali. Tutto ciò rappresenta una specie di invito, discreto ma tangibile, a un qualcosa di «nuovo» sempre possibile. Da parte loro, ci manifestano molte attenzioni, ci offrono segni di amicizia che si sgranano nel corso delle serate. Manu avverte Michel: «Se hai bisogno di uno specchio per farti la barba, puoi prendere il mio, e puoi scaldare l'acqua nella nostra camera» (hanno infatti un bollitore elettrico). Said, che è uscito a comprare da bere, torna con un succo d'arancia per Colette. Per qualche ora ci affida tutti i suoi documenti; è ubriaco e ha paura di perderli. David istalla una lampadina nella camera, che ci permette di leggere un po'. Laura chiede a Colette di portarle da un guardaroba una gonna lunga… Nel contesto complessivo di reazioni spesso epidermiche ed esacerbate, rimangono tuttavia tra loro zone di tolleranza, fragilità sulle quali non si scherza. Una di queste è la balbuzie quasi permanente di Gaëtan.

Un giorno, Gaëtan e Aurore ci invitano a pranzo, avendo cura di chiudere la porta per parlarci confidenzialmente. Lo *squat*, malgrado sia diviso in stanze separate, resta un luogo di promiscuità, al medesimo tempo voluta – è difficile restare soli – e rifuggita. Una promiscuità non sempre sana, né propizia all'armonia tra gli abitanti. I due giovani Thérèse e David occupano la stessa camera di Laura e Titoune, anche se ce ne sono altre inutilizzate. Che cosa li spinge a questa coabitazione? Titoune, peraltro, non manca di rimproverare a Laura attenzioni troppo insistenti nei confronti di David...

17 gennaio 1995

Facciamo la conoscenza di Lionel e di un uomo accompagnato da uno dei suoi figli. Il padre, Stéphane, ci inonda di parole: lui e la moglie usufruiscono dell'assistenza pubblica; hanno otto figli. Dopo un periodo passato in roulotte, tutta la famiglia è stata ospitata da un'anziana signora, ma ora «le cose non funzionano più, si deve sloggiare». È venuto a Rouen con l'intenzione di cercare un alloggio e un lavoro. Lionel e Gaëtan ci chiedono cosa facciamo durante la giornata. Sentendo che partecipiamo all'Eucarestia, Gaëtan ci interrompe: «Mi piacciono le chiese. Il silenzio mi fa bene». Ci chiede di pregare per lui e lui ci assicura di pregare per noi. Più tardi leggiamo il salmo 116:

> Mi stringevano funi di morte,
> ero preso nei lacci degli inferi.
> Mi opprimevano tristezza e angoscia
> e ho invocato il nome del Signore:
> «Ti prego, Signore, salvami».
> Buono e giusto è il Signore,
> il nostro Dio è misericordioso.
> Il Signore protegge gli umili:
> ero misero ed egli mi ha salvato.[5]

[5] Salmo 116, 3-6.

23 gennaio 1995

Stamattina Stéphane e il figlio Philou già ripartono. Vanno a Laval in autostop per incontrare la famiglia. Stéphane ha telefonato alla moglie che gli chiede di rientrare subito perché non ce la fa con gli altri figli. Spiega: «Ho altri cinque ragazzini a casa». Prevede di tornare il 10 febbraio perché è impastoiato in alcune pratiche. Tutto è così provvisorio e fragile. Povertà dei poveri; sbarcano, padre e figlio, in una città sconosciuta senza alcun programma. La moglie e due dei figli sono venuti questo week-end e hanno dormito in albergo, affrontando molte spese, in fin dei conti per niente. Quante vite tragiche e violentate, quanti sono costretti a cominciare e a ricominciare. A esorcizzare il destino che si abbatte su di loro. Ma con quali risorse? Ricominciare sempre di nuovo con la speranza che un giorno finalmente vada bene.

La sera andiamo nella camera delle due coppie. Titoune parla a non finire del suo soggiorno in prigione e si definisce «assassino». Gli hanno dato dieci anni, ma ne ha fatti soltanto sei. Parla anche dei genitori e della famiglia che lo ha adottato. Critica i primi, rinnega la seconda. David e Thérèse sembrano i più battaglieri sulle cose da fare: richiedere la carta di identità, iscriversi all'ANPE, presentare la domanda per la casa. Possiedono ancora la forza morale di curare la loro presentazione. Thérèse, che ha 18 anni, sta cercando di saldare un debito di 9 mila franchi contratto con l'ospedale. «L'anno scorso l'ho passato quasi tutto in ospedale per depressione, con ripetuti tentativi di suicidio. Sono stata in coma. Ero grave». E prosegue: «Fin da quando ero piccola, volevo conoscere mio padre, ritrovarlo. L'ho cercato, ma è stato uno shock. Non è andata bene e ho rotto». L'incontro fra Thérèse e David, invece, rappresenta una speranza nel loro percorso tanto caotico: «Siamo stati tutti e due troppo infelici. Ora vogliamo venirne fuori».[6]

Verso le undici si riuniscono tutti nelle camere di Gaëtan e di Aurore. È un po' il centro d'incontro, dove si comunica e si discute. L'ambiente, qui da loro, peggiora di giorno in giorno ed essi stessi si lasciano andare. Annegano nell'alcol e nella droga e non abbandonano più lo *squat*. Per il mangiare dipendono ormai dagli altri. Non era Gaëtan che fino a poco fa se la prendeva con i «profittatori»? Tutti noi assistiamo impotenti alla loro deriva. E tuttavia, nell'accostarci alla loro vita che precipita, vorremmo costituire una breccia nel tunnel della morte, un baluardo contro l'inferno totale che sarebbe l'abbandono di questi «posti maledetti» ed inumani. La nostra presenza non esclude l'inferno; essa rimane piccola e impotente. In tutto questo disordine e questo naufragio, Laura, quasi con uno sdoppiamento della personalità, porta il suo radiatore elettrico nella nostra camera per farci stare più caldi. Poi, mentre raccattiamo pezzi di vetro che sono sparsi ovunque, ci dice: «È gentile da parte vostra, ma non tocca a voi. Siamo noi che abbiamo fatto tutto questo bordello». Miscuglio di tenebre e di luce... Prima di addormentarci, intoniamo a nome di tutti l'antifona del cantico di Simeone: «Salvaci, Signore, quando vegliamo; custodiscici quando dormiamo. Veglieremo con il Cristo e riposeremo in pace».

25 gennaio 1995

Manu ci viene a parlare; ci chiede fino a quando resteremo e di scrivergli quando ce ne saremo andati. Ci propone una birra insieme. Ne beve una, poi ci confida del suo stato

[6] Un anno dopo questi avvenimenti, un'amica di Rouen ci ha scritto che da sei mesi abitavano in un appartamento. Che lui lavorava con contratto CES e che lei aveva cominciato un corso.

d'animo: «Ieri era il primo anniversario della morte di mia madre. Non andava. Avevo voglia di ubriacarmi, ma poi non l'ho fatto. Mi mancano anche le mie figlie... Quando penso che ho rifiutato un lavoro da camionista perché sarei stato troppo lontano dalla famiglia... a conti fatti, la mia vita familiare è stata un fallimento». Manu non gode di buona fama nel gruppo. Si presenta un po' come un «tu non sai chi sono io», come uno capace di tutto, che ha i mezzi per aiutare gli altri e fargli cambiare la vita. È il tipico specchietto per le allodole: le promesse che fa non le mantiene mai. Con i suoi quarantadue anni, è il più anziano di tutti e il più mitomane.

26 gennaio 1995

Manu ci invita a far colazione al loro tavolo. Hanno rimediato qua e là alcuni mobili e un po' di stoviglie. Fin dal mattino, ancora ubriaco dalla sera prima, Lionel beve vino bianco e confessa tristemente: «Che altro posso fare?». Incassa i rimproveri che gli vengono mossi per aver accettato, lui che è sieropositivo, una relazione con Aurore. Sembra disperato e a Laura, che lancia un pezzo di carta nella pattumiera, dice: «Getta nella pattumiera anche me. Non sono buono a niente».

La sera, per la prima volta, Aurore riconosce di essere caduta molto in basso e che deve accettare di sottomettersi a una cura disintossicante. Gaëtan rincara la dose e le propone di sforzarsi a tornare, almeno la sera, ai pasti caldi distribuiti da un'associazione. Nei giorni passati gli abbiamo portato tutto il cibo che siamo riusciti a mettere insieme perché non ingerissero soltanto alcolici. Aurore tiene discorsi funerei: «Io me ne fotto di morire. Mia madre è morta di overdose. Finirò come lei. Voglio dimenticare un passato di merda e la mia vita da cani». Riceviamo la visita di una équipe del DAL, che abita in un altro *squat*. Uno dell'équipe fa la predica ad Aurore che, non potendone più, si mette a gridare: «Ma non vi rendete conto? Io sono in un inferno».

Ci sono parole, come quelle di Lionel, che non si possono ascoltare se non in ginocchio. Ogni parola sembre interrotta, sospesa, ed anche la vita...

Una volontaria di Epheta, informata della degradazione in cui sono costretti a vivere i nostri compagni, ne aveva voluto parlare con noi. Avevamo convenuto che venisse a incontrarci un loro assistente. Ma sono passati diversi giorni e non si è visto nessuno. Ci chiediamo che cosa fare. Chi è responsabile di questo luogo? Bisogna avvertire il comune, che ha dato l'autorizzazione e ha allacciato l'acqua e l'elettricità? Il DAL o l'équipe di Médecins du monde, che almeno conosce Gaëtan e Aurore? Non è semplice... Restiamo perplessi e deploriamo che non venga garantito un minimo di controllo. Che cosa vuol dire «garantire» l'occupazione di una casa e lasciare poi che la gente se la sbrighi completamente da sola? Bisogna ripeterlo con forza: il problema dei senzacasa non si riduce alla questione di un tetto e la lotta intrapresa dal DAL, se non è condotta bene e ben compresa, può fomentare soltanto illusioni e portare a dei disastri. Certamente, gli edifici vuoti costituiscono uno scandalo quando c'è gente che dorme all'aperto, ma il diritto ad occupare gli alloggi vacanti non elimina come per miracolo la tragicità della miseria e le sue pesanti conseguenze. Come e in nome di chi i nostri compagni potranno uscire un giorno da questa situazione transitoria, se non c'è nessuno che prenda in considerazione il problema assieme a loro e che li guidi? Un gesto generoso, a meno che non si tratti di semplice tolleranza in nome della tranquillità, può alla fine ritorcersi contro i poveri, aiutarli ad affondare invece che a elevarli.

27 gennaio 1995

Durante l'assenza di Gaëtan e Aurore, come gesto di fede nella vita, facciamo un po' di pulizia nella loro camera. Nello *squat* già ci eravamo presi l'impegno di mantenere puliti i sanitari e i luoghi comuni per preservarli dall'invasione del sudiciume e dei rifiuti. In questi giorni di pioggia incessante la casa è circondata di pozzanghere e d'immondizia. Bisogna dunque vigilare.

È sera. Gaëtan e Aurore non sono rientrati. Sono scomparsi. Manu ci annuncia che forse Gaëtan è partito per Nantes, dove conta di venir ricoverato in un centro per tossicodipendenti, mentre Aurore sarebbe andata a dormire in un altro *squat* con il progetto di entrare in cura lunedì prossimo.[7]

28 gennaio 1995

Manu invita tutti a pranzo. «Abbiamo ricevuto una grande quantità di carne dai ristoranti. Sarebbe stupido sprecarla». Prepariamo il pranzo assieme a lui. Saremo in nove, stretti attorno al tavolo e seduti sui letti. Sono momenti felici.

Già da alcuni giorni, si sono uniti a noi un belga e un tedesco. Il tedesco, Hermann, ha soggiornato per nove mesi all'abbazia di Aiguebelle, dove avrebbe voluto entrare come monaco, ma non l'hanno accettato. Quanto a Willy, il belga, dice di essere stato ospite di diversi centri di accoglienza e di non aver mai vissuto sulla strada. È «perso» e ripete in continuazione: «Sono venuto a Rouen per morire!».

[7] Avremo l'occasione di rivederla a mendicare qua e là con un nuovo compagno, un vero energumeno che la protegge. Ci racconta che, in seguito a un programma televisivo di FR3 (lo *squat* era stato filmato), un'anziana signora, avendola riconosciuta, l'ha invitata ad abitare presso di lei. Aurore ha declinato l'offerta, che però l'ha commossa.

Nel pomeriggio riappare finalmente Gaëtan. È pulito e riposato. In quel momento siamo soli nell'edificio. Si siede nella nostra camera e confessa: «Qui c'è atmosfera. Mi piace venire qui a meditare durante la vostra assenza. Quando sono con voi, sento che mi riconcilio anche con me stesso». Non è più ripartito. Si è rifugiato in una chiesa dove noi ci rechiamo frequentemente, poi ha incontrato una donna con la quale ha passato la notte. Di nuovo si chiede quello che deve fare. Si droga ancora, ma beve di meno. Dice di essere eventualmente pronto a riprendersi un appartamento, «ma, quando non si hanno certezze, è duro lasciare quello che si conosce, anche se è la strada, per lanciarsi verso l'ignoto. Meno male che c'è Epheta; è un'isola nel mare». Ci propone di andare a mangiare insieme, la domenica successiva, in un centro d'accoglienza, di cui conosce bene il direttore e la sua famiglia. «Stavo bene con loro e, allo stesso tempo, non potendo vivere sempre con loro – capisco bene che non era possibile – ero geloso della loro felicità familiare. Avrei voluto essere loro figlio». Gaëtan è molto grato nei confronti di queste persone che non lo hanno mai denunciato sebbene ne avessero avuto motivo. Se lo avessero fatto, adesso sarebbe in carcere. Infatti aveva rubato in casa loro per comprare la droga e una volta, durante una crisi di astinenza, gli aveva devastato la casa. Ci parla anche del denaro che, secondo una sua espressione, gli «brucia tra le dita». Grazie all'intervento di un'assistente, ha ricevuto mille franchi, ma li ha per l'appunto «bruciati» in una sera, avendone però anche distribuito una parte. Conclude: «È meglio che io i soldi non li abbia». Vorrebbe tornare a lavorare, ma è difficile: «Non è il lavoro in sé che è duro, ma gli orari e i rapporti con gli altri. È sempre stato questo il mio problema». Attribuisce molta importanza ai riconoscimenti nel lavoro: «Per esempio, all'Esercito della Salvezza, che si facesse bene o male, non gliene fregava niente». Nella sua apertura a tutto campo, sogna di partire per la Spagna o di ritornare nell'America del Sud, dove dice di aver vissuto e lavorato.

Ci sono anche altri nostri compagni, come Gaëtan, che pensano di non riuscire a venir fuori dalla loro situazione se non andando altrove. Tanti ripetono: «Qui è tutto marcio, non c'è niente di buono!». Non si rendono conto, o forse non possono confessare, che il problema è in loro stessi. Allora vanno di fuga in fuga, sempre più delusi e amareggiati.

29 gennaio 1995

Con alcune mele recuperate, facciamo la marmellata per tutti. Intanto Laura e Titoune ci invitano a mangiare assieme a loro. Titoune dichiara: «Durante la mia vita ho fatto del male. Perciò alla mia morte donerò il corpo alla medicina per salvare qualcuno, per compensare, per riparare». Queste parole non lasciano presagire che, sul far della notte, tra lui e Laura scoppierà un nuovo litigio con minacce di andare dal giudice. Tratta a male parole il piccolo Raphaël, parla di separazione e contemporaneamente ha fissato la data del matrimonio per il prossimo 18 febbraio! Qual è la vita che vivono? Dov'è la verità del loro amore? Che cosa significa il brusco passaggio dalla tenerezza alla violenza, che si ripete così frequentemente? Il livello d'aggressività di Titoune non è mai stato così alto da che lo conosciamo. Abbiamo l'impressione che si calmi soltanto quando uno si occupa esclusivamente di lui e lui può dare libero corso alla sua angoscia interiore.

Sono passati quasi due mesi dal giorno in cui siamo venuti in questo *squat*. Abbiamo scelto deliberatamente di passarvi le sere e le notti senza disperderci altrove. Perché, anche in una vita itinerante, è bene fermarsi e radicarsi un minimo. La cronologia, peraltro discontinua, di queste pagine lo fa comprendere.[8]

[8] Tutto quello che abbiamo riportato si è svolto nel corso dell'inverno 1994-95. Nel 1996 abbiamo appreso che Aurore (che, a tre riprese, ha

Questo vissuto tanto denso – che abbiamo già descritto, anche se in maniera diversa, per Bruxelles – illustra bene che cosa si prefigge la nostra forma di presenza nella spoliazione volontaria, la quale implica che sia il povero a donare. Evento molto raro nella sua vita. Lo statuto abituale di assistito nel quale lo si rinchiude e nel quale egli stesso si rinchiude, viene infranto e capovolto. Questo a noi appare di importanza fondamentale. Alla fine ad offrire è lui. Il mendicante diventa donatore. È una rivoluzione che lo ristabilisce in una dignità perduta, insospettata, che lo fa di nuovo «capace di», protagonista e persona utile. Il povero allora è uno che ci fa un favore.

La scelta della povertà volontaria rivela alle persone più abbandonate che noi siamo uguali a loro in dignità. Tradizionalmente, invece, il povero è colui che non può mai dare nulla in contraccambio, che è costretto sempre a ricevere senza speranza di reciprocità, che «non sa» e che bisogna educare.

Lo abbiamo visto ampiamente, i poveri sono molto commossi da una scelta di povertà che ristabilisce con loro una comunicazione che esiste sempre meno con il resto del mondo, dal quale sono costretti a proteggersi a misura che appare più lontano, e cioè più ostile. Comunicazione forse è dire poco, quando sono le viscere che parlano e il cuore che si apre. In risposta, essi sono per noi messaggeri che vengono senza sosta a stimolarci perché restiamo attenti al-

tenuto con noi una corrispondenza) viveva in un appartamento con un compagno molto più vecchio di lei e che continuava a vedere il figlio, ma senza speranza di poterlo tenere con sé per l'esiguità dell'alloggio. Poi improvvisamente, verso la fine del 1996, una nostra lettera è tornata indietro con la stampigliatura «il destinatario non abita più all'indirizzo indicato». Da allora non abbiamo più ricevuto alcuna notizia. Una volontaria di Epheta ci ha informato che Gaëtan non era più a Rouen, che Laura viveva con un altro uomo, dopo aver divorziato da Titoune, due mesi dopo il matrimonio. Lionel era morto di Aids. Degli altri si sono perse le tracce. L'inferno della strada è anche tutto questo.

l'essenziale: guardare all'Uomo, contemplare Dio nei più piccoli e vivere in comunione con loro.

Per coloro che sono feriti, è importante trovare qualcuno sul quale scaricare un fardello troppo pesante, qualcuno in grado di sopportare il veleno immagazzinato talvolta nel corso di tanti anni. Molti dei nostri compagni non sono sempre capaci di lunghi dialoghi, di reciprocità nello scambio, ma hanno bisogno di scaricarsi delle loro angosce. Bisogna sempre ascoltare finché arrivano ad esprimere una speranza sepolta. Bisogna permettergli di raccontare la loro giornata. Ripercorrere in presenza di un terzo la loro storia può restituire importanza a una vita che non conta più niente per nessuno. Se lo si ascolta, l'altro può rinascere a se stesso, riappropriarsi della sua vita, riconoscersi come una persona capace di desiderare. Con i poveri, è necessario avere un cuore di grande pazienza e di infinita dolcezza. La buona volontà non basta.

Tutto ciò non si improvvisa. Per avvertire poco a poco dove è l'essenziale di ciò che si dice e di ciò che si vive, è necessaria una lunga e profonda accoglienza. Saper ascoltare costituisce un cammino di conversione. Come giustamente faceva notare Gaëtan, bisogna essere in pace con se stessi, sgombri di sé, dei propri pregiudizi, dei propri progetti, anche delle proprie certezze.

«Sposare la speranza sposando la vita di questo popolo [...], costituire il piccolo angolo d'accoglienza dove possono infilarsi accanto a noi coloro che sono incurvati sotto il peso della sofferenza e della disperazione [...], svelare il senso che è presente in ciascuno di essi. Sulle orme del Cristo, soddisfare la loro fame con un pane fatto della nostra sostanza, del nostro continuo dono [...]. Nonostante le apparenze, credere profondamente nelle loro capacità, credere che l'Amore vince sempre e che, con Dio, l'Amore è vivo anche nelle persone più annientate [...]. In esse, l'amore si deve costruire spesso nell'inutilità, nell'angoscia, nella vergogna. Essere in mezzo a loro, per tradurre le loro povere esperienze in termini di fede, di speranza, di carità. Saper riconoscere l'infinitamente grande nell'infinitamente piccolo per stupircene. Introdurre la loro miseria nel nostro cuore, nel nostro spirito, per comprendere i loro gesti goffi che si trasformano subito in sconfitta e che non arrivano mai allo scopo...».[9]

In due punti della città, tre volte alla settimana, alla sera vengono serviti pasti caldi. Si viene accolti senza domande, con semplicità e cordialità. Ciò è molto apprezzabile perché nonostante le buone ragioni che inducono talvolta i centri di accoglienza ad effettuare una piccola inchiesta preventiva, è fondamentale tuttavia lasciar entrare il povero in piena libertà, senza alcuna condizione, anche soltanto quella di dichiarare il proprio nome e cognome. È una regola che a noi sembra fondamentale. Se la persona ritorna, allora ci si può presentare con amabilità, si può fare la sua conoscenza. Reciprocamente. Mai a senso unico.

Per un periodo abbiamo frequentato la stessa mensa con l'intenzione di creare dei legami che si fortificassero col passare dei giorni. Anne-Marie e Momo scelgono volentieri un posto vicino a noi. Sono un po' intimoriti dalla nostra presenza, ma ciò non impedisce loro di aprirsi. Hanno due bambini dati in affido. Insieme percepiscono 3 mila franchi di RMI; ma, non godendo ancora dell'APL (aiuto personalizzato per la casa), sono costretti a pagare 2.700 franchi di affitto. Con gli aiuti che ricevono un po' dovunque, riescono a farcela a malapena. Anne-Marie per nove anni ha lavorato alle Poste. «Sono caduta molto in basso, vero?», mormora abbassando gli occhi. Si sta avvicinando

[9] Joseph Wresinski, *Les Pauvres, rencontre du vrai Dieu*, Cerf/Science et Service, Quart Monde, Parigi 1986, pp. 40 e 52.

il Natale, e le sue parole ci fanno rabbrividire: «Ogni volta che riesci a venirne fuori un po', ricadi. La miseria non è uno scherzo. Anche il Natale lo passeremo senza un soldo». Forse pensa ai bambini che non potrà circondare del suo affetto in questo giorno così importante, malgrado di recente sia tornata a vivere in un appartamento. Perché non è molto che la loro situazione è cambiata. Per un lungo periodo infatti hanno dormito in una cantina con la loro piccola France. Momo è spesso in stato di ebbrezza e talvolta non viene. Un giorno arriva solo e, siccome ci meravigliamo, replica che ha messo Anne-Marie alla porta perché consumava una scheda telefonica al giorno per parlare con la madre. Urla: «Non voglio più vederla; tanto peggio per i bambini, non li vedrà di sicuro tanto presto». Anne-Marie sapeva dunque di che cosa parlava quando diceva: «Ogni volta che riesci a venirne fuori un po', ricadi». Cercando di capire le ragioni della nostra presenza in quell'universo, ha avuto queste parole stupefacenti: «È strano, c'è qualcosa, un mistero. Voi osservate; conoscete il nome di tutti... Incredibile! Noi parliamo così, ma voi... Ci sono dei silenzi come in un monastero, avete un ascolto profondo».

Ci capita anche di subire delle offese (per fortuna!), ma sono rare e verosimilmente dovute a malintesi o a stati di ubriachezza. Una coppia più giovane, parlando con noi, ricordava gli anni recenti in cui tutti e due vivevano sulla strada e magnificava quei tempi. Bruscamente, una sera che aveva bevuto, lui rivolta in aggressività quello che fino ad allora aveva costituito l'oggetto di uno scambio felice. Alle sue domande riguardanti la nostra sussistenza, rispondiamo che, per mangiare, anche noi cerchiamo nei bidoni dell'immondizia. Allora grida: «Voi mi prendete per fesso, sì o no?». Poi subodorando che la nostra vita abbia una dimensione cristiana, si diverte a giocare con disprezzo sulle parole «cristiano-cretino».[10] Un'altra volta uno sconosciuto della zona se l'è presa improvvisamente con noi nell'atrio della stazione. In quella circostanza, abbiamo dovuto lasciare la stazione camminando a ritroso, aiutati dai suoi compagni che ci proteggevano la ritirata. Quell'uomo si era inventato che noi avevamo ingiuriato gravemente sua madre, ci dava dei forti spintoni. Queste situazioni, pur non essendo drammatiche, non ci lasciavano insensibili. Non è mai piacevole essere incompresi o «aggrediti». Ritornando su quanto è successo, ricordiamo a noi stessi che l'amore non si impara; chi ama deve lasciarsi ferire, talvolta anche trafiggere... Ma non c'è amore che si perda. Mai!

Questo clima di aggressione, nel mondo della strada, cova in permanenza. Noi siamo stati testimoni straziati di una storia incredibile riguardante un anziano signore che ospitava, volente o nolente, due giovani nel suo appartamento. Un giorno arriva per l'ora del pasto completamente trasformato: la sua bella lunga barba è scomparsa; non ha più le chiavi della casa di cui dice di essere il proprietario. I giovani che alloggiano presso di lui sono lì, minacciosi. Gli hanno levato e strappato i vestiti, raso la barba, smaltato di rosso le unghie e gettato tutti i libri nella spazzatura. Ora gli gridano che lo aspetteranno nell'appartamento per regolare definitivamente il conto. Interveniamo; replicano: «A causa di questo vecchio pazzo abbiamo avuto tutta la settimana la polizia alle calcagna». Il brav'uomo è pietrificato; vorrebbe telefonare al fratello, ma non ha più una lira. Chiede se può restare da noi perché preferisce non tornare a casa. Lo accompagniamo allo *squat*. Che vicenda losca e terribile! Un imbroglio di cui non riusciamo a mettere in luce tutti i particolari, ma che rivela come il povero, nella

[10] In francese le parole *chrétien* e *crétin* hanno un suono pressoché identico [*N.d.T.*].

sua fragilità, sia talvolta esposto, solo e indifeso, alla barbarie e al martirio.

Abbiamo già sottolineato l'importanza dei luoghi di accoglienza durante la giornata. Ricordiamoci dell'espressione così evocatrice che Gaëtan ha utilizzato per descrivere Epheta: «Un'isola nel mare». Personalmente, pensiamo che sia preferibile favorire iniziative diversificate con finalità e caratteristiche diverse, piuttosto che cercare di centralizzare tutto e rischiare che una sola associazione divenga la «multinazionale» locale della lotta contro la miseria. Ugualmente indispensabile è anche un buon coordinamento, in modo da rispondere meglio ai differenti bisogni. A Rouen, oltre ai servizi di ascolto e di sostegno al reinserimento, Epheta ha disposto anche una serie di servizi igienici: docce, lavatrici per lavare e asciugare la biancheria eccetera. A mezzogiorno viene offerta la possibilità di riscaldare i cibi. Nel corso della giornata si può ricevere regolarmente il caffè. Il tutto si svolge in ambienti dignitosi e piacevoli.

Dall'altra parte della città, Shma rappresenta un'altra isola. È più piccola, sia per le infrastrutture che per la gamma dei servizi offerti, ma la finalità che la ispira ci ha colpito. Una responsabile dell'associazione ci ha esposto alcune riflessioni che possono essere utili a coloro che si vogliono impegnare nell'aiuto delle persone emarginate: «Quando ci si accosta agli altri in quanto volontari, ci può essere, certamente, un fondo di generosità, ma talvolta ci si può anche sbagliare, si può essere fuori posto, ci si può ingannare pensando che a dare siamo noi. Arriviamo con il nostro progetto, ma credo che molto presto impariamo a rispettare il progetto dell'altro, o la sua mancanza di un progetto, o il suo rifiuto di un progetto, o il suo desiderio di un progetto, che però urta contro ostacoli ai quali non ha pensato [...]. Ma dobbiamo dare sempre fiducia, una fiducia lucida che fa appello al meglio di loro stessi. Pensare assieme a loro, e lealmente, che sono in grado di ripartire. Non dir loro gentilmente "ce la puoi fare", quando dentro di noi pensiamo: "non c'è niente da fare". Quello che diciamo dobbiamo pensarlo davvero, e in profondità. Dobbiamo essere in accordo con la fede nell'uomo. Nello stesso tempo, dobbiamo saper vedere nella verità e con umiltà i limiti del nostro ruolo: qualunque sia la nostra presenza, non riusciremo mai a rimpiazzare quello che non hanno avuto; questo devono saperlo e, allo stesso tempo, però, devono sapere anche che possono contare su di noi. Per il figlio di una giovane donna che ho seguito personalmente per lungo tempo, io sono la "nonnina del cuore", non la "nonnina", sfumatura che ha il suo peso di verità nella relazione».

A completamento, Alain Durand suggerisce: «Avere una vera relazione con i poveri non vuol dire prendere il loro posto o risolvere al loro posto i problemi del loro futuro. Non vuol dire sapere al loro posto ciò che devono fare. Qualora non siano stati capaci di evitare la "colonizzazione", bisogna accettare di decolonizzare il nostro rapporto con i poveri, ciò che nell'esercizio della bontà è sempre difficile. Bisogna sapersi cancellare, bisogna saper scomparire, bisogna saper lasciare che gli altri siano se stessi. Bisogna che sappiamo anche noi continuare il nostro viaggio».[11]

Malgrado questa vasta rete di offerte, sia per il giorno che per la notte, alcuni senzacasa sembrano sottrarsi a tutto. Non li si incontra in nessuno di questi centri di accoglienza. Sembrano aver raggiunto un punto di non ritorno e ci offrono lo spettacolo di un decadimento che ci fa venire le vertigini. Una di questi è Marie, che incontriamo regolarmente alla stazione assieme ad altri. È sdraiata per terra in mezzo a cicche, a cocci di vetro, a pacchetti di sigarette vuoti e a pezzi sparsi di biscotti. Ha i capelli arruffati e in-

[11] Alain Durand, *La Cause des pauvres*, cit., pp. 87 e 88.

collati sul volto. Giace in uno stato di semincoscienza, non lontano da Francis, il suo compagno, che tenta di risvegliarla. Davanti a questa umanità perduta, una spada ci trapassa il cuore. Avremo con l'uno o con l'altro di loro alcuni contatti sporadici durante i nostri passaggi in stazione, soprattutto nel periodo delle feste. Il giorno di Natale, Francis e Marie sono di nuovo assopiti per terra. Ghislain si alza per dirci buongiorno e si sorprende che ci rivolgiamo a loro. Segue una breve conversazione a pezzi e bocconi con questo o con quello. Ad un tratto Francis si sveglia bruscamente, afferra una bottiglia e, senza motivo apparente, la rompe per terra, suscitando un moto di violenza nei suoi confronti da parte di Tony. Ghislain li divide: «È Natale. È un giorno di pace. Oggi non ci si picchia».

Sì. È Natale. Ma che cosa è il Natale per i poveri? Per loro i giorni di festa, come la domenica, sono più duri degli altri: «Nei week-end c'è da suicidarsi», si lamenta proprio ora Ghislain. Al vuoto del cuore si aggiunge il vuoto dei luoghi di accoglienza chiusi. Nei giorni normali non si sa già dove andare, ma nei giorni di festa l'erranza rende ancora più tristi, fa impazzire perché tutto è deserto e dietro le facciate si indovinano gli incontri familiari. Triste Natale anche per noi davanti ai due volti della Chiesa. In questo giorno in cui celebriamo la fragilità e l'umiltà di Dio, decidiamo di elemosinare il cibo. Bussiamo a un convento di suore; non ci rispondono. Entriamo allora nella loro chiesa bella calda, ma buia come una grotta. Scorgiamo un uomo che cammina su e giù e che ci chiede del denaro. Ci informa che le suore non danno denaro; abitualmente offrono il caffè coi biscotti. Ma oggi non aprono. Viva la vita contemplativa! Cantano in latino dietro le alte grate, in una chiesa tenebrosa. In breve, non vediamo alcun rapporto con il Vangelo e l'Incarnazione che si celebra oggi. Qual è il Dio che pensiamo di servire e di amare, se non è nei nostri fratelli? Questo non è sicuramente il volto di tutti i monasteri, ma... sempre in cerca di un po' di cibo, ci rivolgiamo allora a una casa lì accanto e – felice contrasto! – un bell'uomo ci apre e ci risponde: «Certo!» e si preoccupa di sapere dove andremo dopo.

Nel pomeriggio Colette desidera partecipare ai Vespri della Natività nella cattedrale. Che delusione! La cerimonia si svolge con un grande fasto e l'arcivescovo celebra muovendosi in sontuosi abiti regali. Veniamo improvvisamente proiettati in piena Chiesa medievale. Che rapporto esiste tra questo apparato e la povertà del Bambino? Per coronare il tutto, un avviso affisso alla porta dell'edificio recita: «Vietato mendicare». Ora chi dice cattedrale dice vescovo e una tradizione nella Chiesa chiama il vescovo «il padre dei poveri». Quanti appuntamenti mancati!

Ritorniamo dunque subito nella strada dove abbiamo più possibilità di trovare il Bambino perché Dio non abita sicuramente i templi e non si copre dei loro orpelli.[12]

Nel periodo di Natale, le strade si riempiono di gente e si rivestono di una atmosfera dolce. Vi scorrono insieme un gradevole rilassamento misto al «piacere di donare» e una contrazione, una sorta di ingordigia di cose. E i mendicanti, come sempre, sono là con la speranza di vedere le loro tasche gonfiarsi. Una donna lancia il suo grido: «Lustrascarpe, lustrascarpe!», ma il suo grido cade nel vuoto, perché la gente di qui non è abituata a proposte come queste. Al mercato, Michel, che raccatta una clementina rotolata a qualche metro da un banco, si fa riprendere: «Ehi là, bisogna chiedere prima di prendere!». Certo! Ma, perdutasi così lontano, a quale negoziante poteva appartenere questa «povera piccola»? Il povero viene sempre umiliato.

[12] Nella stessa linea di riflessione, consigliamo la lettura della parabola così soffusa di freschezza e di ingenuità evangelica di Gilbert Le Mouël, *Dieu dans le métro*, Éditions de l'Atelier, Parigi 1994.

Più tardi, mentre siamo seduti su una panca di pietra assieme ad altri senzacasa, uno di essi, con l'intenzione di attaccare bottone direttamente con noi, dice al vicino:

«Hai visto questi... Non sono veri barboni. Sono tutti puliti».

«Forse. Ma abbiamo appena trovato un ombrello nel bidone dell'immondizia».

«Vedi un po'. Questi cercano anche nell'immondizia, ma sono puliti. Allora c'è il modo di vivere sulla strada e di mantenersi puliti».

La conversazione prosegue su diversi argomenti e, lasciandoci, l'uomo ci dice: «È raro vedere una coppia come voi sulla strada. Ne ho conosciuta una a Parigi. Nonostante le difficoltà, non si lasciavano andare. Rimanere insieme nelle prove e nella miseria è raro, ma è questo l'amore».

Fortificati da queste belle parole, saliamo in una cappella situata sopra un ristorante. Fare silenzio. Entrare nel silenzio. Per deporre con semplicità la vita dei nostri amici così intimamente legata alla nostra. Per accogliere la Parola di Dio, farci plasmare da essa e lasciarci convertire nel profondo. Per esporci alla luce dello Spirito e lasciarci da essa turbare. E poi ricevere la «divisa di servizio» e ripartire, rinnovati, leggeri, rivestiti del Suo mantello d'Amore. Nel nostro cammino infatti, non si tratta tanto «di raccontare Dio, quanto di divenire colui nel quale Dio si racconta» (Paul Evdokimov).

Entra nella cappella un uomo, cerca di parlarci e si affida alla nostra preghiera. È l'inizio di una relazione che durerà per tutto il nostro soggiorno. Quell'uomo desidera compiere un gesto a favore dei senzacasa; lo orientiamo verso Epheta, dove lo ritroviamo con un suo collega. Sono agenti immobiliari. È in questo modo che, in ogni luogo e in ogni circostanza, siamo chiamati, senza cercarlo, a testimoniare. Un'altra volta è successa la stessa cosa quando siamo andati a donare il sangue. È in occasione di queste conversazioni che ci rendiamo conto di come, nonostante tutte le informazioni diffuse sui problemi delle persone prive di domicilio, l'ignoranza resti grande e chiuse le nostre società. I più ricchi hanno difficoltà a immaginare, a capire la condizione dei poveri in tutte le sue dimensioni.

Proseguendo il nostro cammino, scorgiamo un uomo in ginocchio nel bel mezzo del marciapiede con un cartello, dietro il quale si nasconde. Nel cartello è scritto: «Help! Grazie». Lo sguardo si perde nel vuoto. Che visione! L'aspetto più penoso di questo genere di situazioni è che sembrano sottrarsi a qualsiasi comunicazione. Si tratta, almeno apparentemente, di un rifiuto dell'incontro, ma anche di un sos di cui non ci è dato di capire le ragioni. Altri scrivono «Ho fame», quando in città esistono diverse possibilità di nutrirsi. Se vengono loro segnalate, ci si accorge che le conoscono bene. Ci si può dunque stupire della loro richiesta. Forse desiderano restare indipendenti dai circuiti della carità e/o mangiare quello che vogliono, quando vogliono. Ma più facilmente hanno altre esigenze da soddisfare ed azionano il solo campanello suscettibile di commuovere con efficacia. La mendicità che talvolta vorremmo cacciare fuori delle nostre mura ci impedisce almeno di chiudere gli occhi sull'ingiustizia sociale e ha il vantaggio, se noi lo vogliamo, di permettere una relazione personale con il povero che sollecita il nostro aiuto. Al fondo delle nostre preoccupazioni, del nostro andare e venire, il mendicante, ancora una volta, può umanizzarci.

Spesso ci viene posta la domanda: che cosa dobbiamo fare? Dobbiamo dare del denaro? Vorremmo fare qualcosa di più, ma non sappiamo come. Sono domande che tormentano gli spiriti aperti e preoccupati del loro prossimo. Non esiste una soluzione buona per tutti. Esistono soltanto risposte da persona a persona, risposte sempre insoddisfacenti e tuttavia necessarie. Un giorno colui che mendica preferirà ricevere senza che gli altri interferiscano nella sua vita. Gratuitamente. Un altro giorno sarà il contrario: si aspetterà una parola, uno scambio; aspettativa che non viene sempre formulata esplicitamente. Tutto dipende dall'umore del giorno. Ma c'è una regola d'oro: che si decida o no di dare del denaro, l'offerta come il rifiuto dovrebbero trasformarsi comunque in dialogo d'amore. Un dono senza amore produce in chi lo riceve tristezza e umiliazione. Talvolta il rifiuto è più sopportabile di un'offerta indifferente. «L'uomo non vive di solo pane...».

Alcuni sostengono che l'offerta in denaro mantiene la dipendenza e la vergogna. Altri spiegano soddisfatti di non offrirne più: «Almeno non siamo più complici dei loro "vizi" e della loro degradazione». Ma, quando scoprono che il cibo, per il quale avevano optato, viene gettato via, allora si indispettiscono e si indignano. All'opposto, ci sono altri ancora che dichiarano: «Dopo tutto, anche se è per bere, è l'unico piacere che gli resta...», oppure: «È il loro modo di scaldarsi» (in qualche maniera, il loro riscaldamento centralizzato). Dietro tutte queste parole, sotto la parvenza della magnanimità, si cela una scarsa considerazione del povero, un disprezzo che uccide.

Ci sono però anche persone desiderose di un incontro meno fortuito e meno impersonale, che invitano il povero alla loro tavola o al ristorante. Esse restano talvolta sconcertate davanti al rifiuto della loro offerta. È che bisogna mettersi incessantemente al posto dell'altro. Per il mendicante, infatti, una simile proposta può risultare inaccettabile perché dovrà stare a lungo davanti a uno sconosciuto, e confrontarsi con una serie di domande più o meno imbarazzanti che lo metteranno ancor più a disagio di quanto non sia. Questo non vuol dire che non si deve tentare questo genere di inviti, perché per altri rappresenteranno, all'opposto, una iniziativa felice, l'opportunità di uno scambio fruttuoso.

In materia di mendicità e degli interrogativi che solleva, abbiamo messo più nitidamente a fuoco alcune riflessioni. Un mattino sul marciapiede vediamo un bel pezzo di formaggio che qualcuno ha già addentato. Max ci dice che lo ha ricevuto in una drogheria e che è stato lui a gettarlo via. Si tratta di un comportamento frequente, che ci urta. Infatti, è fastidioso veder sprecare ciò che viene donato. Max spiega che l'ha fatto perché ha mal di denti. Non è una scusa completamente falsa perché ha davvero i denti molto rovinati e il formaggio era duro. Ma a spiegare questo gesto ci sono ragioni più profonde, ragioni meno razionali ma reali, legate alla psicologia del povero. Stando male con se stesso, il povero non sa più quello che vuole veramente. Ha e non ha fame allo stesso tempo. Gettar via il cibo è un modo di esprimere il suo malessere. Inoltre, prova in permanenza la vergogna e il disgusto di dover mendicare per vivere; è stufo di dipendere costantemente in tutto.

Quando non desidera l'oggetto che gli viene offerto, però, non può dire di no al suo donatore. Gli è stato donato un sandwich, mentre lui sperava segretamente di ricevere del denaro per comprarsi le patatine... E di tutto ciò, noi che doniamo del pane, ma poi andiamo a consumare un pasto vero, ci scandalizziamo! In questi gesti che ci stupiscono sgradevolmente dovremmo invece vedere sempre il segno e il grido di una infelicità più grande. Dobbiamo saper guardare, oltre le apparenze, sempre più in profondità per comprendere la condizione e le reazioni di una persona in miseria. In genere noi troviamo la risposta alle difficoltà degli altri partendo dai nostri mezzi e dalle nostre forze. Ma uno stato profondo e duraturo di miseria costruisce un uomo diverso da quello con cui comunemente abbiamo a che fare. Vivere dall'altra parte della barricata ci permette di meglio comprendere questi meandri contraddittori.

D'altro canto, per chi vive sulla strada la vita costa molto cara. Non offrire mai denaro al povero vuol dire privarlo della libertà di procurarsi ciò che a lui sembra buono e necessario: gustare un caffè dopo una notte difficile e penosa, andare alle toilette, consumare un pasto caldo (al posto dell'eterno panino) o una notte in pensione per recuperare, mettere in deposito un bagaglio per più giorni, offrirsi un bagno, comprarsi un paio di scarpe, prendere l'autobus, festeggiare un ritrovamento... Cercate soltanto di immaginare ventiquattr'ore sulla strada: sei del mattino, non uscite da un letto, non andate tranquillamente in bagno, non cercate i vestiti puliti nell'armadio. Niente colazione, niente pranzo, niente lavoro che vi tenga occupati durante la giornata; nessun luogo dove abbiate la sensazione di essere a casa vostra; niente tv, né serata in famiglia... Ora, nella nostra maniera di ragionare di ricchi che hanno tutti questi vantaggi a portata di mano ogni giorno, dimentichiamo che, per soddisfare tutti questi bisogni, abbiamo bisogno del denaro. Noi non abbiamo più coscienza di tutto ciò di cui godiamo, e non soltanto materialmente; e allora l'elemosina che il povero implora da noi ci appare come una truffa, come il mezzo per procurarsi il superfluo, un pretesto per bere...

I pochi ed incompleti elementi di comprensione che abbiamo tracciato possono renderci più attenti e sensibili alla sofferenza dei poveri. Perché gli aspetti che abbiamo evocato non sono il più delle volte che le conseguenze «materiali» di una vita che ha fallito, di cui si prova disgusto e che spinge alla disperazione.

Si sa che la presenza degli animali favorisce l'accattonaggio. Molti dei nostri compagni lo sanno: «Non si dà l'elemosina al pover'uomo, ma a Milù. È così». Il cane è contemporaneamente una compagnia, una sicurezza, un simbolo di potere e una fonte di miglior riuscita nella questua. L'animale intenerisce perché è innocente. L'uomo respinge perché viene considerato colpevole. Una donna, tendendo un pezzo di cioccolato al barboncino di un nostro compagno, si giustifica: «Preferisco dare alle bestie che agli uomini. Le bestie sono più riconoscenti!». E ancora una volta il povero viene umiliato, magari in buona fede. Meno male che il povero riesce a ingoiare queste pillole amare che lo disumanizzano a poco a poco perché anche lui vuol bene alla sua «compagna bestia».

Se la presenza di cani e gatti è fonte di migliori affari, essere ben vestiti costituisce il più delle volte uno svantaggio. Jean-Luc è molto dimagrito negli ultimi tempi. Veste come un signore: giacca e pantaloni, gilet, cravatte, ricevuti da un'associazione di beneficenza. Lui, che è già timido per mendicare, non è certo favorito dalla nuova tenuta. Ci mostra i polsini della camicia molto sporchi, ma teme che la gente guardi alle apparenze, mentre si trova nella miseria più nera. Tira fuori un pacchetto di Marlboro: uno potrebbe pensare che..., ma ci sono dentro soltanto tre cicche!

Molti dei nostri compagni provano una grande vergogna a mendicare e per lanciarsi hanno bisogno di drogarsi. Se lo fanno, è senza dubbio per non soffrire del modo in cui si risponde loro o in cui li si ignora. Devono essere pronti a superare diversi affronti: «Hanno tutti fame, ma quando si tratta di lavorare...», oppure: «Ecco un'altra candidata a battere!». Alcuni passanti fanno l'elemosina con un gesto furtivo come se ne provassero vergogna; altri senza neanche guardare. Fortunatamente ci sono anche le belle sorprese: una generosità rispettosa, non ostentata, una parola comprensiva, un'attenzione, un invito cordiale. Tutte queste cose ci sono state riferite dai nostri amici con sofferenza oppure con gioia. Infine, vorremmo lanciare un appello a tutti coloro che fanno l'elemosina a un povero: che la moneta fatta scivolare nella mano del povero sia portatrice di un raggio di luce e di un sorriso perché esprime la certezza di cui parla il Profeta: «Tu sei prezioso ai miei occhi [...] e io ti amo».[13]

Che cosa pensare delle ordinanze comunali che vietano la mendicità o delle petizioni dei commercianti che chiedono di allontanare dai loro quartieri questa «popolazione indesiderata»? Senza voler chiudere gli occhi davanti agli inconvenienti procurati talvolta dai senzacasa, non sarebbe meglio esercitare una vigilanza preventiva in modo da evitare i possibili eccessi, invece di espellerli verso un altrove sempre più improbabile e ristretto? Infatti ciò che viene biasimato non è l'atto del mendicare in sé, ma i disordini e le turbative dell'ordine pubblico provocati dalla mendicità. Non si possono adottare soluzioni che educhino alla convivenza e che individuino spazi in cui i poveri possano essere protetti, chiedendo, con l'aiuto delle associazioni del settore, la loro partecipazione alla formazione delle decisioni? E non è sconcertante che d'inverno li si voglia alloggiare e proteggere a tutti i costi per poi allontanarli d'estate? Come se la nostra indignazione funzionasse a intervalli. Davanti a una popolazione che crea problemi, né il rifiuto né la tolleranza sono posizioni mature e adeguate. Come abbiamo notato a proposito degli *squats*, la tolleranza da sola finisce sempre con l'espulsione pura e semplice. È necessaria una tolleranza intelligentemente amministrata, che guidi gli esclusi non solo alla salvaguardia di una sana vita comune, ma che si prefigga anche di proteggerli dai pericoli della disintegrazione personale e sociale. In questa pro-

[13] Isaia, 43, 4. Per approfondire ulteriormente il tema della mendicità, si può fare riferimento alla testimonianza di Jean Debruynne riportata nell'Appendice 5 e a quella di Jacques Noyer nell'Appendice 6.

spettiva, giudichiamo sia importante una maggiore presenza di assistenti sociali ben formati. Come anche una maggiore frequenza delle ronde di polizia con finalità più preventive che repressive, il confronto tra persone aggredite e i loro aggressori eccetera.

«Chi ci dirà qual è la vita che val la pena di essere vissuta e quale no? Chi ci dirà quale ne è il prezzo? Qual è il limite oltre il quale la vita non è più vita, anche se il cuore continua a battere? Si tratta di un limite relativo o assoluto? Questioni insolubili, ma c'è da scommettere che man mano che verrà eliminato dal basso ciò che ai nostri occhi non è più vita, si renderà necessario portare un po' più in alto l'asticella. C'è sempre una nuova offesa alla vita capace di indignarci [...]. È la nostra indignazione che in questo modo viene allontanata, la nostra incapacità a convivere con ciò che ci sembra inumano. Non ci rendiamo conto che la frontiera passa dentro di noi. Che è in noi che bisognerebbe recidere, tagliare, scartare... e fino a che punto? [...] La cosa più terribile è che il nostro rifiuto di vederli, la nostra paura di stare assieme a loro, il nostro timore che la loro sofferenza ci trascini con sé, la nostra angoscia di non avere il necessario per sostenerli, il terrore di perdere la nostra dignità, ci condannino a condividere il loro destino di morte. Se non li amiamo, non amiamo neppure la nostra parte di oscurità, l'angolo di noi in cui si accumulano le fratture, i fallimenti, le menzogne, i piccoli delitti e i grandi, i nostri, quelli che conosciamo e quelli che la nostra coscienza ignora, ma che straziano le nostre anime nel tessuto ontologico che lega solidarmente gli esseri tra loro, dove il male commesso o subito da uno colpisce tutti quanti gli altri».[14]

[14] J.-F. Bouthors, *Délivrez-nous du mal*, DDB, Parigi 1995, pp. 61-63.

Capitolo settimo

«Restiamo cuore a cuore»

(Liegi)

L'uomo non vive soltanto del pane necessario alla sopravvivenza. Vuole vivere da uomo. E vivere da uomo vuol dire sapersi accolto con calore, come colui che, malgrado la sua miseria fisica e morale, si sente dire: «Che bello che tu esista, fratello! Sii il benvenuto tra noi! Il sole è anche tuo, nostra è l'aria e nostro l'amore che può legare insieme i nostri cuori!».

Leonardo Boff

Liegi è la nostra nuova terra di elezione. A Liegi siamo venuti a più riprese. Non di rado sostiamo nella medesima città da due a quattro mesi per avere il modo di approfondire a sufficienza il nostro incontro con gli amici senzacasa. Ci viene chiesto spesso: «Perché andate in un posto piuttosto che in un altro? Come scegliete le città?». La scelta della destinazione dei nostri passi non è una scelta casuale. La decisione di andare in una città, pur essendo affidata inizialmente al caso, è spesso dettata dal fatto di sapere che là esistono iniziative interessanti. Per contro, dopo i nostri passaggi in un luogo, siamo generalmente invitati a ritornare, ed anche il più presto possibile. A chiederci di tornare sono i nostri compagni e le associazioni che abbiamo incontrato e che desiderano riprendere con noi una riflessione di gruppo, mettere a punto un progetto o semplicemente sostenerlo facendo leva sulla nostra presenza.

Inverno 1992

Camminiamo. Pioviggina. Cerchiamo un angolo dove ripararci: una galleria, una chiesa... Gli inizi sono sempre un po' duri ed austeri. Le carte topografiche dei nostri rapporti sono da ridisegnare instancabilmente. Il movimento di «andare verso» è la scelta continuamente ripetuta di uscire da se stessi, una continua rinuncia alla fissità fisica e interiore per offrirsi allo sconosciuto e all'inatteso. Per far posto a una disponibilità interiore ai nuovi incontri e ricevere ogni giorno il nostro cammino come una grazia, dobbiamo accettare con pazienza di dimorare in un certo vuoto. Nello stesso tempo, noi conserviamo nel nostro cuore tutto il vissuto, i volti, il peso della vita di coloro che sono diventati nostri amici nel corso della tappa precedente. Non li perdiamo di vista, ma il tempo che comincia è sempre un tempo nuovo.

Ci immergiamo nell'universo della stazione di Guillemins, all'epoca un esempio di tolleranza nei confronti dei senzacasa. All'arrivo naturalmente non lo sapevamo. Come succede quasi sempre, ci rechiamo in questo luogo pubblico domandandoci fino a che ora della notte sarà tollerata la nostra presenza. L'atrio, ben riscaldato, è attraversato nella lunghezza da una doppia fila di sedie e accoglie numerosi esercizi commerciali, tra i quali un buffet-ristorante molto frequentato. Il profumo delle sfoglie allo zucchero, una specialità di Liegi, solletica e tenta i nostri palati.

La nostra prima notte è ancora una notte in balia dell'imprevisto. Alcuni contatti si annodano talvolta più in fretta di quanto prevediamo e sempre in modo sorprendente. Un giovane cammina avanti e indietro nell'atrio appoggiandosi alle stampelle. Ha un piede amputato a metà. Viene a sedersi non lontano da noi e comincia a parlare liberamente, come se avesse bisogno di riversare il suo lamento lacerante sul primo venuto: «Ho ventisei anni. Non ho una compagna. Nessuno mi ama perché sono un handicappato. Perché continuare a vivere? Non ho nessuna voglia di trascinare la mia vita in questo modo. Vado a comprarmi cinque grammi di eroina, così crepo come un topo. Che è quello che sono». Si chiama Régis. Eccoci ripiombati in ciò che le stazioni possono drenare di miseria. Dopo aver mendicato con voce implorante, Régis torna dove siamo noi per dormire, ma non ci riesce. Colette gli mette il suo scialle sotto la testa a mo' di cuscino e gli dice: «Mettiti così, vicino a me, altrimenti non riesco a dormire. Fa' come se fossi tua mamma, vieni accanto a me, abbracciami e dimmi buona notte». Régis, che, come tanti altri, non ha conosciuto sua madre, tenta inconsciamente di ritrovarla. Più tardi passa Olivier. Michel lo ha conosciuto a Bruxelles. Ora vive a Liegi in casa di un amico. Dice subito: «Non è cambiato niente, non ti preoccupare». Come se la sua vita raminga non dovesse mai cambiare. Anche lui ne ha viste tante nella sua tribolata esistenza. Una giovane donna gli ha proposto di vivere assieme a lei: «Le ho detto di no e l'ho trattata da idiota. Non avrei dovuto dirle questo, ma è perché non voglio deluderla. Merita qualcosa di meglio di una larva come me. In ogni modo, un giorno l'avrei lasciata. Ho troppa amarezza qua dentro. Mi ha detto che mi amava, non soltanto col ventre e con la testa, ma anche col cuore. È facile da dire, meno da ricevere. Se le ho detto idiota, è stato per rompere». Régis e Olivier così giovani e già così stanchi, convinti di non valere niente, di non poter essere fedeli in niente, che, per premunirsi contro una sofferenza ancora maggiore, si lasciano scivolare nell'ombra della morte e fanno abortire tutte le opportunità.

Si fa tardi, ma non veniamo espulsi dalla stazione. È un sollievo, perché, pur essendoci un continuo rumore e mille disturbi, è nettamente preferibile stare qui che dover affrontare, dopo un breve torpore, il freddo notturno delle strade. Ci informano che negli ultimi tempi è stato consentito restarci per l'intera notte. Nonostante le condizioni del sonno siano aleatorie e insufficienti, questa forma di sopravvivenza conferisce ai rapporti tra noi, con i viaggiatori e con il personale di stazione, un senso di profonda umanità. Non bisogna pensare però che tutto sia rosa. Ci saranno infatti degli agenti che ci sveglieranno a calci o che non ci permetteranno neppure di sonnecchiare seduti. Saremo ancora testimoni di una scena disgustosa in cui uno dei nostri compagni, a dire il vero abbastanza recalcitrante, verrà aggredito dalla polizia ferroviaria con getti d'acqua. Quando li avviciniamo pacificamente per parlare, arriva un loro collega più aperto al dialogo. Di segno diametralmente opposto a questi maltrattamenti è l'iniziativa di un ferroviere che di tanto in tanto ci porta del caffè per riscaldarci. Tutti i nostri compagni sono rimasti colpiti dal gesto di questo uomo che, così facendo, forse correva dei rischi per la sua stessa carriera. Quanto ai frequentatori della stazione, abbiamo avuto occasione di ammirare alcuni bei gesti di condivisione attorno a uno spuntino o a una bibita.

Vivere stabilmente in una stazione vuol dire gravitare in un microcosmo dalle mille sorprese. Quattro e mezzo: ci siamo appena riaddormentati, dopo il rumoroso passaggio delle macchine delle pulizie, durante il quale siamo stati pregati di spostarci. Ci risveglia bruscamente Cyrille, un buon vecchio compagno che Michel ha conosciuto a Reims e a Bruxelles. Dopo averci svegliati, Cyrille scompare di corsa per ritornare quasi subito. Voleva sorprenderci, tutto felice, con tre caffè fumanti serviti su un vassoio. Ci confida che ha la madre malata. Poi, chiudendo gli occhi, ci prende le mani nelle sue, enormi e calde, e comincia a recitare il Padre Nostro. Bisogna immaginarselo Cyrille: è il tipo del gigante buono. Quando ci accingeremo a lasciare Liegi, stringerà a sé Colette con una forza e una tenerezza debordante: «Mi spiace che tu parta, piccola; restiamo un po' cuore a cuore» e, all'impiegato della stazione, dice «Questa è suor Teresa».

Un'altra notte, verso le undici, fa irruzione una ragazza

completamente sconvolta. Dice di chiamarsi Barbara, di avere quattordici anni, di essere stata cacciata dai genitori e di essere stata violentata. Ha paura e si aggrappa letteralmente a noi. Barbara esibisce sul dorso della mano il tatuaggio di una rosa-ragno, chiede qual è il prezzo della tinta dei capelli, che guarda con invidia nella vetrina di un parrucchiere che si trova nell'atrio. È molto turbata, non si regge in piedi, assomiglia a un uccellino caduto dal nido! I suoi gesti sono bizzarri e incontrollati. Improvvisamente ci chiede: «Non volete prendermi con voi?». Dopo aver preso tempo, per calmarla, e con il suo accordo, chiamiamo la polizia che in quel momento circola nelle vicinanze. Allora rettifica la sua identità: «Mi chiamo Delphine. Ho sedici anni. Stavolta ve lo giuro». I poliziotti l'accompagnano a un centro di accoglienza. Sono le due. Delphine sale senza voltarsi sul furgone... Un incontro straziante, fuggitivo, senza domani.

Una mattina. Un uomo dorme accanto a noi. Passano due giovani, lo scuotono urlandogli: «Sbrigati, sta arrivando la polizia per sbatterti fuori». Incredibile insolenza. L'uomo si alza senza imprecare con queste parole fatidiche: «Non si può stare mai tranquilli. Sono i dispiaceri della vita. Bisogna rassegnarsi». Ancora rassegnazione... I nostri sguardi si incrociano. Sorride. Ma ci resta impressa quella piccola frase: «Non si può mai stare tranquilli». Niente spiega meglio la condizione del povero sulla strada. I giovinastri sono già lontani; a noi non resta che rendere vive le parole di Francesco d'Assisi: «Quando vediamo o sentiamo dire o fare il male, diciamo e facciamo il bene».[1] A Michel tornano alla mente quegli adolescenti di Saint-Quentin. Eravamo in piena notte. Mentre era disteso all'interno di una galleria, lo hanno chiamato e gli hanno spruzzato la faccia di gas lacrimogeno. Secondo l'espressione in uso, si è trat-

[1] Francesco d'Assisi, *Regola non bollata*, in *Fonti Francescane*, cit., p. 99.

tato di un atto di violenza gratuita. Ma la violenza non è mai gratuita; ha sempre le sue ragioni, anche se nascoste, sotterranee.

Tra le sette e le otto, per quelli che ne hanno il coraggio, in due istituzioni religiose è possibile ricevere caffè, biscotti o tartine. In una di queste istituzioni, si viene ricevuti in piedi, all'interno e la suora scambia volentieri qualche parola. Nell'altra, si resta fuori. Questa congregazione, che peraltro dirige una scuola chic di Liegi, a mezzogiorno offre anche una minestra e dei panini. Una suora dall'abito ampio apre la finestra sotto la quale aspettiamo e allunga a ciascuno un pacchetto di tartine e una gavetta di brodo. Del genere piuttosto avvenente, neanche ci guarda. Con ogni tempo mangiamo lì fuori, in piedi. È l'eterna esperienza dei poveri: non essere guardati, stare sotto. Che cosa significa questo tipo di accoglienza? Che cosa veicola? Bisogna lasciarsi interpellare e rispondere a queste domande, anche se, per quanto ci riguarda, siamo felici di valerci di questi circuiti «come gli altri poveri», per usare le parole della regola francescana. Le tartine che ci vengono offerte sono fatte con i resti degli alunni, ai quali viene chiesto di conservarli invece di buttarli via. L'intenzione è certamente lodevole; le suore vogliono sensibilizzare i bambini contro gli sprechi. Ma quale immagine dà, questo gesto, del mondo dei poveri? Il risultato è umiliante: ci vengono distribuite fette di pane guarnite in maniera diversa, non sempre fresche né appetitose. Nell'ipotesi migliore, sono del giorno prima.

Certo, fino ad alcuni anni or sono, i conventi erano i rari, se non gli unici, posti dove i poveri ricevevano un magro soccorso, ma come non stupirsi che quelli e quelle che pensavano (che pensano forse ancora oggi, secondo certe mentalità) di aver scelto la strada della perfezione evangelica abbiano una visione così meschina della carità? Si ha l'impressione di trovarsi di fronte a sopravvivenze intristite di un'epoca in cui il povero rappresentava davvero l'icona perfetta del Cristo.

Altro convento di suore. Hanno il merito di ricevere i poveri la domenica, all'interno, in una piccola stanza, attorno a un tavolo. Ma noi abbiamo la sfortuna di arrivare che è quasi l'ora di chiusura. «Siamo in ritardo» grida la suora, allontanando spazientita i nostri sacchetti che le danno fastidio. Oltre alle tartine, ci spettano delle miserevoli patate fritte, avanzo del pranzo delle religiose. Siamo una decina, annientati da un silenzio di piombo e timorosi davanti a una suora scontrosa. È domenica, giorno di festa e di gioia. Se facciamo queste osservazioni, non lo facciamo per il piacere di criticare tutte queste «brave» religiose, ma per attirare l'attenzione sulle implicazioni di un'accoglienza della quale si finisce per non vedere più le contraffazioni. Noi abbiamo la fortuna di essere dalla parte dei poveri e di essere conseguentemente più sensibili. Dobbiamo senza sosta riaccostarci alla regola d'oro: «Tutto quello che volete che gli uomini facciano a voi, anche voi fatelo a loro».[2] Infine, in tutto ciò, la questione fondamentale è di sapere se quello che intraprendiamo lo facciamo per dovere o per fratellanza. Sentiamo davvero il desiderio che i poveri divengano per noi degli amici, e noi per loro?

In proposito, restano illuminanti alcune riflessioni fatte a suo tempo da Agnello: «Il dono può essere fraterno, amichevole. Una delle condizioni mi sembra questa: il donatore deve avere la coscienza di non essere né superiore né proprietario, ma fratello e amico [...]. Bisogna valutare quello che si è in grado di fare come manifestazione di que-

[2] Vangelo secondo Matteo, 7, 12.

sta qualità fraterna e umana e per il resto chiedere perdono a Dio e a colui che, venendo a bussare alla nostra porta, sarà mandato via. Non c'è da giustificarsi; per lui sarebbe opprimente – lo sa benissimo di essere uno scocciatore di prima categoria –, ma bisogna domandargli perdono di non poterlo accogliere. Questo tipo di rapporto non è menzognero, né inumano... chi di noi non è mai stato edificato e consolato da una domanda di perdono? Quello che non mi sembra giusto è di aver definito la questione una volta per tutte. Noi siamo responsabili del poco che è a nostra portata, che è nelle nostre possibilità e non dell'immensità che supera le nostre forze. [...] La cosa importante è creare o salvaguardare le relazioni fraterne e, se possibile, accrescerle e moltiplicarle. Una persona timida, in un gesto minimo di condivisione, può allacciare un rapporto davvero fraterno anche attraverso la porta prudentemente socchiusa o affacciandosi dalla finestra del primo piano».

Nel caso di un'altra iniziativa laica di grande portata, a porre problemi è invece l'esiguità dei locali, che non è imputabile all'associazione, ma al municipio. Questa iniziativa prevede fino a quattro turni per 100-150 persone ognuno, ogni giorno salvo la domenica, per cui bisogna ingoiare il proprio pasto a tutta velocità. A una storia di sofferenze, il povero deve aggiungere un gran numero di contrarietà. Si ha un bel dire; per quanto si faccia, ai poveri sono destinate soltanto le briciole. Possibile che non ci sia a Liegi un locale più vasto in grado di accogliere tante persone in difficoltà? In tutti quei luoghi in cui l'atmosfera si riscalda troppo per mancanza di spazio o di personale, non si può che far fronte alle urgenze. La buona volontà e la gentilezza dei volontari non hanno lo spazio necessario per esprimersi. Peccato!

Torniamo alla stazione. Troviamo Armel che si lamenta: «Non ce la faccio a resistere ancora a lungo in questa vita.

Non ne posso più... All'inizio ti muovi, fai un sacco di pratiche, poi arriva il momento in cui ti dici: non vale la pena che tu vada in quel posto, in ogni caso non otterrai niente, e finisci per trovarti davanti il nulla. Allora è difficile non andare con i compagni a bere o non restare con loro a fumare, a preoccuparti solo di ammazzare il tempo. Hai voglia di fuggire i momenti vuoti, ma non sai dove andare». Armel ci ringrazia più volte di averlo spinto a mettersi in strada, il mattino: «Mi avete aiutato perché non avrei avuto il coraggio di muovermi; non ho più forza né coraggio. Ma io aspiro ad altro...». Armel non è comunque il più sprovvisto di dinamismo. Nei nostri amici affiorano ancora regolarmente dei desideri, che vengono però presto soffocati dalla situazione immediata, assorbiti nei reticoli della miseria. E che perciò sono effimeri. Non riescono a radicarsi e a crescere perché ogni crescita esige tempo e cure.

Si pensa volentieri che la persona senzacasa non abbia preoccupazioni e abbia tutto il tempo per sé. Non è così. Pur non conoscendo lo stress del dirigente d'azienda o del Primo ministro, la sua vita è piena di noie, piccole e grandi. È un percorso a zig zag. Per ottenere un'informazione o un aiuto, per cercare un posto dove dormire, la persona senza casa è costretta spesso a lunghe camminate. E quando la durata dell'accoglienza è limitata, bisogna ricominciare tutto da capo, fare la coda con tanti altri all'ufficio di assistenza sociale, cercare di districarsi nella giungla amministrativa eccetera. È frequente il caso che manchi questo o quel documento che non era stato richiesto la volta precedente; d'altra parte, non è facile mettere insieme tutti i pezzi di carta necessari a sbrogliare la loro situazione. Tutto ciò non è una sinecura. Come diceva Armel: «Alla fine ti cascano le braccia».

Abel e Arlette sono, con Paul e Véronique, due coppie fedelmente presenti alla stazione. A coloro che non possono entrare nel loro giardino segreto, appaiono sporchi, miseri e rozzi. A noi, che siamo stati loro vicino a lungo, hanno manifestato parole e atteggiamenti di grande spiritualità. Stamattina Abel è solo. Capita molto raramente. Con una confidenza in cui si fondono tristezza e speranza, dice: «Arlette del suo corpo fa quello che vuole, ma so che ritornerà. Allora aspetto, non mi muovo più di qui». Nel nostro cuore riaffiora in filigrana la parabola evangelica del figliol prodigo e del Padre misericordioso... Abel, da parte sua, confessa che, avendo bevuto, è lì da giorni senza un soldo. Molto lucidamente confessa: «Sono determinato a parole, ma non nelle azioni. Ogni mese, per risparmiare in vista di un alloggio, cerco di mettere da parte un po' di denaro da mia madre, ma poi ogni volta è la stessa cosa, bisogna che vada a riprenderlo per questo o per quello... Spesso per bere». E quando lui e Arlette percepiscono il sussidio vanno a dormire qualche notte in albergo per «rifarsi». Si tratta visibilmente di un circolo vizioso, ma assolutamente comprensibile.

Paul e Véronique, invece, hanno eletto a loro domicilio la stazione ormai da sette mesi. La notte si sistemano sulla piattaforma del binario n. 7, nella sala d'aspetto viaggiatori. Il giorno, dopo aver lasciato le coperte al deposito bagagli, passano gran parte del tempo nell'atrio. Parlano tutti e due ad alta voce, litigano volentieri e non passano certo inosservati. Hanno finito per far parte della scenografia di quel luogo. Non vedono davanti a sé vie d'uscita. Stanno lì a «ruminare» e tra loro sono lacerazioni permanenti, reciproci rimbrotti, un'alleanza fragile e minacciata da tutto. Véronique è piuttosto esile; il suo pallore è accentuato dai capelli neri che le cadono sul volto. Una mattina si siede vicino a noi con le lacrime agli occhi: «Beve molto. Mi tratta sempre come una puttana. E non vuole andare a elemosinare. Non è una cosa normale che la donna faccia tutto lei. Io non voglio restare tutta la mia vita con quello là (lo indica). Non vuole neanche più lavarsi, dice che rende di più quando si chiede l'elemosina. Non vuol fare più niente. Con lui è sempre domani, e poi domani ancora». Ma, pur lamentandosi, prosegue: «Ieri sera gli ho lavato i piedi, erano neri come il carbone. Ho preso una bottiglia di birra, l'ho riempita d'acqua e con dei fazzoletti di carta glieli ho strofinati e poi gli ho messo dei calzini nuovi». C'è forse, dopo quella di Cristo, una lavanda dei piedi più magnanima di questa? Stupefacente tenerezza, umile sublimità e sublime umiltà al fondo di un amore ferito, ma più forte di ogni male. Tuttavia Véronique ha i nervi a pezzi. Picchia spesso Paul, ma anche stamattina, prima di andare a bere un bicchiere per calmarsi, gli lascia un panino; più tardi si preoccuperà di sapere se l'ha mangiato. È un affetto inestinguibile, che sollecita la nostra ammirazione. Si conoscono da sei anni. Lei esce dall'ospedale dove ha fatto una cura disintossicante. Per il momento non godono di Minimex perché sono privi di alloggio. Sono già stati espulsi da tre camere ammobiliate a causa di Paul: «È da pazzi. Quando è in crisi spacca tutto», si lamenta Véronique. «Ultimamente eravamo riusciti a mettere insieme 14 mila franchi belgi di elemosine; abbiamo deciso di riprendere una camera, ma siamo stati imbrogliati da una donna che, dopo aver intascato i soldi, ci ha dato un indirizzo falso».

Nel corso di questo colloquio, Paul dorme lì accanto. Il volto di Véronique spira ingenuità e bontà. Conserviamo dentro di noi gelosamente – come un tesoro – la sofferenza di questa coppia di poveri lacerata dalla miseria, esposta agli sguardi, compassionevoli o beffardi, di tutti, che ci offre, in quello che fa, una lezione di coraggio e di grandezza d'animo.

Un anno dopo veniamo a sapere che sono morti tutti due a poco tempo di distanza l'uno dall'altro. Erano sui cinquanta.

Tutto quello che abbiamo vissuto nella stazione di Liegi riattualizza la pertinenza di quanto un giorno aveva scritto Agnello:

Ci sono ragioni che mi inducono a sostenere che le stazioni debbano restare accessibili ai senzacasa per tutta la notte. Eccole:
– Vi approda ormai una clientela numerosa, crescente ed estremamente variegata: chi non sopporta più la solitudine del suo stambugio, la promiscuità del centro di accoglienza, le minacce della moglie o dei vigili, la rigidità del suo alloggio; chi ha perduto le chiavi di casa o non ha pagato l'affitto; i giovani drogati, l'adolescente in fuga, l'uomo ubriaco che sbarca qui perché non può andare altrove; chi ha perduto il treno e non ha la possibilità di pagarsi l'albergo.
– Una necessità vitale: dormire. Sì, dormire, coricarsi; ci sono momenti in cui questa diventa l'unica preoccupazione. Quando, nel corso della notte, poliziotti zelanti, non necessariamente cattivi, vi hanno cacciati per tre volte dal posto in cui dormivate, allora finite per domandarvi perché il diritto al sonno non sia stato inserito nella lista dei diritti fondamentali dell'uomo. Ecco perché nelle sale d'aspetto e negli atri delle stazioni ferroviarie ci sono sempre delle persone… Perché non si può fare a meno di dormire.
– Altra necessità vitale: il calore. Al freddo non si dorme. E se, stroncati dall'alcol, ci si addormenta, allora è per l'ultima volta. Quando il termometro scende attorno ai meno dieci la società istintivamente tiene aperti dei locali dove chi non ha casa possa ripararsi. Siete sicuri che a meno sette gradi o a meno cinque sia molto più confortevole? Un luogo in cui stendersi, il calore, la pulizia… Tutto ciò esiste già negli atri delle stazioni, ci siano o non ci siano i senzacasa. Tollerarli non costa molto di più.
– Vere o false paure dissipate. Vagabondi, erranti, senzatetto di ogni specie… l'immaginazione, ben supportata dai media, si mette a correre, creando sensi d'insicurezza e di paura. Ora, le stazioni sono luoghi particolarmente ben sorvegliati: polizia, gendarmeria, vigilanti alternano ronde e controlli. Certo, i rapporti tra forze dell'ordine e senzacasa si dispiegano su un ventaglio che va dal sadismo all'amicizia, dalla stupidità alla comprensione e ciò cambia tutto nella notte del senza dimora. Quan-

do la sorveglianza non è resa odiosa, è preziosa anche per lo stesso povero: egli, infatti, ha bisogno di sicurezza più degli altri. E poi, quando la polizia fa la ronda alla stazione, non viene in particolare per i senzacasa, non è il senzacasa che ha principalmente di mira [...]. La presenza di questi ultimi nei luoghi pubblici è preziosa. Perché la vera domanda, la domanda veramente umana, ai miei occhi, non è «Che cosa facciamo per loro?», ma «Che cosa possiamo fare insieme?». Il mondo dei senzacasa gode oggi di uno statuto speciale che permette loro di non fare nulla; molti vorrebbero isolarli, rinchiuderli. Il mio grido è «Non mandateli via!».
Queste sono le ragioni di umanità che mi fanno auspicare che le stazioni siano accessibili per tutta la notte ai senza dimora. Non si tratta di fare nuovi regolamenti, ma di influenzare la mentalità collettiva tanto da indurre i responsabili, giudiziosamente, senza troppe difficoltà e spese, a infrangere dei regolamenti che in definitiva sono fatti per l'uomo.

Questo appello è sempre di attualità, tanto più che noi constatiamo che un po' dapertutto, nei luoghi pubblici e nelle stazioni, stanno scomparendo i sedili. Molte stazioni ormai non dispongono più neppure delle sale di attesa per i viaggiatori!

1994

Siamo di ritorno a Liegi. Per iniziativa di Hubert D., un membro del Movimento ATD-Quart Monde, ha visto la luce un'iniziativa originale. Noi l'avevamo conosciuto nel 1992. A quell'epoca Hubert passava già regolarmente alla stazione e proponeva a quelli che lo volevano di partecipare alle riunioni organizzate dal suo movimento. Ora ha realizzato un ricovero per la notte – l'Abri – che fa affidamento solo sul volontariato e che può accogliere una ventina di persone. L'originalità dell'iniziativa sta nella quantità di volontari necessari a farla funzionare e nella qualità dell'accoglienza. Riportiamo qui di seguito alcuni passaggi suggestivi presi dal fascicolo di presentazione: «L'Abri cerca volontari attivi e impegnati nel loro contesto socioculturale che accettino di vedere le cose altrimenti, essendo fisicamente presenti tra e con coloro che vivono in un universo diverso dal loro, che noi chiamiamo "i marginali". [...] Non c'è un profilo ideale di volontario. Non deve avere meno di venticinque anni e più di settanta [...]. Questa è un'opportunità offerta ai più attivi e ai più impegnati nella società per non perdere il senso dell'umano, perché gli estremi della vita sociale – il grande fallimento come la grande riuscita – portano a questo oblio». L'ostello funziona da ottobre a maggio, grazie a un centinaio di volontari di provenienza molto diversa. Per essi sono previsti anche tempi di riflessione in gruppo sulle domande poste immancabilmente dall'incontro con i senzacasa. Spesso la presenza di esterni arricchisce il contenuto delle riunioni, che hanno luogo quattro volte nel periodo di apertura del centro.

L'Abri è visto come un posto dove gli esclusi possono ritrovare la loro dignità di esseri umani in una relazione interpersonale, senza preoccupazione di risultati particolari. Infatti, per coloro che sono molto lontani, talvolta null'altro può essere previsto che un'accoglienza incondizionata, accettando, almeno per un certo periodo, che non abbiano alcuna domanda precisa da porre. L'accoglienza passa per questa dimensione di tolleranza e di vigilanza verso il più debole, ma anche di disponibilità e di attenzione privilegiata verso chi varca per la prima volta la porta. Fin dal primo incontro, ciascuno deve sentire di essere una persona importante e di poter afferrare le mani che gli vengono tese in un clima differente e più favorevole di quello abituale. Nell'approccio in équipe, come avviene qui, dove sono quattro o cinque ogni sera, i volontari possono rispondere a differenti bisogni e attese, ciascuno secondo il suo carisma: aiutare a fare un letto, proporre un gioco di società, parlare più confidenzialmente con qualcuno, prestare una cura, pacificare una tensione...

Abbiamo frequentato questo posto con gioia. Da questa iniziativa, infatti, si sprigiona un non so che di buono, di conviviale. Vi abbiamo potuto gustare l'accoglienza da parte degli stessi poveri, che ci hanno ricevuto in mezzo a loro e che si sono presi cura di noi. Come Aurélien, un handicappato mentale, che insiste: «Venite a dormire qui, vicino a me», o come il bontempone Casimir che la mattina ci porta i viveri «per la strada», come dice lui. Grégoire ha incontrato l'assistente sociale del «Resto du coeur» e gli ha parlato di noi perché anche noi possiamo beneficiare dei pasti gratuiti per un mese. Jean-Denis ci annuncia che da martedì disporrà di una camera: «Vi darò l'indirizzo, ma gli altri non lo devono sapere. Quando avrò soldi, comprerò dei dolci e verrete a mangiare da me». Invito sorprendente che la dice lunga...

Un volontario, che si pone delle domande sulla bontà dell'assistenza, viene a discutere con noi. Per lui, la cosa importante è la formazione e l'invito alla responsabilità. Constata che da circa due anni l'opinione pubblica è più sensibile, ma che si lavora essenzialmente sul piano dell'emergenza. È vero che si opera a questo livello, invece di proporre iniziative più in profondità. La riabilitazione sul piano dell'emergenza conduce talvolta ad aberrazione come quella simbolizzata in un cartellone pubblicitario: «Prima che muoia di freddo, offriamogli un sacco a pelo». Su questo stile abbiamo visto un manifesto ancora più terribile, che metteva in parallelo un sacco a pelo e una bara. Le nostre società ricche non hanno davvero altro da offrire?

L'Abri è un luogo vivo e caloroso. Ciascuno cerca di portarvi tutto il suo buonumore. Il che non impedisce di deporvi un fardello troppo pesante. Noël, venticinque anni, arriva ogni sera molto drogato. Vorrebbe trovare un lavoro e una casa, ma di intraprendere una cura di disintossicazione, che secondo noi è una condizione preliminare indispensabile, neanche a parlarne. Ci confida: «È duro. Non ho più famiglia. Mia madre si è suicidata. Con mio padre non si poteva mai parlare, si litigava tutto il tempo». Il suo stato di alienazione gli impedisce anche i gesti elementari e al dormitorio dobbiamo aiutarlo spesso a svestirsi e a coricarsi. Ci ringrazia ogni volta con molta delicatezza. Da Noël emanano tanta fragilità e dolcezza, miste a un'angoscia immensa, che ne siamo confusi.

Un'altra sera arriva Malou. È nervosa. Se la prende con tutti, insulta il primo venuto che le capita tra i piedi. E tuttavia, quando vuole, sa essere incantevole. La vediamo spesso alla stazione, che parla da sola. È sempre felice quando qualcuno le si avvicina per interrompere il suo monologo e conversare con lei. Sono dieci anni che beve. Adesso, che ha trentanove anni, è ammalata al fegato e all'intestino. La settimana scorsa ha chiesto a Colette degli assorbenti. Che miseria!

L'arrivo in questo luogo di coppie di minori ci fa sgranare gli occhi e fremere. Aude ci mostra i segni dei colpi ricevuti dalla madre. Pur sostenendo di essere stata cacciata di casa, vive nel terrore che il padre la venga a cercare qui. La mattina è la prima a lasciare l'Abri per andare a scuola, «ma è dura, perché io so appena leggere e questo non è normale».

Qualche tempo dopo il suo giovane compagno Lulu e un amico ritorneranno da Marsiglia, mentre lei avrebbe voluto restarci. La incontriamo, sporca e drogata, a mendicare per strada. È rabbiosa contro Lulu: «Sono elettrica». Se mi capita sotto, gli spacco il muso. Avermi mollata a Marsiglia, no ma...». La scuola sembra ormai lontana. Giovinezze alla deriva...

La coppia Ariane e Johnny, dal canto suo, dà parecchio filo da torcere ai volontari ed esaspera gli altri ospiti: si fanno passare continuamente per delle vittime, sospettano e accusano tutti di deriderli o di stare a guardarli durante le loro effusioni amorose. Hanno la dote di far salire la tensione, di far nascere litigi che li lasciano ancora più straziati. Terribile miseria che distrugge tutto, anche la vita sentimentale... Ariane è minorenne. Ha subito un incesto e quando, più tardi, Johnny finirà in carcere per furto con scasso, sarà nuovamente reintegrata nell'istituto dal quale era fuggita. Tornerà più volte all'Abri, completamente trasformata, tanto gradevole quanto era esecrabile e reattiva quando viveva con Johnny.

L'Abri è uno dei rari luoghi, come Les Portes du Soleil a Lille, a prevedere un'accoglienza mista (non parliamo qui dei centri che propongono una terapia di reinserimento), permettendo così alle coppie di stare insieme anche quando va male. Si tratta di una proposta «audace» perché le soluzioni abitualmente disponibili obbligano alla separazione. È un'opzione che può presentare dei limiti, ma che nell'insieme sembra funzionare bene, con l'unica avvertenza di prestare attenzione al modo in cui si distribuiscono le persone nei dormitori.[3]

Nonostante la presenza a ogni piano di un sorvegliante, durante le notti in collettività si creano disturbi di ogni tipo, soprattutto per coloro che, come Colette, hanno il sonno leggero. Alcuni si alzano di frequente per urinare o perché gli viene fame; altri non smettono di farfugliare; alcuni giovani bisbigliano tra loro e si scambiano di nascosto la

[3] Per le coppie che vivono sulla strada è particolarmente doloroso essere private dell'intimità e vedersi costrette a vivere i loro rapporti amorosi in semiclandestinità o sotto gli sguardi di estranei. È un aspetto non sempre risolto nei centri di ospitalità, anche se è meglio della separazione pura e semplice.

droga in un angolo delle scale; un altro, inciampando nell'oscurità, corre a vomitare nelle toilette... Abbiamo anche diritto al concerto di chi russa, alla cacofonia dei peti sonori e dei raschiamenti di gola. Bisogna far conto infine dell'incomparabile e persistente puzza di piedi che fa soffocare Jean-Denis: «Spalancate le finestre. Tutti i vostri maledetti piedi puzzano che accorano. Qui si sviene!». Le notti all'Abri non sono davvero soltanto riposo.

Come ogni luogo d'accoglienza, anche l'Abri non sfugge all'obbligo di allontanare chi provoca disordini. Senza colpevolizzarsi inutilmente, è bene prendere coscienza che le istituzioni e noi stessi abbiamo dei limiti da rispettare. L'accoglienza assoluta non esiste. Mandar via qualcuno non è sempre facile o gradevole. Chi viene messo alla porta, a giusto titolo, ci può dire in faccia: «Sono già escluso da tutto; questo per me era l'ultimo rifugio!». Ecco allora l'importanza di accompagnare l'allontanamento con una parola per evitare di aggiungere nella vita del povero ancora un altro fallimento, un altro rigetto. Parola o, meglio, dialogo che consenta sia a chi accoglie che all'escluso di meglio comprendere le ragioni di quello che è successo. A chi viene allontanato si potrebbe, per esempio, dire: «Nessuno ti butta fuori, ma questa sera non possiamo accettare la tua violenza distruttrice. Domani è un altro giorno e potrai tornare». Per chi accoglie, invece, sarebbe l'occasione per entrare sempre più in profondità nella comprensione e nella sofferenza dell'altro.

In un secondo momento, sarà invece utile riesaminare, possibilmente insieme ad altri, i fatti, in modo da articolare sempre meglio nel concreto fermezza e dolcezza, presenza e distanza, rigore e flessibilità.

Come a Lille amavamo fare una sosta eucaristica dai nostri amici domenicani, così a Liegi ci incontriamo presso un frate cappuccino, Germain. Iniziatore di una piccola comunità di vita con regole molto blande, in cui passano numerosi giovani non di rado alle prese con la droga, Germain possiede un carisma particolare e originale. Germain è un vero cappuccino con un aspetto sessantottino, che ama teneramente i poveri. È con lui che abbiamo avuto la fortuna di vivere una via crucis assolutamente unica e ricca di significato. Le quattordici stazioni tradizionali si susseguivano in piena città davanti ai diversi luoghi della sofferenza e della speranza: ufficio di collocamento, ufficio stranieri della questura, ricovero notturno, tribunale, agenzia per l'impiego, associazione per la lotta all'Aids... Durante la sosta si alternavano una testimonianza e l'illustrazione delle stazioni, a cui seguivano preghiere e canti. Un'intensa e bella attualizzazione della Passione.

Anche le celebrazioni eucaristiche da Germain non avevano nulla del cupo ritualismo che si incontra un po' dappertutto e che è fonte soltanto di desolazione. Vi ritrovavamo l'essenziale del gesto di Cristo, in tutta la sua sobrietà e universalità. I partecipanti venivano invitati poi a proseguire la serata attorno a un pasto frugale preparato dagli ospiti della casa. È nel corso di una di queste agapi che, in occasione dell'usuale «giro della tavola», abbiamo la sorpresa di essere presentati da Dédé e Isabelle. Dédé e Isabelle erano arrivati dalla Creuse, completamente in avaria e con una storia assai arzigogolata. Isabelle era incinta di sette mesi. Sono veramente Maria e Giuseppe in mezzo a noi. Mentre, fino a quel momento, ciascuno si è presentato personalmente, Dédé, alzandosi d'improvviso, ci anticipa: «Questi sono Colette e Michel che vivono in povertà. Fanno la strada inversa alla nostra. Non so se hanno dei bambini...». Dichiarazione del tutto inattesa anche perché non avevamo raccontato nulla di noi.

Per quanto ci concerne, di tanto in tanto accettiamo l'ospitalità di Germain che, in mancanza di spazio, ci offre la chiesetta sconsacrata del quartiere, dove tuttavia viene celebrata l'eucarestia del mercoledì sera.

A forza di entrare in una città dalla porta dei poveri, ci si rende conto con sorpresa dell'aumento delle iniziative realizzate, soprattutto negli ultimi anni, per spezzare l'esclusione dei più deprivati. Ma misuriamo anche il loro numero impressionante e in continua crescita. Buona parte circola il più delle volte in incognito in mezzo a noi. Perché l'immagine del povero rivestito di stracci, subito individuabile, per fortuna ha tendenza a scomparire. Questa constatazione deve, tra l'altro, spingerci ad una maggiore attenzione per individuare i nuovi segni della miseria.

Per accrescere ed arricchire gli scambi con i nostri amici, ci spostiamo, durante il giorno, da un luogo di incontro all'altro. Così, sappiamo che Gégène sta volentieri all'ingresso della cattedrale. Personaggio molto conosciuto a Liegi, caccia il naso dappertutto e corre ovunque con un'aria da cane bastonato. Appena ci vede, ci inonda di parole (e di saliva!), di piagnistei e di lamentele. Vestito come il più disgraziato dei poveri, soffocando sotto una lunga sciarpa che continua a buttare indietro, Gégène fatica a stare in piedi, guarda a destra e a sinistra, cercando di attirare la pietà dei devoti e dei turisti che entrano nella cattedrale. Approfittando di un tempo morto, affonda le mani nella borsa e ci riempie di piccoli pani freschi e di pasticcini allo zucchero. «Li ho comprati io» tiene a precisare: poi ci versa in fretta due tazze di caffè che ci ingiunge di bere subito. Una signora gliene porta ogni giorno un thermos pieno. Lasciamo Gégène, molto indaffarato, preoccupato di non perdere il suo posto; sarebbe magari capace di rimproverarci di ostacolargli la questua. Ma ci siamo appena seduti un po' più lontano sotto una tettoia dell'autobus per gustare tutti quei succulenti regali, che rieccolo di nuovo per servirci altro caffè e per riattaccare il suo lamento: «I tempi sono duri. La gente non dà più come una volta. I ricchi sono sempre più ricchi e i poveri sempre più poveri». Poiché sa che di tanto in tanto vediamo Germain – una sua vecchia conoscenza – ci raccomanda di dirgli che è stato lui ad offrirci il caffè e da mangiare, ma di non dirgli che chiede l'elemosina, anche se aggiunge: «Tanto lo sa». Liegi non sarebbe più Liegi senza Gégène e il suo candore! Mondo alla rovescia, in cui continuiamo ad essere serviti dai poveri.

Un po' più in là, all'angolo della strada, mendica Jean-Paul. Ci chiama esclamando con un accento inimitabile: «Ehi, là. Sono davvero contento, per Dio. Oggi la giornata sarà davvero buona anche se non prendo niente». Con lui si trova Simon che lo interrompe quasi subito per spiegargli: «Si sono dati molto da fare per me». Ora, noi Simon lo abbiamo soltanto conosciuto alla stazione che sono già dieci anni; niente di più. Questo sottolinea ancora una volta come una presenza fatta di attenzione venga talvolta esplicitamente considerata come un aiuto prezioso che si fa strada dentro di loro attraverso il processo di desocializzazione. Simon è ora uscito dalla strada; condivide una camera con una compagna ed è impiegato in lavori stagionali.

A mezzogiorno veniamo invitati da Marco a mangiare gli spaghetti nel suo *squat*. Abita in una rimessa, all'angolo di un chiostro. Rende dei servizi a un sacerdote, ma pretende categoricamente che questi ignori del tutto la sua sistemazione in quel luogo. È permesso sognare... Con nostra sorpresa, Abel e Arlette si sono sistemati presso il «proprietario» del locale accanto. Marco è un buon amico della prima ora. Anche lui l'abbiamo conosciuto alla stazione. Ci passava tutti i buoni indirizzi, dove peraltro lo ritrovavamo immancabilmente. Ora, fiero come un pavone, ci fa gli onori della sua «casa», a dire il vero estremamente precaria ed austera: c'è la televisione, ma non il riscaldamento e il freddo umido poco a poco ci entra fin nelle ossa. Marco, che pure è di buon carattere e di buon cuore, sembra prendere gusto a dare ordini ad Abel, come se questi gli dovesse pagare l'affitto. Il male diffuso può infiltrarsi nei mille interstizi dei nostri cuori feriti. Perché anche Marco è in una condizione di grande sofferenza. È stato sposato, ha due bambini che vede di tanto in tanto. A proposito del suo matrimonio dice: «Il vaso è rotto; si può incollarlo, ma i segni si vedranno sempre. Sono un infelice, la mia vita è segnata dalla sfortuna». Si rivolge poi direttamente a Colette:

«Perché vivi come una barbona? Che cosa ci guadagni a stare con noi?».

«Innanzitutto la vostra amicizia, la gioia di condividere…».

«Le nostre cazzate!».

Questa affermazione sottolinea, come abbiamo già avuto modo di vedere, l'opinione reale che hanno della loro vita, l'immagine negativa di sé. Poi prosegue: «Voi avete scelto la povertà. Noi invece è a causa della nostra miseria se siamo in questa condizione. Il buon Dio non è uguale. D'altra parte, hai visto alla messa (prende il tono scherzoso che gli è proprio), a bere dentro l'affare è solo il prete; tutto per me, niente per voialtri!». Una battuta, certo, ma che ha il suo peso di verità e di buon senso, alla quale ci si potrebbe ispirare per riformare le nostre liturgie veterotestamentarie, ermetiche, spesso contrarie a ciò che è semplicemente umano.

Tra i numerosi gesti di amicizia che abbiamo ricevuto, come non ricordare quello di Jimmy? Durante la giornata, lo vediamo spesso mendicare davanti a un supermercato. Una piccola sosta e due chiacchiere. Stavolta vuole comprarci a ogni costo qualcosa. È la vigilia di Pasqua e dice a Colette: «Qualcosa come un uovo di Pasqua!». Ha tuttavia l'anima in sobbuglio: «Domani piangerò… Perché non venite a dormire da me? Così non sarò solo».

In occasione di un altro soggiorno, sarà la volta di Cyrille – quello che ci aveva offerto il caffè alla stazione in piena notte – di invitarci nella sua camera. Abitualmente accettiamo gli inviti di tutti a passare da loro. Ciò costituisce un'occasione di gioia e di fierezza, un momento in cui la solitudine tanto rifuggita viene infranta, forse anche un incoraggiamento a sistemarsi, o almeno a desiderarlo. Ci arrampichiamo fino al quarto piano di un grande, cupo, fabbricato per trovarci in una mansarda esigua, illuminata soltanto da un abbaino. I WC si trovano due piani più in basso. Il tutto per 8 mila franchi belgi! Cyrille pare contento di questa sistemazione, ma fino a quando? Dappertutto, che sfruttamento del povero! Questi alloggi ammobiliati sono uno scandalo. Inoltre non aiutano a stabilizzarsi, a essere felici. Sono soltanto un'altra fonte di solitudine da cui fuggire. Cyrille, d'altra parte, come molti, non è al suo primo tentativo di sistemarsi in un alloggio fisso. È da anni, da quando lo conosciamo, che vive sulla strada... Fino a quando ci resterà?

Su suo consiglio, una sera ci rechiamo dietro a un negozio dove si dice ci siano dei buoni bidoni dell'immondizia. Solleviamo due o tre cartoni che si trovano su un carretto e vi scopriamo, interdetti, un uomo rannicchiato! Questo in prossimità di abitazioni illuminate. Come immaginarlo? Visione sconcertante. Anche a questo ci si può abituare. Michel, per esempio, si ricorda di Arthur, che dormiva in un cassonetto e si sarebbe fatto tritare da un camion della nettezza urbana, se non si fosse messo a gridare aiuto all'ultimo momento. Questo successe a Reims.

Un altro fatto, di cui siamo stati testimoni a Nantes: mentre riposavamo insieme in un giardinetto, a tre metri da noi, abbiamo scoperto all'improvviso un uomo rannicchiato sotto alcuni arbusti, circondato dai rifiuti che si accumulano sempre in questo genere di luoghi. Ce ne siamo accorti perché russava. Tutte queste persone ai confini del mondo, al di là delle nostre frontiere, al di là della nostra umanità, e tuttavia così vicini a noi! Si nascondono nelle cantine, nelle mansarde o nei cespugli, ma è la stessa umanità che geme se si rintana per farsi dimenticare e sprofondare fin d'ora nella morte.

A Liegi – ma succede dappertutto – oltre ai senzacasa, troviamo altri amici e ne facciamo di nuovi. Hanno spesso la bontà di offrirci la loro ospitalità perché ci possiamo riposare quando ne abbiamo bisogno. Riceviamo queste offerte con gioia e riconoscenza e talvolta le accettiamo. Uno di questi amici, molto impegnato professionalmente, alla fine del pasto ci ringrazia: «Ci avete dato l'occasione di fermarci un istante. È importante, altrimenti si corre sempre, non si riflette più su ciò che si vive». Riceviamo spesso questo genere di ringraziamenti. È un aspetto del nostro cammino che ci gratifica molto: offrire qualcosa di buono ai nostri ospiti attraverso le nostre vite e talvolta in ragione dei nostri bisogni molto concreti; rappresentare l'occasione di una sosta che consente alla gratuità e alla presenza a se stessi di riprendere posto nella vita quotidiana.

Ci viene regolarmente chiesto anche di portare la nostra testimonianza nelle scuole, ai giovani in ritiro o che si stanno preparando alla cresima, ma anche alle radio locali, presso gruppi di adulti, nelle associazioni di volontariato... Sono momenti importanti durante i quali bisogna trovare le parole giuste che diano conto della realtà della vita dei nostri compagni e del senso profondo della nostra presenza in mezzo a loro. Per noi sono sempre occasioni propizie per rimetterci in questione, per ricentrarci sull'essenza della nostra vocazione. Se tra coloro che ci ascoltano alcuni sono colpiti dalla gratuità della nostra esperienza, con tutto ciò che essa implica in termini di capovolgimento della maniera abituale di comportarsi, altri non cessano di arenarsi contro ciò che a loro appare come uno spreco di energia e un'«azione» inefficace. Sono contraddizioni delle nostre mentalità razionaliste, preoccupate solo del profitto, del quale peraltro poi si condannano gli effetti. Gli stessi che si lamentano di essere stressati dall'attività economica, dalla ricerca del profitto, al punto da sentirsene soffocati, e che dicono di aspirare ad altro, faticano a riconoscere che la gratuità e l'umiltà nella presenza all'altro rappresentano una via per costruire l'uomo. E ricadono, loro malgrado, nella frenesia del «fare». Ma, al termine della nostra vita, a quale tavola saremo convitati? A quella della valutazione quantitativa delle nostre realizzazioni o delle acquisizioni di ogni ordine, delle quali in quel momento saremo totalmente spogliati? O a quella del nostro apparire: belli, potenti...? No. Soltanto la qualità del nostro amore, quintessenza del nostro essere, raggiungerà allora la sua sorgente al banchetto dei figli prodighi.

Tra le necessità cui bisogna far fronte quando si vive sulla strada c'è il vestire. Un giorno, accompagnamo un uomo che non ha il coraggio di andarci da solo in un centro di distribuzione di vestiario. «Ci vado se venite anche voi, se non vi vergognate di me». Ci accoglie una donna che strapazza tutti: «Perché siete qua? Cominciamo da quelli che sanno quello che vogliono. Voi, basta. Ne avete già abbastanza. E tu, che cosa vuoi ancora?». Un tono da far mettere le gambe in spalla. Siamo costernati e rattristati per il nostro compagno, già così distrutto, e al quale in questo luogo viene negato perfino di esprimere un semplice desiderio. In compenso la signora viene verso di noi e ci chiede gentilmente: «Che cosa desiderano il signore e la signora?». Michel chiede delle scarpe. La signora ritorna con un paio di scarpe nuove; ci prende da parte: «Venite con me, preferisco non farlo davanti a tutti». Rifiutiamo una simile discriminazione. Per il povero è doloroso venire confuso con la sua povertà, perdervi il suo volto, non essere più che un fascio di bisogni materiali dietro il quale una carità sbrigativa e sprezzante non riuscirà mai a percepire l'angoscia dello spirito. Frequentando i centri di distribuzione di vestiario, ci accorgiamo che ci sono ancora troppi posti in cui i responsabili delle associazioni dovrebbero porre una maggiore attenzione nel reclutare il personale volontario.

Un altro luogo. I locali e l'ambiente sono abbastanza burocratici, ma in compenso permettono la discrezione. Ma, per ricevere un aiuto, bisogna accettare di sottoporsi a una inchiesta preliminare molto dettagliata. Pur comprendendo l'utilità e la fondatezza di un leggero «controllo» ed anche l'importanza di alcune statistiche per meglio capire che cosa è la povertà nella nostra società, non è forse necessaria più discrezione nelle indagini? Per quanto concerne i servizi sociali, le associazioni caritative, nel loro rapporto con le persone deprivate, non dovrebbero adottare senza restrizioni il criterio della flessibilità? I poveri sono costretti a mettere in piazza ad ogni istante e dappertutto ogni minimo dettaglio della loro vita, che viene rivoltata come un calzino: mancanza di lavoro, impiego delle risorse, abitudini... Vengono privati di ogni intimità; tutto è passato al setaccio. Le inchieste ripetute riaprono ogni volta le cicatrici. Anche questa è la vulnerabilità dei poveri, il loro annientamento. Invece essi, come noi, hanno diritto alla discrezione e noi dobbiamo aiutarli a preservarla.

Nel frattempo, notiamo un uomo dall'aspetto miserabile, al quale una volontaria rifiuta un paio di pantaloni. Gli spiega che al centro di distribuzione non si può venire più di una volta al mese. Ma come può accettare questo povero tra i poveri, al quale si rifiuta un paio di pantaloni (e Dio solo sa quanto ne abbia bisogno), che tante donne immigrate, dinamiche e audaci, se ne ritornino con le borse piene? Allora comprendiamo meglio le reazioni che esprimono le persone bisognose dei nostri paesi, le quali hanno l'impressione che si rifiuti a loro quello che si dà agli stranieri, che hanno più faccia tosta, che sono più scaltri, abituati a mercanteggiare e, a buon bisogno, capaci di usare le minacce per arrivare ai propri scopi. La violenza e la disumanità si trovano anche in questi luoghi. Se in questi mondi gli stranieri sono talvolta maggiormente considerati, è che la loro povertà appare più tollerabile di quella, spesso ripugnante, dei nostri concittadini sfortunati. Questi ultimi si accorgono di essere più deboli, più sfavoriti, in condizione di inferiorità e le loro reazioni razziste le dobbiamo considerare come un grido, una richiesta di aiuto. Nelle nostre lotte per l'inserimento degli stranieri, dobbiamo prestare attenzione anche ad alcuni dei «nostri» che sono infinitamente più abbandonati di loro.

In un altro posto ci spiegano: «Per i vestiti è richiesta una piccola partecipazione, altrimenti vengono a chiedere tutte le settimane. Non vogliamo incoraggiare la dipendenza... E poi, ci sono quelli che vengono per rivenderli!». Ma chi impedisce di dialogare con quello che sembra rinnovare troppo spesso il suo guardaroba? E davvero uno sforzo partecipativo riesce ad arginare un comportamento eventualmente eccessivo? Taluni assicurano che, quando c'è un contributo in denaro, la persona prende più cura delle sue cose. È vero per i borghesi, non per i poverissimi. Per chi si trova nella miseria, tutti i valori sono andati in frantumi. Il rapporto con il denaro, come quello con il tempo e con lo spazio, non è uguale per tutti. Voler far pagare per responsabilizzare si dimostra spesso illusorio. Anche se pagate care, le cose non assumono un valore tale da esigere necessariamente più attenzione. Affogati in mille e un problema, i senzacasa non pensano neppure di ragionare e di comportarsi secondo i princìpi dell'economia.

Se alcuni vengono troppo spesso a chiedere i vestiti, sarà utile approfondirne le ragioni:

– il povero si fa spogliare, anche dei vestiti che indossa;
– non può portarsi dietro il suo guardaroba;
– non riesce a lavare la biancheria; in ogni caso non riesce a farlo facilmente e, comunque, gli costa più andare in lavanderia che chiederne di nuova;
– non trova spesso ciò che desidera, ma, come avviene anche per il cibo, si sentirà obbligato ad accettare ciò che gli viene presentato per non sembrare «troppo difficile». Talvolta, inoltre, non ci si fa alcuno scrupolo di offrirgli vestiti fuori moda o inadeguati. Se ritorna, lo fa spesso con la speranza che gli capiti l'occasione buona. La scelta del vestito è molto importante per l'immagine che si ha e che si vuole offrire di se stessi...[4]
– il povero resta sempre povero. La penuria e la paura della penuria sono sempre presenti e forgiano la sua personalità: «Non bisogna mai rifiutare. Chi rifiuta, rischia di non ricevere più niente». Quando si presenta l'occasione, il povero, come tutti, cercherà di ottenere più che può, di avere sempre di più e d'altro. È davvero difficile rompere il circolo vizioso di dipendenza-assistenza...

Quest'ultima rischia di non risollevare il povero – ne siamo coscienti –, ma quale altra alternativa seria siamo in grado di offrire? e, d'altra parte, «approfittare» di questa assistenza non costituisce forse una comprensibile rivincita sulla società dello spreco? «Crepiamo e non ci vorrebbero dare neppure quello che avanza ai ricchi! Ad ogni modo, tutti questi vestiti li ricevono, mica li comprano. E hanno pure la faccia tosta di farceli pagare!». Ascoltando queste parole, facevamo le seguenti riflessioni: perché coloro che ricevono in beneficenza vestiario o stoviglie non dovrebbero avere il diritto di rivenderli? In fondo, non si comportano

[4] Questa domanda è rivolta al donatore. Che considerazione ha del povero quando gli rifila i suoi scarti? Inoltre, mentre i centri di distribuzione aperti ai poveri sono molto forniti di vestiario, sono spesso gli effetti di prima necessità a mancare: calze, slip, scarpe (non bucate!).

esattamente come le associazioni che fanno pagare ciò che hanno ricevuto gratuitamente? Dov'è lo scandalo? Qualcuno potrà dire – e apparirà legittimo – che le associazioni chiedono una partecipazione finanziaria sia per ragioni pedagogiche che per coprire una parte delle spese di gestione. Ebbene, il povero, da parte sua, cerca semplicemente di vivere o di vivere meglio. Non necessariamente di «approfittarne»!

In tutte le iniziative rivolte all'aiuto delle persone deprivate siamo sempre portati a classificare i poveri in poveri buoni e poveri cattivi. Ci sono quelli per i quali «vale la pena», che cercano di venirne fuori, e quelli dai quali «non si può tirar fuori niente di buono». Noi non ci nascondiamo le enormi difficoltà che pone l'accoglienza dei più emarginati, dei più debilitati, ma sappiamo anche che, finché un solo uomo sarà escluso, la comunità umana resterà orfana e la nostra lotta contro la miseria non sarà terminata. Qualunque sia la fatica che ci è richiesta per ricondurre all'ovile la «pecorella smarrita», essa è la prova della nostra riuscita, la causa della nostra esultanza: «Rallegratevi con me, perché ho trovato la mia pecora che era perduta».[5] Che importa il gregge, se manca anche una sola pecora? La pecora perduta è l'ultimo degli uomini, che a noi appare come il più debilitato. È lui che dovrebbe ricevere da noi un'infinita e delicatissima tenerezza. L'umanità è veramente umana solo quando stringe sul suo cuore i più piccoli e i più miseri dei suoi. Se anche uno solo manca, l'umanità non è più se stessa. Curiosamente, la mentalità cristiana è particolarmente impregnata dalla distinzione tra povero buono e povero cattivo, mentre «lo schierarsi di Dio dalla parte del povero è lo stesso fondamento del nostro obbligo di prenderne la difesa; questo obbligo, il nostro, non dipende dunque dal fatto di

[5] Vangelo secondo Luca, 15, 6.

sapere se il povero è un buon povero o un cattivo povero, un individuo meritevole o un fannullone, una persona morale o immorale eccetera. Queste sono considerazioni che cercano di razionalizzare una presa di posizione, di renderla "ragionevole", di escludere quello che, agli occhi di molti, è il peggiore dei comportamenti, vale a dire di far profittare qualcuno di una cosa che non ha meritato. Il Dio dell'Alleanza, naturalmente, non c'entra niente con queste considerazioni. Anzi, egli ci prende gusto a combatterle con le sue scelte lungo tutta la storia biblica – e dunque anche lungo la nostra storia. [...] Se il nostro schierarci a favore del povero affonda le radici nel partito preso di Dio a suo favore, allora deve essere segnato dall'incondizionalità del comportamento divino: deve eccedere ogni ragione».[6]

Inoltre, nella distinzione tra povero buono e povero cattivo si ripropone l'insidia di una specie di perniciosa commistione tra peccato, sofferenza e miseria, nella quale le due ultime sono la conseguenza del primo. La religione, così, si è forgiata un Dio potente che ricompensa sulla terra il comportamento dell'uomo sulla base delle sue colpe e dei suoi meriti. «Che cosa ho fatto a Dio per meritare tutto ciò?» si sente dire spesso. È questo un grido che lega la disgrazia alla colpa e che comporta l'idea di un castigo inflitto da un giustiziere sovrano. Questo modo di vedere le cose ci rinvia all'episodio evangelico del nato cieco, nel quale i discepoli domandano a Gesù: «"Rabbi, chi ha peccato, lui o i suoi genitori, perché egli nascesse cieco?". Risponde Gesù: "Né lui ha peccato, né i suoi genitori, ma è così perché così si manifestassero in lui le opere di Dio».[7] E cioè la vita e la luce, vittoriose di ogni morte e di ogni tenebra.

Ecco perché la ricerca delle cause del male o della mise-

[6] Alain Durand, *La Cause des pauvres*, cit., p. 100.

[7] Vangelo secondo Giovanni, 9, 1-3.

ria in una presunta colpa passata di qualcuno (o anche di se stessi) è da bandire definitivamente dal nostro animo. Quando è possibile, invece, può essere salutare aiutare il povero a prendere coscienza della parte di responsabilità sulla quale può avere ancora presa per nascere di nuovo.[8]

[8] Qui parliamo del senzacasa, ma è vero anche per chi sta scontando una pena in prigione e, d'altronde, per tutti noi.

Capitolo ottavo

«L'uomo non vive di solo pane...»

(Amiens)

Ciò che rimane al cuore del non senso e assume un valore senza prezzo agli occhi di chi vi si immerge, questo è forse quello che diciamo la presenza di un compagno […] che, con una parola, con un gesto di amicizia, con una mano sulla spalla ci restituisce un volto, ci dice che siamo comunque uomini.

Philippe Maillard

La natura, il silenzio hanno un tale potere di rinnovamento che, dopo un periodo di lavoro annuale necessario a mantenere i requisiti per la sicurezza sociale,[1] abbiamo ripreso il bastone di pellegrini per andare ad Amiens a piedi, in alcuni giorni di ritiro spirituale itinerante, sempre tanto benefico per il nostro spirito.[2] Il ritmo regolare dei nostri passi, il contatto con la terra, gli orizzonti che si spiegano a perdita d'occhio, ma anche l'odore dei campi, un contadino che apre un solco, il cielo dagli umori mutevoli, le aurore e i tramonti, le stelle del firmamento... e ancora le miriadi di fiori dai colori cangianti, le farfalle e gli uccelli in farando-

[1] La sicurezza sociale (*Sécurité sociale*) è un sistema previdenziale che comprende le tutele pensionistiche e sanitarie, i cui requisiti maturano con la partecipazione al mondo del lavoro [*N.d.T.*].

[2] Effettuiamo questo tipo di ritiro all'aria aperta soprattutto d'estate. Per un periodo più lungo, se ci troviamo in montagna. Abbiamo fatto un accenno al lavoro. Infatti, percependo l'RMI e non avendo altri redditi, non godiamo dell'assistenza sanitaria gratuita. E poiché non vogliamo che i nostri parenti siano coinvolti, loro malgrado, nelle conseguenze delle nostre scelte di povertà, costringendoli a sobbarcarsi gli oneri relativi a cure mediche o ad eventuali ospedalizzazioni, lavoriamo il tempo necessario per essere iscritti al regime di sicurezza sociale e a una mutua complementare. All'occorrenza, valendoci dell'intermediazione di un'associazione, effettuiamo lavori di pulizia. Nel passato abbiamo fatto l'esperienza della vendemmia e di altri lavori interinali.

la, le nostre sorelle mucche dallo sguardo dolce e umile che alzano la testa e ascoltano religiosamente quando camminiamo cantando... sì, tutta la creazione concorre alla beatitudine, alla meditazione, a far ritornare alla sorgente. E così gli incontri, quando chiediamo il pane o un giaciglio. Quante sono le bellezze racchiuse nel cuore dell'uomo, fatto a somiglianza del suo Creatore! E per noi, cogliere queste immagini, coglierle come si coglie un mazzo di fiori dai mille colori, è sempre una gioia semplice, pura, incontenibile. «Cogliere la presenza di Dio in ogni incontro, nel mistero degli esseri e delle cose, vedere gli esseri non come cose da utilizzare, ma come presenze di cui stupirci».[3]

Impossibile riportare tutta la ricchezza di questo vissuto... Ecco tuttavia il racconto di tre esperienze che, in qualche modo, la possono evocare.

All'ora di mezzogiorno bussiamo alla porta di una casa signorile. I proprietari sono a tavola e ci chiedono che cosa vogliamo. Ci accolgono, ci fanno sedere, dispiaciuti di aver già terminato il pranzo: «Altrimenti avremmo potuto mangiare insieme». Mentre il figlio rimette la tovaglia, i genitori portano dei salumi; la madre ci propone delle uova da preparare come desideriamo. Il marito dopo ci comunica: «Dobbiamo andare al funerale della madre di mia moglie». Non cessano di scusarsi, lasciandoci stupiti e confusi per essere stati ricevuti in questo modo in un momento in cui si hanno ben altre cose cui pensare e da vivere. Ci colmano di viveri da portar via e ci propongono addirittura di riposare in casa durante la loro assenza. Quando assicuriamo loro che li ricorderemo nella preghiera, la signora si mette a piangere. Incontro sconvolgente dal quale ci siamo sentiti molto toccati. «A un'ora dal funerale di mia madre – riconosce Colette – tutt'al più avrei offerto un panino in fretta e furia».

[3] Olivier Clément.

In un altro villaggio incontriamo un uomo seduto sulla porta di casa. Si alza. È chiaro che vuole dirci qualcosa. Ci indica una scorciatoia. Siamo già lontani quando ci chiama e con un gesto della mano ci fa segno di tornare. È sua sorella che gli ha fatto notare: «Avresti dovuto almeno offrirgli da bere!». Ci offrono un sidro fatto in casa bello fresco. È gente semplice e modesta. Dopo che ha saputo della nostra vita, la donna ci dona una pagnotta intera e un barattolo di pâté che ha cura di avvolgere in un panno umido. La sua gioia di donare è manifesta: «Bisogna aiutarsi sempre vicendevolmente». Dice Gesù: «Per la vostra vita non affannatevi di quello che mangerete o berrete, e neanche per il vostro corpo, di quello che vestirete; la vita forse non vale più del cibo e il corpo più del vestito? Guardate gli uccelli del cielo: non seminano, né mietono, né ammassano nei granai; eppure il Padre vostro celeste li nutre. Non contate voi forse più di loro? [...] il Padre nostro celeste sa che ne avete bisogno. Cercate prima il regno di Dio e la sua giustizia, e tutte queste cose vi saranno date in aggiunta. Non affannatevi dunque per il domani, perché il domani avrà già le sue inquietudini. A ciascun giorno basta la sua pena».[4]

Un altro giorno ci fermiamo a un casale chiamato «La Bonne Maison», composto soltanto da una fattoria e da una piccola abitazione. La porta è aperta: chiediamo del pane a un uomo anziano. Senza dire una parola ci fa entrare. Spolvera con cura due sedie e ci invita a sedere. Ci chiediamo se ha capito la nostra richiesta, finché lo vediamo prendere i piatti, asciugarli coscienziosamente, preparare la tavola stendendo a mo' di tovaglia dei fogli di riviste pubblicitarie. Poi, nella stanza accanto, ci prepara un piatto caldo, stappa una bottiglia di vino e ci dice di servirci «alla buona». Restiamo infinitamente colpiti dall'accoglienza spontanea e delicata, silenziosa ed efficace di questo vecchio dai gesti lenti e dallo sguardo

[4] Vangelo secondo Matteo, 6, 25-26 e 32-34.

sorridente e furbo. Che lezione per noi! Piccoli sonagli tintinnano nel nostro cuore. «Ogni volta che avete fatto queste cose a uno solo di questi miei fratelli più piccoli, l'avete fatto a me».[5]

Amiens, 1992

Fin dalla nostra prima visita alla stazione, entriamo subito in contatto con dei senzacasa. Anche se non li conosciamo, il clima si fa immediatamente aperto come se ci frequentassimo da lungo tempo. All'interno del gruppo si nota nettamente la presenza di Reggy che si attacca subito a noi. Ci invita ad attingere nel suo pacchetto di patate fritte e ci propone poi di accompagnarlo nel suo *squat*: «Ma bisogna aspettare le undici, prima è troppo rischioso!». Reggy ci trascina al primo piano di un immenso magazzino dove giacciono ancora sparsi scrivanie e armadi. A fianco, un sorvegliante controlla le entrate e le uscite di un parcheggio privato. Potrebbe dare l'allarme. Con le nostre bottiglie di plastica in mano,[6] scivoliamo furtivamente, in fila indiana, dentro questo fabbricato che per noi è una vera pacchia. Durante le notti che seguono, Reggy ci sconvolge con i suoi discorsi: «Io sono il figlio di Belzebù. Ma da quando sono con voi, non mi riconosco più; mi sento più forte». È la confessione di una specie di rapimento, un'esultanza interiore. C'è in ogni uomo un uomo nascosto. Basta poco perché si riveli.

Una sera, nello *squat*, canticchiamo un canto religioso. Reggy, con gli occhi stupiti come un bambino ci chiede: «Ancora un poco, per favore. È bello!»; poi si addormenta sotto i

[5] Vangelo secondo Matteo, 25, 40.

[6] Tagliate a metà, servono da orinale notturno. Per le donne è meno semplice! Sulla strada non è conveniente avere spesso la vescica piena.

nostri occhi. Lo ritroviamo nel corso della giornata. Ci trattiene, vuole sfogarsi, non la smette di raccontarci la sua storia: «Sapete, io bevo per dimenticare; sono dieci anni che mia moglie è morta carbonizzata in una macchina, era incinta; da quel momento io ho perso tutto: il lavoro, la casa, la salute, tutto...». Questo racconto forse è vero. All'opposto di quelli che, come abbiamo visto, magnificano il loro passato, altri lo drammatizzano. La drammatizzazione eccessiva e ripetuta procura una spiegazione soddisfacente della sventura nella quale sono piombati. L'«invenzione» di un avvenimento tragico ha lo scopo di indicare la profondità della disgrazia che potrebbe apparire altrimenti banale. Ma il più delle volte non è un fatto singolo, per quanto orribile, che getta un individuo sulla strada; egli però lo presenta come l'avvenimento chiave, onnipresente e determinante, della sua erranza e della sua infelicità. È comunque vero che un avvenimento, quando sopravviene su un terreno già fragile, può fare da detonatore. Ugualmente: «Sono numerosi coloro che descrivono una sorta di sprofondamento al quale avrebbero assistito passivamente. [...] È come se non avessero potuto fare niente per impedirlo e non sono in grado di spiegarlo. Vivono l'esclusione come una fatalità, un ingranaggio di difficoltà e sembrano essersi paralizzati in una dimensione depressiva».[7]

Peraltro, sono molti ad essere inchiodati al loro passato; ripetono senza sosta le solite lamentele... L'evocazione continua delle loro disgrazie impedisce loro di andare avanti, di assumersi la responsabilità della realtà, di accettarne i limiti e le frustrazioni, per continuare comunque a vivere.

La sera successiva facciamo la conoscenza di Yvon. Sembra completamente assente. Da un'associazione ha ricevuto un pacco, a quanto pare molto adatto al contesto della strada: brodo, pasta e riso; niente da consumarsi senza posate,

[7] Rapporto Médecins du monde, cfr. Appendice 2.

quando capita. Yvon è di una magrezza spaventosa, resa più evidente ancora dalla statura. Ci si chiede come possa stare in piedi sulle sue gambe filiformi. Gli offriamo il pane e il formaggio che ci rimangono. Li manda giù d'un sol boccone. È l'immagine del povero per eccellenza: completamente sprovvisto di tutto, handicappato mentale, incapace di orientarsi, di chiedere l'elemosina e dunque di nutrirsi. Reggy si impietosisce della sorte di Yvon e, su nostra proposta, lo autorizza a raggiungere lo *squat* assieme a noi. Yvon è fuori di sé dalla gioia.

Una notte – è stata avvertita dai vicini? – la polizia fa un'irruzione improvvisa e violenta. Ci braccano con le torce, ci fanno vuotare le borse; i nostri amici non le hanno. A Colette viene riconosciuto il diritto di una perquisizione speciale, eseguita da una donna poliziotto chiamata via radio. A Reggy e a Yvon danno del «tu», a noi invece si rivolgono con il «lei». Restiamo mortificati da questa diversità di trattamento. Forse è dovuta all'identità che traspare dal contenuto delle nostre bisacce, che contengono solo carte, libri, una bibbia e il necessario per la toilette. Alla fine, ci lasciano in pace; ci ordinano però di non tornare più.

L'indomani accompagnamo, secondo il suo desiderio, Reggy alla stazione. Chiede il nostro intervento per ottenere il rimborso di un biglietto ferroviario che gli ha offerto uno sconosciuto. Per strada raccoglie una bottiglia di vino, nascosta dietro una tubatura della fogna, e ci chiede: «Non fa niente se vi vedono con uno come me?». E, continuando a camminare, prosegue: «Non c'è una chiesa aperta per fare una preghiera? Perché mi protegga». Alla stazione otteniamo il rimborso del biglietto. Improvvisamente Reggy parla di andare a Creil, dove avrebbe ancora una sorella della quale non ha più notizie da cinque anni; giustifica il suo desiderio improvviso con la constatazione che la questua ad Amiens si è fatta troppo difficile. E tuttavia, fino a poco fa, progettava con noi dei miglioramenti da apportare al «suo» *squat*, al quale pareva tenere tanto. Ora, in un lampo, tutto è abbandonato. È una successione di immediatezze. Perché? Per che cosa? Come concepire lo smarrimento che spinge i nostri amici a seguire i loro impulsi immediati? Sul treno, il suo sguardo pieno di infelicità ci stringe il cuore. La sorella, se abita ancora là, lo riceverà? Oppure Reggy prenderà prima o poi una cantonata tale da finire dentro? Dopotutto, respinto per respinto... Lo affidiamo al Padre di ogni tenerezza e di misericordia: «Nella terra del mio esilio, ricordati di me, o Signore».

La notte, dopo quella partenza così inaspettata, alle due, ritroviamo Yvon, totalmente sperduto e sfinito. Non è tornato allo *squat* da solo perché non avrebbe saputo come arrivarci e per paura di eventuali rappresaglie della polizia. Per non addormentarsi al freddo e rischiare di morire, va su e giù sul marciapiede. Siamo felici di esserci ritrovati in modo così imprevisto e decidiamo di andare a dormire, stavolta in un parcheggio. Non facciamo a tempo a sistemarci che Yvon, forse anche perché rassicurato, si addormenta profondamente. Fiducioso, si abbandona, piccolo e fragile. Ci fa venire in mente Gesù che, nel bene e nel male, si abbandona nelle nostre mani:

> Non ha apparenza né bellezza per attirare i nostri sguardi,
> non splendore per potercene compiacere.
> Disprezzato e reietto dagli uomini;
> uomo dei dolori che ben conosce il patire,
> come uno davanti al quale ci si copre la faccia,
> era disprezzato e non ne avevamo alcuna stima.
> Eppure egli si è caricato delle nostre sofferenze,
> si è addossato i nostri dolori...[8]

[8] Isaia, 53, 2-4.

Quanti volti amati incarnano oggi queste parole... Il tuo volto, o Signore! Riconoscerli, contemplarli, riceverli da te, come te stesso... Insieme ricordiamo Diego, sdraiato per terra con una bottiglia sotto il braccio, mentre gli altri dicevano: «È morto»; e il timido Dédé, che urinava nell'atrio della stazione; e poi Silvère che confessava: «Soffriamo. Ma non siamo mica cattivi». Ci avevano colpito le parole con le quali concludeva, come un ritornello, tutti i suoi discorsi: «Parola della mia vita». La sua vita... il suo bene!

«Che un uomo deprivato di tutto, senza apparenza né bellezza, sprovvisto degli orpelli attraverso i quali ci garantiamo la rispettabilità sociale; che un uomo con il viso butterato dagli effetti dell'alcol, del freddo, della solitudine, abbandonato dalla famiglia, ignorato dai passanti, che quest'uomo, proprio perché deprivato, al di fuori di qualsiasi credenza religiosa, sia il segno della presenza di Dio in mezzo a noi, che lo sia per di più in modo originale rispetto ad ogni altro uomo di buona volontà e a ogni cristiano dal comportamento esemplare, questo è l'enigma che, nell'intimità della fede, ci costringe a rimettere incessantemente in questione le nostre rappresentazioni di Dio».[9]

Inverno 1993

Nel corso di questo soggiorno, dormiamo il più delle volte in un grande parcheggio a più livelli, situato in pieno centro, al di sotto di un centro commerciale. Onde evitare gli sguardi sospettosi degli autisti che vengono a prendere la loro macchina, per raggiungere il nostro covo e coricarci, talvolta con una paura da farsela sotto, dobbiamo aspettare le undici o la mezzanotte. Perché, bisogna confessarlo, in questo luogo, come del resto altrove, non ci sentiamo sicuri: i parcheggi sono luoghi ad alto rischio. L'illuminazione è

[9] Alain Durand, *J'avais faim*, cit., pp. 122-123.

permanentemente in funzione; si deve dormire con la luce e lo sfrigolamento dei neon. A dire il vero, siccome alla fine della giornata siamo piuttosto sfiniti, ciò non pone problemi particolari. Bisogna però aggiungere le porte che sbattono, il rimbombo dei motori amplificato dagli ambienti vuoti e nudi, la puzza di benzina e di gasolio, la respirazione ansimante e talvolta l'abbaiare forsennato dei cani poliziotto che mettono in allarme i vigilanti più o meno tolleranti. Infine, tutte le mattine alle sei, una musica infernale annuncia che un nuovo giorno sta per cominciare. Cerchiamo allora di guadagnare ancora qualche minuto di dormiveglia, a meno che non ci vengano a chiedere di sgomberare. Per evitare di portarcele dietro durante la giornata, abbiamo trovato un nascondiglio dove lasciare le coperte. Esse sono doni molti apprezzati anche se non sempre sono sufficienti contro il freddo. È capitato che Colette, dopo alzata, doveva muovere qualche passo prima che un po' di calore scorresse di nuovo nelle membra. Una sera scopriamo con disappunto che il nostro sacco a pelo, nonostante lo avessimo ben dissimulato sotto l'ascensore, è sparito. Allora, con del cartone raccolto in città, cerchiamo di fabbricarci un «sarcofago».

Qui, come altrove, abbiamo avuto alcune belle avventure. Una notte, alle due, un guardiano ci scopre e vuole cacciarci fuori. Michel farfuglia gli argomenti che gli vengono in mente: il freddo, l'ora... il guardiano alla fine accetta di farci restare fino alle cinque: «Anch'io ho un capo, non posso fare quello che voglio». Effettivamente, alle cinque in punto viene a svegliarci e, nonostante il nostro rifiuto, ci offre, dopo aver molto insistito, un pezzo da 10 franchi «per andare a prendere un caffè». Quest'uomo ha compiuto il proprio dovere, ma lo ha considerevolmente arricchito di un sovrappiù di umanità semplice, discreta, piena di attenzione. Grazie alla sua cortesia, alle sei e mezzo andiamo in un bistrot e prendiamo due caffè ristretti che ci rimettono in sesto. Facciamo durare il piacere il più a lungo possibile, il che ci permette anche di immagazzinare un po' di calore.

Alcuni giorni più tardi, ci intratteniamo, come d'abitudine, nell'atrio della stazione. Un uomo apostrofa un altro! «Ehi, barbone, sgombra, hai capito? Sono uno *zonard*, io. I miei amici me l'hanno detto: se sei uno *zonard*, va bene. Mica vado coi barboni, io. Indietro! hai capito?». Lo stesso ripassa più tardi davanti a noi. Lo guardiamo gentilmente e lui quasi istintivamente ci invita al caffè. Ion è un rifugiato rumeno ortodosso. Vuole che andiamo a dormire da alcuni suoi amici al Pigeonnier e, nonostante le nostre proteste, non esita a telefonare all'una di notte. Non riuscendo però a trovarli, si spazientisce. Ci parla a lungo e ci fa anche delle domande. Alla fine, viene a dormire al parcheggio con noi, restando molto sorpreso della nostra sommaria sistemazione. Recitiamo insieme a lui il Padre Nostro. Alle sei e mezzo, Ion ci lascia. Ma alle otto lo rivediamo, sorpresi, piegarsi verso di noi con due caffè. «La strada è pericolosa. Non fa per voi», ma aggiunge: «Ciò che fate è una cosa sacra». Insiste molto perché accettiamo cinquanta franchi (avrebbe voluto darci di più). Ci lasciamo verso le dieci e, grazie a questo regalo commovente, acquistiamo una scheda telefonica e dei francobolli.

Mantenersi puliti nella vita di strada per noi è una cosa molto importante. Naturalmente non si deve pretendere di essere troppo rigidi nelle abitudini orarie, nelle esigenze di comfort e non si deve pretendere di cambiarsi troppo spesso. Ad Amiens, dapprima furtivamente, poi con la complicità della portiera di una clinica vicina alla stazione, abbiamo potuto usufruire di un WC equipaggiato di lavandino. In altre città abbiamo utilizzato le toilette di una sede sindacale o di un foyer studentesco, quelle di alcuni uffici pubblici eccetera. Bisogna stare all'erta per cogliere le occasioni appena si presentano. Per la pulizia della biancheria, i tempi si sono fortunatamente evoluti: diversi centri di accoglienza oggi sono dotati di lavatrici e di essiccatoi. Altrimenti, bisogna aspettare l'occasione di un luogo riscaldato dove mettere slip e calzini ad asciugare sopra un radiatore; a meno che ai nostri bisogni non provveda, ora qui ora là, la sollecitudine degli amici. Infine noi non passiamo tutti i trecentosessantacinque giorni dell'anno sulla strada: i nostri giorni in famiglia ci consentono di fare i bucati più impegnativi.

Se c'è un luogo ben conosciuto da tutti i senzatetto d'Amiens, è l'*Ilôt,*[10] il solo posto aperto sette giorni su sette, che offra sempre un pasto gratuito a mezzogiorno, comprese le domeniche e i giorni festivi, e una sala aperta fino a sera. Non è poca cosa sapere che, quando l'erranza si fa particolarmente dura, si può trovare comunque un rifugio. Infatti le altre strutture offrono un'accoglienza limitata nel tempo. In compenso (non si può avere tutto), regnano l'anonimato, l'impressione di essere abbandonati, dimenticati nel sottosuolo... Sì, nel sottosuolo, perché i locali sono situati in un seminterrato. È tutto un simbolo. La stanza è poco riscaldata e spoglia, il pavimento va in pezzi, i muri sono grigi. Quanto alla condizione dei bagni... Nel corso del 1995 e del 1996 avremo modo di riscontrare miglioramenti importanti sul piano materiale, ma ancora insufficienti su quello dell'umanizzazione, malgrado la presenza di un'assistente, che però svolge prevalentemente un ruolo di sorveglianza dal suo ufficio di vetro. Per noi l'essenziale è di raggiungere gli amici della strada che vengono a prendere qui un pasto, a passare il tempo, a riposarsi, anche se le condizioni dell'accoglienza non lasciano indifferenti.

Il pasto viene servito alle undici. È molto presto. A tavola, tutti si buttano, facendo ressa, sul piatto, senza prestare attenzione al vicino. È una giustapposizione di sofferenze ta-

[10] *Ilôt* in francese significa «isolotto» [*N.d.T.*].

ciute che accentua l'incomunicabilità e l'effetto manicomio. Alcuni mangiano con ingordigia, talvolta anche troppo. Prima di sapere se ci sarà cibo per tutti, alcuni fanno scivolare di nascosto carne e patate in un sacchetto di plastica, in modo da assicurarsi anche la cena. Siamo mediamente un'ottantina, ripartiti, gli uni stretti contro gli altri, in sei tavolate. È una situazione frequente nei centri di accoglienza. Lo spazio è sempre insufficiente. Per i nostri compagni che fanno già tanta fatica a sopportarsi tra loro, questa è una prova supplementare. Come tirare il fiato, riposare un po', distendersi quando si è costretti a strofinarsi incessantemente gli uni contro gli altri? È epidermicamente insopportabile.

Il servizio è spesso impersonale e rozzo. I piatti vengono gettati sul tavolo e, non è stato ancora portato il dessert, che già bisogna sloggiare. Il tutto non supera i venti minuti. L'impressione generale è quella di una struttura fatta per sfamare gli indigenti. Ma quando il povero viene accolto senza umanità, solo per riempirgli lo stomaco, si troverà più disumanizzato di prima. Il pasto potrebbe costituire invece il momento della giornata in cui si dialoga, si ristora il corpo e l'anima, si ritrova un po' di dignità, di ri-conoscenza. Osservando i commensali, siamo colpiti da tanti volti chiusi, dai lineamenti marcati, le bocche sdentate, volti rinchiusi in se stessi, induriti, avvolti da una corazza, rassegnati alla solitudine. Visi «geologici» dei poveri; curriculum vitae iscritti nei loro corpi. Vi si possono leggere, messi a nudo, i segni delle ferite subite, le cicatrici delle violenze, i solchi indelebili incisi dai fallimenti. La cosa straordinaria in tutto questo annientamento sono le parole di Marianne, la decana, che, con gli occhi scintillanti di furbizia, dice: «Che il Buon Dio ci protegga tutti dalla miseria e ci renda tutti felici». Che bel *benedicite*.[11]

[11] *Benedicite*: preghiera che si recita nei conventi prima e dopo i pasti [*N.d.T.*].

Alle quattro e mezza del pomeriggio (ancora un'orario sorprendente, certamente non il più idoneo), sempre nei locali dell'Ilôt, viene servito, ma non dalla stessa associazione, un altro pasto. I volontari sono molto attivi, ma non brillano per la delicatezza: «Mangiate, se no lo buttiamo nell'immondizia». Non è piacevole constatare che un boccone in più o in meno vi assimila oppure no ai rifiuti. Il formaggio, talvolta viene porto in punta a una forchetta. Capita che si venga serviti d'ufficio e che, se si desidera poco, si debba comunque ricevere molto. Niente da dire! Che infantilizzazione! Anche qui, il pasto non sembra proposto come momento di incontro, ma unicamente per mangiare, o addirittura per essere ingozzati.

In altre città è sempre la stessa minestra. Il piatto principale varia un giorno su tre: spezzatino, ravioli, lenticchie, poi ri-spezzatino... L'aspetto ripetitivo anche del più semplice di quei pasti contribuisce ad accrescere il senso di pesantezza, di monotonia, di apatia. Come diceva Candide: «Non è la quantità che conta; è il gesto, quel "qualcosa in più"; è questo che dà un po' di calore al cuore». È un niente che fa la differenza; i poveri sono molto sensibili a questo «niente». Il volontario che serve la minestra o il pane una volta ogni quindici giorni non può misurare l'impatto della ripetitività su chi viene qui sei mesi su sei. Bisogna avere il coraggio di rivedere incessantemente ogni offerta di assistenza a partire dall'esperienza dei poveri.

All'uscita, vengono distribuiti gli avanzi, spesso andati a male, che finiscono per essere buttati via qualche passo più in là. Cibo e vestiario vengono distribuiti a casaccio e di volata. Tutto ciò a noi sembra così poco rispettoso tanto per chi dà che per chi riceve. In un altro luogo, gli addetti alla cucina e alla custodia mescolano in una maniera ambigua cameratismo e sadismo. Bisogna alzare il dito, domandare il permesso per tutto e Jérémy giustamente brontola: «Insomma, qui dentro ci prendono per dei ragazzini». È in questo stesso luogo che una sera viene annunciato agli ospiti che il brasato è finito, mentre mezz'ora più tardi viene servito in abbondanza, sotto gli occhi di tutti, al tavolo del direttore e del personale. Non si tratta di un atteggiamento ingiusto e poco rispettoso? Per i responsabili, il cuoco si sbizzarrisce a confezionare piatti ben presentati, sottolineando ancora una volta che i poveri sono una razza a parte e che a loro basta l'indispensabile.

Sono rarissimi i posti in cui i volontari siedono a tavola con gli ospiti per mangiare assieme a loro anche solo un boccone. Ed è però questo che fa la convivialità, che crea all'istante un nuovo clima dove non ci sono più assistenti e assistiti. Un giorno un'addetta esclama ad alta voce davanti a tutti: «Sono stanca. "Questi qui" non immaginano neppure tutte le cose che bisogna fare per loro». La stessa, in un giornale, si esprime così: «Sono "i miei bambini, i miei figli"; al momento del caffè hanno il diritto di fumare». I poveri vengono infantilizzati, oppure diventano degli oggetti. E che dire del dolcetto dato all'uscita «a chi si mette in fila indiana», come al bambino che esce per andare a scuola? Quando la contrarietà è troppo forte, volano anche gli insulti. A uno che grida: «vaffanculo», una volontaria risponde: «Vacci tu». Ma il «vaffanculo» del povero non è una reazione più o meno cosciente a un paternalismo malsano? Che cosa nascondono queste azioni caritatevoli? Si può tollerare che si vengano a risolvere i propri problemi sulle spalle dei poveri? Insidiosamente si scivola spesso (ognuno di noi) verso il basso, la maleducazione, la mancanza di rispetto. Il povero – è vero – ci mette spesso a dura prova. Le nostre disposizioni migliori vengono regolarmente demolite da parole o da comportamenti offensivi che ci feriscono. Una ragione di più per raddoppiare la vigilanza ed avere cura del nostro linguaggio, dove molto spesso compaiono ancora il giudizio moraleggiante, il bisogno di correggere e il disprezzo per vietarsi definitivamente l'uso di parole come «casi clinici», «tossici», «ubriaconi», «tarati», «buoni a niente», «inadatti», «incoscienti», «irresponsabili»...; per resistere infine alla disumanità alla quale, suo malgrado, a causa delle sue sofferenze, il povero ci trascina. In ogni caso, ci sembra sia indispensabile esigere dai volontari un minimo di formazione che li metta nella condizione di meglio comprendere le reazioni e i comportamenti devianti che sono inevitabilmente destinati a incontrare, perché non rifiutino o sublimino quello che provano di fronte ad ogni sorta di aggressione e di avversione; per valutare incessantemente la qualità del loro servizio. Senza dimenticare che occorrerà molto tempo (e molti fallimenti) per educare il proprio sguardo, per imparare ad adeguare le parole e gli atteggiamenti al raggiungimento di una graduale padronanza degli incontri.

Abbiamo trascorso lunghe ore nella sala di accoglienza dell'Ilôt, ospiti e addetti, in un ambiente spesso difficile da sopportare, immersi in nuvole di fumo, con la puzza di sigarette che impregnava ogni cosa, la televisione permanentemente accesa a volume altissimo, e guardare passivamente, per giornate intere, programmi costernanti di amori traditi e di violenza, che facevano risaltare anche di più l'assenza e il torpore. Nessuna proposta di animazione. La domenica e i giorni di festa, poi, veniamo lasciati totalmente a noi stessi e allora nascono conflitti talora violenti. Nessun limite alla legge della giungla. I poveri devono vedersela tra di loro!

Facciamo amicizia con alcuni giovani, che sempre più numerosi sbarcano in una vita di grande precarietà, che si nutrono di chimere e che stordiscono i compagni con il racconto delle loro imprese tanto fantastiche quanto inverosimili. Sono eccitati e instabili, sempre pronti ad azzuffarsi. Questo modo di essere diventa spesso penoso ed esasperante per i più anziani, che preferiscono la calma. Tra di loro, a seminare zizzania, specie nelle coppie della loro stessa età, sono soprattutto Tony e Tiphaine. A tavola, si impadroniscono dei piatti da portata e si servono così copiosamente che non ne resta per tutti; poi spizzicano, lasciando i loro piatti quasi pieni; e se qualcuno osa fare qualche osservazione rispondono a muso duro: «Che cosa c'è? Non ti sta bene? Se c'è qualcosa che non va, vieni fuori che ti spacchiamo il muso!». Giovani senza basi, disorientati, senza un progetto verso il quale canalizzare la loro energia, giovani feriti nell'affettività. Come molti altri, anche Tony e Tiphaine danno l'impressione di fare di tutto per farsi escludere da ogni luogo, ma lo fanno loro malgrado. Avrebbero tanto bisogno di essere amati, e finiscono per farsi detestare. Da parte nostra, cerchiamo di fronte a tutti di sottolineare ciò che li può placare, cerchiamo di incoraggiarli ed essi sembrano apprezzare. Antoine ci fa vedere una bella cartolina dove sono scritte le parole dell'Apostolo Paolo sulla carità: «Ve la regalo, a tutti e due. Quando si ama qualcuno, non ci sono parole per dirlo. Voi siete raggianti, avete la stessa luce sul volto. Siete una vera coppia. Non come noi: quando hai una compagna, va bene finché le compri quello che vuole; se no se ne va. Voi invece siete sempre insieme. Anch'io vorrei essere amato per quello che sono». Che sensazione essere esortati all'amore da questo giovane, a quell'amore al quale aspirano tutto il suo essere e la sua vita.

Un mattino, vediamo arrivare Georgette. È titubante. Ha un occhio pesto. Indossa un cappotto da uomo. A tracolla porta una borsa che la strangola. Ne ha un'altra molto pesante al braccio. La aiutiamo e l'accompagniamo. Ci ringrazia: «Forse da sola non ce l'avrei mai fatta». Vorrebbe andare all'ospedale e, mostrandoci le cicatrici dei suoi tentativi di suicidio, ripete instancabilmente: «Che fregatura è la vita!». Ha cinque figli dai diciannove ai sei anni. Non le è concesso di vederli. «È per questo che bevo; per dimenticare. È un pezzo della mia vita che è finito». Nella sua disfatta, Georgette cerca un po' di tenerezza. Attualmente sta con Julien. Di notte, però, vanno a dormire ciascuno per conto suo. Purtroppo, in una giornata di maggiore nervosismo e di smarrimento, Julien aggredisce e uccide a coltellate un compagno di sventura... la prigione è il suo nuovo «orizzonte». Per quanto tempo?

Abitati da tutti questi incontri, da tutti questi volti, ci rechiamo all'Eucaristia celebrata nella parrocchia di Hubert, «il cappellano dei marginali». Nella cappella ci troviamo accanto a due poveri. Durante la consacrazione li vediamo in lacrime. Non fanno la comunione; bisbigliano: «Non è per noi». Signore, che cosa abbiamo fatto della tua Chiesa perché le coscienze più semplici siano ancora dominate dalle considerazioni di puro-impuro, permesso-proibito, superiore-inferiore, che sono agli antipodi del messaggio del tuo Vangelo? Non sono quei due poveri «il pubblicano» che ripete: «Non sono degno di riceverti» e al quale tu però ti affretti a cantare: «Venite, entrate, voi benedetti del Padre mio»?

La settimana dopo partecipiamo a un momento di incontro e di preghiera organizzato settimanalmente da Hubert, dove si ritrovano alcune persone molto deprivate.[12] Nelle nostre numerose peregrinazioni, abbiamo constatato con gioia la preoccupazione di alcuni cristiani di favorire una maggiore partecipazione alla vita della Chiesa, in particolare ai gruppi di preghiera, da parte dei più poveri. Ma in questo campo c'è ancora molto da riflettere. Un gran numero di queste assemblee sono, a nostro avviso, deludenti. Si avverte che si tratta di distribuire la religione in tutte le salse, ad ogni costo. Si è soddisfatti semplicemente perché alcuni poveri sono presenti. Niente di più. Vengono spesso

[12] Poco dopo si costituirà, attorno ad Hubert, una cappellaneria. Essa, tra l'altro, anima dalle sette alle otto della mattina in un locale vicino alla stazione un momento simpatico e conviviale che comprende la colazione.

imbarcati in preghiere recitate (rosario) nelle quali non hanno la possibilità di esprimersi veramente. Un po' come una garanzia tranquillizzante che si prega bene perché «si parla» molto e a lungo con Dio. Ma in questo modo, come nelle processioni o nella benedizione delle case, non si alimenta la concezione di un Dio magico che prima o poi finisce per deludere, perché non si ottiene ciò che si chiede e si implora? Delusione che produrrà ateismo, paura, indegnità o senso di colpa del tipo: «Se non ho ottenuto, è perché non ho pregato abbastanza».[13]

È la grande questione della religione popolare, incoraggiata dalla Chiesa come mezzo privilegiato per permettere ai poveri di esprimere la loro fede, a partire dalla loro situazione culturale. L'intenzione è lodevole, ma non si rischia di coltivare nelle coscienze la nozione di dovere, di merito e di conseguente timore? All'opposto, i poveri, dove e come possono esprimere autenticamente il loro grido? Fare, nella preghiera, l'esperienza di una liberazione progressiva e profonda che sconvolga il loro cuore e che anche a loro faccia intravedere le prospettive della conversione evangelica? Non si tratta di una strada facile: i poveri hanno poca comprensione delle parole, hanno difficoltà ad esprimersi. Ma come ha potuto osservare Colette nella comunità Magdala, sono eminentemente ricettivi e sensibili a quello che il Vangelo dice di Gesù. Non si potrebbero cercare assieme a loro vie nuove per sviluppare una catechesi più adeguata, per creare liturgie nutrienti che abbiano rapporto con la vita, togliendo la polvere di un linguaggio ermetico, fatto di formule, rendendole davvero partecipative? E che in questo modo i poveri abbiano nelle nostre assemblee un posto privilegiato, tanto prezioso quanto insostituibile, in modo da «spiazzarle» e verificarle. Non si può fare, inoltre, un passo ulteriore cercando di coniugare l'ispira-

[13] Su questi argomenti, si veda l'opera eccellente di François Varone, *Ce Dieu absent qui fait problème*, Cerf, Parigi 1991.

zione fondamentale della teologia della liberazione con una pastorale e una teologia della «gratuità» di Dio?

All'uscita da uno di questi incontri, Albert e Géry, che avevamo notato la settimana prima alla celebrazione eucaristica, e che oggi sono accompagnati da Christine e dal suo compagno Damien, ci trascinano in fretta nel loro *squat*. È una baracca del dopoguerra composta di due stanze e da uno sgabuzzino. Il pavimento è ineguale: un insieme disordinato di terra battuta, mattonelle e assi spezzate. Alle finestre, come tende hanno fissato alcune coperte sbrindellate che rendono ancora più buio l'interno. L'illuminazione è a candele. L'acqua la vanno a cercare da un garagista compiacente, cento metri più in là. Per i bisogni naturali, c'è da scegliere: o all'aperto o nello sgabuzzino, sul pavimento già ben «guarnito». Christine invita Colette a preparare con lei il pasto. Il ghiaccio è rotto. Può seguire una maggior confidenza. Veniamo ricevuti come dei principi. Ben presto ci comunicano il desiderio che restiamo per dormire. Per forzarci la mano, Christine sistema sul pavimento alcuni vecchi materassi. Ci offrono tutto quello che hanno, attingendo dalla loro stessa indigenza. Resterà loro qualcosa da mangiare per i giorni successivi? Manifestano una grande gioia, dapprima trattenuta dal rispetto, poi senza alcun ritegno. Ci raccontano il loro itinerario di sofferenza. Che resistenza inaudita nei poveri, ma non priva di cicatrici e di piaghe vive. Esprimono il bisogno di venire accolti come sono, tanto più che sono i primi a riconoscere di non riuscire a cambiare. Capita spesso che con la stessa frase esprimano una cosa e il suo contrario: «Siamo barboni e ne siamo fieri; siamo della zona e ci resteremo sempre». E: «Vorremmo uscire da questa merda. Ci cacciano via tutti. Anche la Chiesa. Stiamo in disparte, non siamo degni. Vorremmo essere considerati come tutti gli altri». Scopriamo in essi un doppio movimento: «Siamo finiti» (passività, alcol, morte a fuoco lento), ma anche: «Vogliamo essere rispettati, considerati persone» (desiderio di vita).

Hanno qualche probabilità di cambiare la loro vita? Ciò che i poveri temono e trovano drammatico è di sentirsi schiacciati da un destino implacabile. E quando dicono: «Sono nato nella zona e ci rimarrò», è la loro identità ad essere in gioco. Il fallimento, e talvolta la malattia, divengono il solo status, la sola identità che li fa ancora esistere.

Tardi, nella notte, ci stendiamo sui nostri rispettivi giacigli, con il cuore che brucia di gioia e di riconoscenza per la fraternità che esiste tra di noi, una fraternità semplice e severa. Il Regno di Dio è davvero vicino a noi. Nelle nostre vie liberate e condivise. Christine è talmente commossa che non trova il sonno e ci costringe a cantare fino alle tre. In fondo, ciò che riempie l'anima del povero non è di sentirsi incontrato nella sua povertà? «Evangelizzare un uomo è dirgli: anche tu sei amato da Dio nel Signore Gesù. E non soltanto dirglielo, ma pensarlo realmente. E non soltanto pensarlo, ma comportarsi con quest'uomo in modo che senta e scopra che in lui c'è qualcosa di salvato, qualcosa di più grande e di più nobile di quello che pensava, e si risvegli così ad una nuova coscienza di sé. Questo vuol dire annunciargli la Buona Novella. E tu non lo puoi fare se non offrendogli la tua amicizia. Un'amicizia vera, disinteressata, senza riserve, fatta di fiducia e di stima profonda».[14]

Sveglia alle sette. Dopo la colazione, ci separiamo. Christine ci accompagna per un po' e dice: «Preferisco che partiate ora, perché mi attacco alle persone, e poi è duro e finisco per deprimermi». Avrebbero voluto che restassimo con lo-

[14] Éloi Leclerc, *Sagesse d'un pauvre*, Éditions franciscaines, Parigi 1984[13], p. 150.

ro… Nei nostri rapporti non si può prescindere dalla realtà della morte. È la ragione per la quale dobbiamo amare con purezza, e cioè sapendo dichiarare apertamente ciò che si può e ciò che si vuole dare e ricevere, non seminando illusioni. Possiamo, in ogni caso, sentire la gioia che abbiamo provato a stare assieme a loro e la certezza di essere benedetti, non maledetti.

Alcuni giorni più tardi, Damien passa all'Ilôt per annunciarci che Christine è stata ricoverata in ospedale. Quando l'andiamo a trovare, ci chiede di comprarle una bottiglia di limonata. Ci mette in mano un mucchietto di monetine gialle che contiamo e ricontiamo, poi rovescia tutte le tasche per arrivare a mettere insieme a fatica i miseri sette franchi necessari. E dire che siamo solo alla metà del mese! Noi, che navighiamo regolarmente da un universo all'altro, percepiamo in modo molto concreto i paradossi che attraversano le nostre società, dei quali il più delle volte non si ha che una conoscenza teorica. Così il giorno prima, per esempio, avevamo passato la serata da amici che discutevano di importanti lavori da fare nella loro casa di campagna e di un viaggio culturale in un paese lontano…

Verso le nove di sera andiamo alla stazione. Entriamo in contatto con un arabo, che è seduto in un angolo. Si chiama Mehdi. Con lui ci sono Yacine e un altro uomo. Mehdi ci invita per la notte: «Non è uno *squat*, è una casa vera; è di un amico professore di matematica, che è andato nel Midi. C'è tutto là. Potrete rilassarvi, faremo un bel fuoco. Voi dormirete di sotto, noi al secondo piano. La notte passata ho dormito in un treno, ho dovuto cambiare tre volte. Faceva freddo e quando, alle cinque, gli addetti hanno acceso le luci, ho sloggiato per paura che il treno si mettesse in moto. Però, non mi piace dormire solo in una casa così grande». Né l'uno, né l'altro percepiscono l'RMI. Mehdi commenta: «Lo Stato non mi interessa». Quanto a Yacine, non ha ancora i venticinque anni richiesti. Ci sediamo per terra assieme a loro. Verso le dieci e mezza passano alcuni poliziotti. Mehdi li provoca e loro ci invitano tutti a uscire. Forse i nostri amici, nello stato di semincoscienza in cui si trovano, non si renderanno mai conto che l'espulsione l'hanno provocata loro stessi. In quel momento arriva Fabienne, diciassette anni, tutta in lacrime. Dice che è incinta, che la matrigna non vuole più saperne di lei e che l'uomo con cui viveva l'ha lasciata. I compagni la consolano: «Ci abbiamo fatto l'abitudine, l'amore fa soffrire».

Mehdi ha difficoltà a camminare dritto. Ci dirigiamo alla meno peggio verso la casa di cui sopra. Lungo la strada, Yacine e Fabienne incontrano una loro conoscenza e ci lasciano, promettendo di raggiungerci presto. Yacine ce l'aveva detto! «Quando ti trovi in zona, puoi dormire dovunque». È vero anche stavolta. La porta d'ingresso è spalancata sull'unica stanza di un basso che ci era stato appena annunciato come un palazzo. Quasi indescrivibile... sia all'odore che alla vista! Facciamo luce con una candela che Mehdi si è procurato nella cattedrale. Ci si presenta la visione del caos più assoluto; ci assalgono odori indefinibili di rancido, di urina, di muffa. Niente è al suo posto. Armadi sfondati, mobili traballanti (una parte è servita a far fuoco per scaldarsi), mucchi di bottiglie vuote, di tavole e di mattonelle rotte. Tutto marcisce, ovunque. Niente regge più. Colette, mentre cerca di accendere il fuoco, scivola su qualcosa di viscido e maleodorante. Quanto a Mehdi, si è addormentato su una specie di sedia. Fa freddo, è umido. Verso l'una, ci distendiamo vicino al camino su un materasso che abbiamo ricoperto di cartoni; li avevamo raccolti per precauzione lungo la strada, nonostante le proteste di Mehdi che non vedeva a cosa potessero servire.

A un certo momento, quest'ultimo, fino ad allora abbandonato sulla sedia, si alza e rovescia il tavolo che, nella caduta, trascina candele e bottiglie. Il fracasso ci fa sobbalzare; poi, oscurità totale. Poco dopo, in un profondo letargo, urina, senza alzarsi, in mezzo alla stanza. A rimetterci sono le nostre scarpe che non abbiamo avuto la precauzione di proteggere dagli imprevisti! Infine Mehdi viene buono buono a stendersi accanto a noi sul materasso. È vittima di forti scosse nervose e di continui pruriti dovuti ai pidocchi. A tre riprese, nella semincoscienza, farfuglia palpandoci: «Chi è là?». Poiché l'alcol provoca amnesia, potrebbe dimenticare perché e come siamo là e, credendosi minacciato, farsi pericoloso. Il fatto di essere tutti e tre «insalsicciati» e impossibilitati a muoverci liberamente, ci procura formicolii e frequenti risvegli. Ma, felici sopra ogni cosa di essere accolti da Mehdi, che è per noi Lazzaro, e di accogliere Mehdi, che è Gesù, cantiamo sottovoce il Magnificat per il nostro ospite e i nostri compagni... Gli umili elevati da Dio.

Yacine non è tornato, come aveva promesso di fare. Comportamento abbastanza frequente nei poveri. Essi fluttuano a seconda di questa o di quella proposta, di questo o di quel suggerimento. Di qui la difficoltà a onorare gli impegni. Ma anche loro sono così spesso vittime di appuntamenti mancati, di promesse non mantenute, di speranze vane. La loro vita è fatta di mille e una frattura. Non avendo veri riferimenti a luoghi o a persone, perdono il senso della realtà. I registri del tempo e dello spazio si fanno precari. L'immediato l'ha vinta su tutto: sprovvisti di una sufficiente capacità di prendere le distanze e di dati di discernimento, diventano vulnerabili alle sollecitazioni diverse che ricevono al momento. Sono inoltre mossi da emozioni che non si concretizzano sempre in atti. Non è molto, per esempio, che Cyprien, tutto felice di mostrarci la sua nuova casa, ci aveva invitato con molto calore a tornare il giorno dopo a mangiare insieme le patate fritte. Il giorno stabilito, arriviamo come previsto, ma Cyprien non ne parla più. Il progetto è svanito...

Verso le otto, sentiamo picchiare alle imposte. È Yacine con due compagni. Parlano tra loro di conti da regolare con questo o con quello. Li lasciamo verso le nove e mezzo. Per strada ci scambiamo alcune impressioni. Mehdi è cosciente dello stato in cui si trova lo *squat* che ci ha annunciato come la settima meraviglia? Oppure la destrutturazione è arrivata a un punto tale da impedirne la coscienza? E, se ne ha ancora un po', perché, di fronte a una realtà così mostruosa, non si verifica nessuna reazione? Lo ritroviamo alcuni giorni dopo alla stazione, che egli rivendica come «il mio quartiere», in compagnia di altri giovani alla deriva. Approfitta del nostro incontro per andare al bagno; ci incarica di sorvegliare le sue cose: un sacchetto di plastica e una bottiglia di vino, piena o vuota, a seconda! Colette lo interroga incidentalmente sul Marocco, dove sono rimasti i suoi figli. Reagisce di scatto: «Ma allora tu mi vuoi fare arrabbiare!». Colette ha senz'altro messo il dito nella piaga. Dopo due minuti, però, Mehdi svuota il portafogli – che di portafogli ha ormai soprattutto il nome – per mostrarci la foto delle sue due figlie. «Preferisco sotterrarle», dice, facendo il gesto di cancellare completamente il loro volto, e poi, baciando la foto, aggiunge: «Le amo molto». Offerta dell'intimità di un cuore straziato. Ferita per qualche istante rivelata. Esplosione di sentimenti contraddittori. Poco tempo dopo, Mehdi scompare. Alcune voci lo danno a Nîmes. Non ne avremo più notizia.

Un'altra sera, sempre alla stazione, stiamo leggendo, quando arriva Nounours. Nounours passa spesso dalla stazione. Ci chiede dove dormiremo quando farà molto freddo. Poi, allontanandosi, ci dice di aspettarlo un po' ed effettivamente tre minuti dopo è di ritorno: «Ho telefonato a mia moglie. È d'accordo che dormiate da noi. Vi va bene?».

Accettiamo commossi l'invito che viene da una persona manifestamente molto deprivata. Siamo quasi certi però che si tratta di un falso invito perché in così poco tempo non può aver telefonato a chicchessia, tenuto conto della direzione in cui si è mosso e che nel mondo dei senzacasa non esistono ancora i cellulari. Nounours ci comunica che, prima di tornare a casa, desidera «sciacquarsi il gargarozzo». Lo informiamo subito che non abbiamo soldi. «Non fa niente!» risponde alzando le spalle. Ci mettiamo in cammino senza fermarci in nessun bar; avrà cambiato idea?

Camminiamo per tre quarti d'ora, superiamo la Chiesa di Saint-Honoré. Gli chiediamo notizie della sua bambina Aurélie, che abbiamo visto con lui alla stazione.[15] «La custodisce la mia amica. Io ho già divorziato quattro volte... Non avete neanche un soldo? Ma bisogna che andiamo alla CAF! "A ciascuno i suoi diritti", è scritto sui muri laggiù. Io non potrei mai vivere come voi. Io ho bisogno di soldi e una volta al mese di andare in discoteca». Dapprima dice di aver solo Aurélie, poi invece che ha quattro o cinque figli, non si ricorda più quanti di preciso; sarebbero tutti con le rispettive madri. Ricorda, tra questi, Mickaël che ha dodici anni e che è stato arrestato quello stesso pomeriggio per un furto alle Nouvelles Galeries. Finalmente tocchiamo terra in un appartamento di persone anche loro molto povere: sono sette in un monolocale. La famiglia, all'inizio, manifestamente a disagio e sorpresa, si mostra poi accogliente. Sembra conoscere Nounours da molto tempo e gli rimprovera di essere «volubile». Nounours ribatte che una delle sue donne non aveva per niente igiene e che lui l'ha messa alla porta per non prendersi delle malattie! Che un'altra pretendeva di essere trattata come una principessa, di fare il bagno due volte al giorno. Restiamo là fino a mezzanotte.

[15] L'avevamo notata allora anche perché era stata l'oggetto involontario di un attacco fulmineo: un giovane piuttosto violento del gruppo di Mehdi aveva strappato la bimba dalle braccia del padre per portarsela via. Né più, né meno! Fortunatamente Nounours era riuscito a riprendersela senza troppi problemi. Noi eravamo sul chi va là, pronti a intervenire.

Nounours alla stazione ci aveva informato che lui abitava «dietro». Avremmo dovuto chiedergli di precisare: dietro a cosa? Perché siamo stati costretti a tornare indietro e fare l'intero periplo della stazione, lungo almeno tre chilometri. Accorgendosi che Colette è stanca, si offre di portarle la bisaccia. Arriviamo a casa sua verso l'una. È una casa dall'apparenza ordinata, ma all'interno, ancora una volta, regna la più grande miseria: niente elettricità (spiega che talvolta si allaccia ai fili che passano lì vicino), riscaldamento inesistente, e quindi un'umidità pregnante con il suo odore tipico. Nounours ci indica una stanza al secondo piano, verosimilmente quella del figlio Mickaël, a giudicare dall'impianto elettrico disseminato in pezzi sul pavimento. Nella stanza accanto dorme Aurélie, sola nella casa (da che ora?), con tre gatti sul letto che le fanno la guardia.

Ci alziamo verso le otto. Tutto è sinistro. Come non comprendere la fuga del figlio e le sue tentazioni? Nounours, suo padre, non è anche lui una persona deprivata e fragile, alla continua ricerca di affetto? Al piano terra con Aurélie c'è una donna. Ieri sera non c'era nessuno. Nounours si alza a sua volta. Sembra stare peggio di ieri, ma ci propone nientemeno che un caffè! Partiamo, dopo averlo ringraziato del suo bel gesto. Chi può immaginare che esistono universi come quelli? Le statistiche sottovalutano sicuramente il numero dei poveri, il loro reale modo di vita e i drammi dalle molteplici sfaccettature che vi sono connessi.

Ritroviamo Nounours regolarmente, ora all'angolo d'una strada, ora all'Ilôt, dove ogni tanto viene a rifocillarsi. Il Giovedì Santo arriva sfregiato in volto e ricoperto di sangue. Ha le vene del collo gonfie, gli occhi di fuori, una smorfia sul viso. È molto ubriaco e tenta più volte di provocarci. Non è chiaro se ci abbia riconosciuti. Non smette di ripetere: «Io sono una merda», seguito da: «Che cosa c'è, vuoi batterti?». C'è tra noi un impedimento che rende impossibile la comunicazione. Chiunque siamo, qualsiasi cosa facciamo, non è in grado di cogliere il nostro atteggiamento, che è un atteggiamento di benevolenza. Come fargli capire che il nostro desiderio in questo giorno sarebbe di servirlo, di «lavargli i piedi», mentre l'unica cosa da fare in questo momento, per non amplificare la sua aggressività cieca, è di allontanarsi? Anche una semplice parola potrebbe essere fraintesa. Il silenzio male interpretato. L'equivoco... il male in tutta la sua assurdità e il suo orrore. E la domanda lancinante: perché? Impressionati, infelici e impotenti, dopo questa scena, ci invitiamo mutuamente alla pace, ad accogliere in noi il malessere di Nounous, così cocente e doloroso innanzitutto per lui stesso. Ci ritiriamo nella cappella di un convento. La risposta al male? Gesù si è lasciato colpire dal male... Dobbiamo contemplare questo Amore infinito, prendere parte a questo Mistero. Intoniamo l'inno: «Dio sofferente, tu non hai altra parola che questo uomo umiliato, appeso al legno che ti mostra sul calvario! Tu pronunci soltanto l'appello straziante di un Dio che ci insegna la sofferenza».

Dopo questi minuti di ritiro, girovaghiamo attorno alla stazione, trascinandoci di proposito su e giù senza meta, cercando soltanto di captare i segni della miseria. Facciamo così la conoscenza di José e Gaby. Condividiamo con loro le patatine e le mele che la Croce Rossa distribuisce ogni giorno dopo i pasti. Senza che nessuno glielo chieda, José dice: «Ho quarantadue anni... Zero... Non valgo niente, più niente». Insiste: «Non ho niente, più niente, non ho più niente da fare qui». Linguaggio terribile che rivela un'interiorità distrutta, ormai sensibile soltanto all'appello della morte.

La sera, verso le dieci e mezza, passa nell'atrio Titi. I suoi pantaloni sporchi mandano un odore pestilenziale. Parla senza sosta, ma in modo incomprensibile. Di tanto in tanto grida: «A-ttenti»: è un ex legionario. In che mondo vive? Restiamo silenziosi accanto a lui. Nel punto in cui, umanamente parlando, tutto sembra irrisorio e perduto. Il giorno dopo, Hubert, «il cappellano dei marginali», viene in stazione e ci informa che Titi è stato accoltellato per ben sette volte da un altro senzacasa, ma non è deceduto. La vita del povero è così precaria, di nessun valore. La miseria e la sofferenza vi sono intimamente intrecciati: la vittima e l'aggressore sono legati dallo stesso destino di amore mancato, di stigmate indelebili. È il Venerdì Santo. Le parole della liturgia ci si ripropongono in tutta la loro densità, nella loro permanente attualità. Ci accompagnano e ci illuminano. Preghiamo con il salmo 88 per Titi, per tutti gli abbandonati e i disperati della terra:

> La mia vita è vicina alla tomba.
> Sono annoverato tra quelli che scendono nella fossa,
> sono come un uomo ormai privo di forza.
> È tra i morti il mio giaciglio,
> sono come gli uccisi stesi nel sepolcro,
> [...]
> mi sono compagne le tenebre.[16]

L'altro ieri Norbert, che vediamo quotidianamente all'Ilôt, insisteva per offrirci un caffè in centro. Sono piccole attenzioni che attestano una nuova soglia nell'incontro reciproco, dopo che è avvenuto il primo contatto. Nella vita che conduciamo, è importante che allo stesso povero sia offerta la possibilità di offrire qualcosa quando e come gli viene e che noi siamo semplicemente disponibili nei suoi confronti.

Oggi è Samuel che ci invita a bere un sorso. Ci racconta la sua vita in brandelli e si definisce lui stesso un mascalzone. Ha prenotato una stanza in albergo per poter assistere a uno spettacolo televisivo di Johnny Hallyday: «Johnny è il

[16] Salmo 88, 4-6 e 19.

mio idolo. Ha conosciuto la strada come noi». È vero che nell'universo delle prigioni, della strada, dei centri di ricovero, il successo che senza paragoni si canta di più è questo ritornello famoso: «Le porte del penitenziario presto si chiuderanno, ed è là che io finirò la mia vita come altri ragazzi l'hanno finita». Ancora un paradosso della miseria: sono poveri, non hanno niente o quasi niente e, per offrirsi il lusso di uno show televisivo, sono costretti a pagarsi l'albergo. Samuel insiste sulla sua solitudine. La sua donna l'ha appena lasciato, è ospitato all'Ilôt e giura che si sparerà o si impiccherà. «Non ce la faccio più a sopportare». Poi, però, ci invita a festeggiare insieme il suo compleanno.

Mentre camminiamo, parliamo molto, rileggiamo insieme gli avvenimenti, gli incontri, arricchendoci reciprocamente di intuizioni talvolta differenti. Sono modi di vedere al maschile e al femminile, ciascuno con le sue sfumature, i suoi particolari accenti; sguardi nel profondo che educano la nostra visione delle cose, l'amore per l'altro, la nostra sensibilità nell'incontro. Ci imbattiamo in Pascal. È ubriaco, seduto per terra sotto la pioggia. Ci fissa con i suoi begli occhi e dice: «Voi, io vi rispetto tutti e due», poi ci offre del cibo che ha ricevuto in elemosina. Avevamo finito giusto allora una sfortunata perlustrazione dei bidoni della spazzatura. Ancora una volta veniamo miracolosamente nutriti dalle mani di un povero. Questo gesto ci commuove perché Pascal si trova in una condizione di angosciante miseria, che non ha impedito però al suo cuore di parlare. Dopo averlo aiutato a rimettersi in piedi, un poco discosti mangiamo con rispetto le banane e le piccole brioche che ci ha offerto.

Ritorniamo alla stazione che, fino all'ora di chiusura, è il rifugio degli sbandati. Viene verso di noi un giovane di una trentina d'anni e ci tende la mano. Lo riconosciamo, lo abbiamo già incontrato a Lille. È Ben. Non sa né da quando è arrivato né dove andare a quest'ora molto avanzata. È inebetito. In mano ha un biglietto ferroviario Amiens-Lille di cui non conosce l'origine. Piccolo Gavroche[17] venuto da un altro pianeta. D'improvviso ci chiede: «Andiamo al bar?». Ma noi, come del resto lui, non abbiamo denaro. Butta gli occhi su una banana, quello che ci resta del regalo di Pascal. La vuole. È totalmente smarrito e ci è caduto tra le mani. Ora all'uno ora all'altro chiede: «Tu hai una casa?». Esitiamo sulla destinazione dei nostri passi: la stazione sta per chiudere; portarlo al parcheggio abituale vorrebbe dire farsi più facilmente scoprire e compromettere così la disponibilità di quel rifugio. Allora ripartiamo verso il centro della città, da dove venivamo, alla ricerca di un po' di cartoni. Finalmente scopriamo una rientranza coperta: ci sistemiamo dietro alcuni bidoni della spazzatura. La notte sarà molto fredda e movimentata. A interromperla è dapprima un importuno che vuole sapere a tutti i costi perché dormiamo in quel luogo. Alle due, è la volta di un addetto che deve controllare una cabina la cui porta è proprio là dove dormiamo. Alle cinque, nelle vicinanze vengono a lavorare quattro operai e alle sei e mezzo uno di essi deve far uscire una macchina. Siamo costretti a lasciare il posto. Ben fa un pezzo di strada assieme a noi, trangugia il pane che ci resta e improvvisamente, senza dire niente, sparisce. Ripercorrendo questo episodio, ci dispiace di non aver saputo accogliere Ben senza riserve ieri sera; mentre lui si era presentato a noi in tutta la sua miseria, noi abbiamo pensato prima di tutto alla possibilità di perdere il nostro cantuccio nel parcheggio. Perdonaci, Ben! Perdonaci, Signore! Non ti stancare di farci vedere quello che più conviene ai nostri fratelli e concedici di non tergiversare per interessi alla fin dei conti secondari.

[17] Gavroche: personaggio de *I Miserabili* di Victor Hugo. Incarna la figura del monello parigino [*N.d.T.*].

Primavera 1995

Nonostante una certa routine, i giorni filano via veloci. Facciamo sempre gli stessi giri: l'Ilôt, la stazione, le soste di recupero in chiesa o in biblioteca... Un pomeriggio andiamo a Étouvie a far visita a Christine (di lei abbiamo già parlato). Con Yves, il suo nuovo compagno, ha trovato un rifugio temporaneo presso Grégoire. Non abbiamo ancora avuto ancora il tempo di entrare nell'appartamento, posto in cima ad una torre, che ci invitano a cena e a restare per la notte. Neanche azzardarsi a pensare a qualcosa di diverso: «In ogni modo, chiudiamo la porta a chiave, così non potete più uscire». Bene. Christine, abbandonata su uno pseudocanapé, si succhia il pollice davanti alla tv, che i vicini le hanno prestato per ventiquattr'ore. Ne deve approfittare al massimo. Quando, all'inizio della settimana, ha percepito il sussidio per gli adulti disabili, per ringraziare Grégoire della sua ospitalità, è andata a saldare una parte delle bollette rimaste insolute per lustri e, in questo modo, ha potuto ottenere, quella stessa mattina, il riallaccio della corrente.

Ci accorgiamo presto che Yves e Christine hanno preso loro il comando della «nave»: spediscono il loro «domestico» Grégoire alla ricerca di birra, poi lo mandano con delle mele dalla vicina Berthe per chiederle se può confezionare per loro una torta perché non hanno né forno, né farina, né uova. In compenso, lei e l'uomo con cui vive, Pierrot, sono invitati a condividere il pasto. A sua volta, Berthe rimanda Grégoire a cercare un po' di burro da Christine. I baratti della miseria, mutua dipendenza onnipresente nella vita dei poveri. Mentre Christine e Yves guardano, affascinati, un film sui gladiatori, il bravo Grégoire, con le cicche che ha raccolto, confeziona sigarette per tutta la compagnia. Arrivano Berthe e Pierrot. Propongono di fare una partita a carte, poi condividono il «pasto di fortuna»: scatole di legumi ricevute al «Restaurant du coeur» e patate e, per chiudere in bellezza, la famosa torta di mele. Infine, verso le undici, cambiamento di programma: di fronte alla esiguità del posto e sicuramente anche per manifestarci la sua ospitalità, Pierrot insiste che passiamo la notte da loro. Christine non sembra troppo contrariata: «Promettetemi di ripassare domani mattina!», insiste.

Eccoci in un appartamento un po' più pulito. Ci sistemano nella camera dei bambini, che è però priva di mobili. Ci accorgiamo che il vetro di una finestra è stato forato da un proiettile. L'indomani, Berthe ci racconta alcuni frammenti della sua vita molto tormentata: «Mia madre si è suicidata dopo la morte di mio padre. Io avevo sei anni. Sono stata io a trovarla. Il mio primo marito mi picchiava. Ho avuto un trauma cranico che mi ha sprofondato per due mesi nel coma. I miei due figli sono stati dati in affido ad altre famiglie. Il mio ultimo uomo prima di Pierrot, quattro mesi fa, mi ha colpito con una revolverata alla guancia; infine voleva impiccarmi là a quel gancio. Ne ho viste nella mia vita! Ora sono con Pierrot, ma vorrei lasciare questa casa; questo appartamento non posso più vederlo. Troppi brutti ricordi!». Come si può sopravvivere a una simile serie di disastri? Nonostante tutto, la speranza di una vita finalmente migliore, l'amore più forte della morte, la lotta ripresa incessantemente, per quanto tenui e fragili, sono elementi che riescono ancora ad aprirsi un cammino in questi meandri da incubo. Berthe non è forse la samaritana che ha sete dell'acqua viva? Al momento di lasciarci, ci dice: «Era da tanto tempo che non trovavo persone che hanno le sembianze del mio cuore. Che il Signore vi custodisca!». Benedizione sconvolgente!

Come promesso, ci arrampichiamo al quattordicesimo piano per salutare i nostri amici. Povero Yves, fa pena a vederlo. Sdraiato, con il corpo percorso da un tremito, livido: già di prima mattina accusa la mancanza di alcol. Ieri sera si era preoccupato di metterne da parte una razione, che però si è dimostrata insufficiente. Grégoire è uscito a mendicare, in modo da poter acquistare «l'elisir di desolazione». Il corpo di Yves fa impressione. È quasi scheletrico e completamente ricoperto di tatuaggi orridi e provocanti. «La pelle è tutto quello che ho», commenta. Firma indelebile di tante sofferenze coniugate alla rivolta. «Il corpo è il pannello in cui resta costantemente affisso ciò che si è provato in modo molto forte. Segnare il proprio corpo in maniera indelebile significa che qualcosa non potrà mai più essere cancellata. I corpi tatuati sono talvolta anime tatuate a vita… o meglio a morte!».[18]

Nel corso dell'anno avremo con Christine alcuni scambi epistolari, condizionati dai suoi continui spostamenti e aggravati dalla difficile decifrazione delle sue lettere. L'anno dopo, la ritroviamo con gioia nel quartiere Victorine-Autier, dove abita presso una sorella. «Vivevo in una roulotte vicino a Saint-Maurice. Dei giovinastri le hanno dato fuoco. I miei cani sono morti carbonizzati. Pensa, potevo essere io! Non avevo ancora finito di pagarla. Adesso ho il proprietario alle calcagna. Mia sorella Clémence ha accettato di ospitarci, Yves e me, ma non va: lui beve sempre di più. Mia sorella ha paura per la sua famiglia». In questo contesto nuovamente difficile, accettiamo di buonumore il suo invito a condividere con tutti loro, il 24 a mezzogiorno, il pranzo di Natale. Quel giorno è un parapiglia. Tanto per cominciare, all'ora concordata non troviamo nessuno, al punto che cominciamo ad avere qualche dubbio. Ma non è come pensiamo. Non hanno dimenticato l'appuntamento, ma: «avevamo delle questioni da sbrigare», spiega Christine. «Il mio ex compagno Damien vorrebbe uscire con mia sorella. Continua a darci fastidio, giorno e notte, per telefo-

[18] Pedro Meca, *Contrebandiers de l'espoir*, cit., p. 97.

no. Se volete, potere andare a vederlo: è laggiù, nella cabina telefonica; sarebbe contento di parlarvi». Ci andiamo senza por tempo in mezzo. Damien è completamente prostrato! È mezzogiorno e mezzo, ma non si tiene già più sulle gambe. «Tutta la mia vita è un casino, un vero fiasco. Perché Clémence non ne vuole sapere di me?». Visto il suo stato di sfinimento, cerchiamo di tirarlo su e gli proponiamo di chiamare un soccorso, ma rifiuta categoricamente. Alla fine prende al volo un autobus per il centro.

Da Clémence è tutto in disordine. D'improvviso, con un gesto brusco ma pieno d'affetto, Christine ci mette tra le mani un regalo: «È per Natale!», poi, si mette a rassettare, mentre Yves è andato a cercare non si sa dove altre sedie. Ritorna in taxi tre ore dopo, accompagnato da un signore handicappato, ciò che porta al culmine l'impazienza e la collera di Christine. Nel frattempo arriva Pierrot. Non sta più con Berthe e ha un contratto CES all'Ilôt. Oggi stesso deve prendere servizio alle sei del pomeriggio. Intanto decide, con il nostro aiuto, di occuparsi anche lui della preparazione del pasto: aprire le ostriche acquistate per la circostanza, infornare il sanguinaccio e il tacchino, pelare le patate... il clima è teso, a tratti agitato. Gli uomini hanno già mangiato prima di mettersi a tavola. Noi ci sforziamo di trovare dei diversivi per calmare gli spiriti. Sono le donne che portano candore e innocenza. Christine intona ritornelli di Natale seguiti da filastrocche infantili che illuminano il volto di Clémence e dissipano poco a poco gli ardori bellici degli uomini. Al momento di lasciarci, Christine, tutta in lacrime, mette nelle nostre mani una primula sopravvissuta alla chiusura di un mercato. A nostra volta, siamo felici di offrirla più tardi ad amici avvocati come un modo discreto ma tangibile di portare il sorriso dei poveri alla loro tavola familiare.

In questi giorni di festa, ci piace onorare molti appuntamenti qui e là. Ora ci rechiamo all'Ilôt per trascorrervi la grande veglia assieme ad altri centocinquanta senzacasa. Lungo la strada facciamo questa riflessione: da Christine e Clémence ogni cosa è stata voluta e pensata per vivere un Natale come tutti gli altri, compresi gli acquisti costosi, ma tutto si è concluso in un fiasco che li lascerà senz'altro con l'amaro in bocca; una delusione in più. Ma, senza la nostra presenza, avrebbero avuto anche soltanto l'idea di organizzare il pranzo?[19]

Dicembre 1995-gennaio 1996

Ritornando alla stazione, verso le dieci di sera, in un angolo sentiamo gemere un uomo. Michel chiama invano i vari centri di accoglienza, infine i pompieri. Nel frattempo Colette gli sta accanto. Lui le dice piangendo: «Signora, ho paura. Ho paura... Non voglio che chiamiate soccorsi, vorrei soltanto che mi riconduceste a casa!». Colette gli spiega che noi viviamo sulla strada per condividere la vita dei senzatetto e che dunque non abbiamo la macchina: «Oh! Signora, non è vero, non può essere vero!». Le bacia la mano, chiede un bacio sulle guance, poi tiene la mano di Colette nella sua. Si chiama Jean. La dolcezza e il calore sembrano tranquillizzarlo un poco. Finalmente arrivano i pompieri e concludono che non possono portarlo via perché non è malato. Avvertono via radio la polizia municipale che arriva a sua volta e che dichiara: «Spiacenti! Noi non facciamo assistenza sociale». Passano infine alcuni poliziotti (stavolta della Polizia di Stato) e riconoscono Jean: «Tre giorni fa abbiamo fatto un ricovero d'urgenza. Sei già nello stesso stato. Allora non serve a niente». Aiutiamo Jean a sedersi su un parapetto. Chiede di poter urinare. Lo

[19] Nel 1996, una lettera di Christine ci annuncia la sua recente sistemazione con Damien in una casa di campagna della Somme: «Preferisco lui a Yves. Beve, ma c'è meno violenza».

reggiamo all'altezza del canaletto di scolo. Un altro collega esclama: «Non gli resta che...». Michel lo interrompe: «Sì, signore, ma il problema non è questo a quest'ora». Un veicolo blu accosta. Ne scende un graduato. Con molta gentilezza, sorridendo, fa salire Jean sul furgone per ricondurlo all'indirizzo che Jean nel frattempo gli ha indicato, nel quartiere Saint-Pierre, e si sistema accanto a lui. L'intero episodio, per fortuna a lieto fine, è durato più di un'ora. La nostra presenza è stata utile a rendere umani i diversi comportamenti? E poi, sotto la sua maschera sfigurata, non abbiamo ricevuto in dono la gentilezza di Jean, così bella e graziosa?

In occasione di quest'ultimo soggiorno, notiamo alcuni cambiamenti: un servizio di aiuto medico-sociale d'urgenza (SAMU) e un nuovo centro di accoglienza, la Passerelle. Nella nostra prima notte alla Balise (un distaccamento notturno della SAMU presso l'Ilôt), il personale, alla nostra richiesta di creare centri di accoglienza mista ad Amiens, conduce una piccola e discreta inchiesta sulle nostre persone. Su loro raccomandazione, per saperne di più, il giorno dopo ci rivolgiamo al SAU (Servizio per gli aiuti d'urgenza). Risposta: se non si è del dipartimento, non si ha diritto a granché; per quanto riguarda le coppie, non esiste nulla al di fuori dei centri di reinserimento.

Venuta la sera, facciamo un tentativo alla Passerelle. A titolo eccezionale, c'è una stanza riservata alle coppie o alle donne. La regola è che una coppia può occupare questa stanza, se non si presenta una donna. In questa eventualità, l'uomo si ritira nei dormitori e le due donne restano nella camera. È proprio la situazione che sperimenteremo all'arrivo di un padre accompagnato dalla figlia. Il centro apre le porte alle cinque e mezzo del pomeriggio; a partire dalle sei alle persone viene servito un pasto man mano che entrano, fino alle sette. L'ambiente è piuttosto simpatico e vi si rincontra gente vista durante la giornata. Dopo la cena, alcuni si trattengono nella sala da pranzo a guardare la televisione, altri vanno direttamente a dormire; altri ancora stanno a discutere in un lungo corridoio dove sono sistemate alcune panche, un distributore di bibite, un apparecchio telefonico abilitato solo a ricevere. I sanitari e i dormitori, ciascuno di una ventina di letti, danno su questo corridoio, dove sostiamo volentieri a prolungare i discorsi incominciati durante la cena. Scambi verbali, talvolta molto animati quando c'è Jeff, un personaggio che sa creare atmosfera, ma anche presenza più silenziosa che sa scambiare qualche parola con tutti.

Cominciamo dal famoso Jeff che, sotto le parvenze di pagliaccio, accumula tante sofferenze che, d'altra parte, non esita a raccontare. All'età di quindici anni, viene messo alla porta perché «troppo difficile da allevare». In seguito a un duplice omicidio, entra quasi subito in galera. All'uscita, si ritrova sulla strada dove impara tutti gli espedienti del mestiere. Certe sere arriva ubriaco fradicio. Lui, che di solito è molto fiero di farsi vedere pulito e in ordine, per mangiare allora fa qualsiasi cosa, diventa volgare e violento nei discorsi. È molto attaccato ai suoi e non risparmia minacce a chi si azzarda a crear loro dei problemi: «Ho già ucciso una volta, ucciderò ancora». Allo stesso tempo, parla della sua voglia di «strippare» qualcuno. L'attaccamento alla famiglia sembra essere inversamente proporzionale alle rotture con essa. Escluso molto giovane dalla famiglia, nella sua unione con le donne ha già fallito tre volte. Parla spesso della figlia Anne: «È tutto per me; è il mio tesoro più caro». Ha speso molto per i regali di Natale: «Sono al verde, ma contento». Ma la sua piccola Anne non gli è forse tanto più preziosa perché abitualmente inaccessibile? Ipertrofia del discorso in rapporto alla realtà, soprattutto a causa dell'ubriachezza. Lo stesso è per il lavoro: da alcuni giorni Jeff ci parla di un lavoro in casa della responsabile di un'associazione, ma l'inizio viene procrastinato di giorno in giorno. Tanti progetti, tanti sogni che vivono nella loro testa e che non si realizzeranno mai.

Sulle panchine del corridoio, tra Jeff e un algerino religioso si abbozza una conversazione metafisica. Jeff professa la sua incredulità, ma ciò non gli impedisce, una sera di melanconia, di proclamare: «Io sono credente. Tutte le sere dico la mia preghiera: fa' che domani vada meglio. Ma non succede niente. Forse non mi vengono perdonate le mie stupidaggini. Ma allora quando muoio...». Poi si alza: «Via, scherzavo. Bisogna pur dimenticare. Ridere per non piangere, questa è la mia filosofia». Anche in questo caso troviamo un'illustrazione delle riflessioni che abbiamo già fatto a proposito della religione. Facciamo notare ugualmente l'uso del verbo nella forma impersonale che torna regolarmente nei discorsi di Jeff e di tanti altri come manifestazione della mancanza inconscia di capacità e/o di volontà di situarsi in quanto persona, di essere un «io» responsabile. Segno di un'identità e di una storia che non gli appartiene più veramente.

Jeff parla spesso della prigione, pur essendone uscito da quattordici anni. Ne parla come di una realtà che gli è rimasta incollata alla pelle. Per sempre. Ci esprime il suo tormento: il più grande dei suoi figli è, a sua volta, in carcere. Se pensa a tutte queste cose, non riesce a dormire. Ne piange davanti a noi: «Certe volte si dice che si beve, ma queste cose ti tormentano talmente in tutti i sensi...». Poi ripete che ha quattro figli e tre ex mogli: «Un casino», per usare la sua espressione. Molti senzacasa parlano in questi termini dei figli, che rappresentano contemporaneamente la loro gioia e la loro sofferenza. Non hanno potuto dare alcun contributo alla loro crescita perché loro stessi mancano delle basi sufficienti per esercitare il ruolo paterno. Jeff è tanto più provato in questo periodo in quanto il suo progetto di trascorrere il Natale con Anne e sua madre, per mancanza di un'intesa con quest'ultima, è andato in fumo. Immensità di un desiderio che svanisce e del quale si scaccia il pensiero: «Bah! È solo un brutto momento. Passerà». Oscillazione frequente tra smarrimento, annientamento, capitolazione e sorprendente soprassalto interiore che solo raramente riesce a prendere una forma concreta.

Passiamo del tempo anche con Amédée, che si capisce a fatica e di cui gli altri si prendono volentieri gioco, anche se non lo fanno sempre per cattiveria. Il giorno di Natale, vedendo che Colette ha il piatto vuoto, insiste per dividere con lei la sua minestra. Un'altra volta ci offre un sacchetto di pane al cioccolato che gli è stato donato. Un'attenzione squisita che nasce dal cuore stesso di una grandissima fragilità. Perché Amédée è un uomo semplice e assente. Nel mese di gennaio 1996, i media hanno molto parlato delle esequie di François Mitterrand. Ebbene, Amédée è passato attraverso questo fiume di informazioni senza accorgersene! Parecchi giorni dopo l'avvenimento, parlando con altri, si stupisce: «Davvero Mitterrand è morto?». In compenso, nei nostri compagni più giovani, la sovrabbondanza mediatica attorno a questo evento ha scatenato reazioni aggressive e francamente volgari. In quella circostanza hanno infatti potuto misurare concretamente lo scarto tra gli onori resi all'uomo pubblico e l'insignificanza che essi rappresentano per i dirigenti del paese, che non si preoccupano quasi per niente di loro. Anche in questo caso, una simile rivolta non può essere compresa che alla luce dell'umiliazione subita dai poveri di fronte all'apoteosi messa in scena per i ricchi. Più deluso degli altri, uno di loro dice: «C'è una sola giustizia, che tutti muoiono, poveri e ricchi».

Siamo colpiti anche da Nino. Ha ventisei anni. Ogni sera litiga e si picchia con qualcuno. Ha l'aspetto di un porcospino, sempre pronto a rimbeccare. I suoi occhi sono duri e tenebrosi. Per il suo comportamento odioso, non è facile accoglierlo con simpatia. Ad intervalli, tuttavia, il suo volto ritrova i tratti di un candore infantile. Quando Jeff parlava di suo figlio in prigione, Nino continuava ad interromperlo per ricordare la propria detenzione. Avevano finito per parlare tutti e due contemporaneamente. Due infelicità parallele. È difficile per i poveri sapersi ascoltare l'un l'altro...

Selim, ventott'anni, è prigioniero della droga. Piange e ci racconta la sua infanzia. Suo padre a casa li picchiava tutti. La madre, non sopportando più questa violenza cieca, se n'è andata. È sparita. Malgrado tutto, lui e sua sorella sono riusciti a prendere il diploma. È vissuto per qualche tempo con una compagna, ma hanno dovuto lasciarsi a causa della droga. Vorrebbe riprendere la cura e disporre di un «alloggio terapeutico». Ha bisogno di affetto. Dice che avrebbe dovuto avere genitori come noi. All'Ilôt, ci viene a parlare alla sera o alla mattina. Talvolta è talmente stufo che vorrebbe farla finita: «Cominciavo a preoccuparmi. Non vi si vedeva più». E prosegue: «Ho dell'amicizia per voi. Quando ritorno qui e vedo tristezza dappertutto, è dura. Ma il vostro sorriso mi riconcilia». Michel avrà la gioia di ottenere un letto vicino al suo, nel dormitorio. Ogni sera Selim lo accoglie, dicendo: «Ecco il mio angelo protettore». Grazie a te, Selim, nostro fratello, di esortarci al sorriso e alla tenerezza, come luce che può ancora stupire e fare del bene in mezzo alla tristezza e all'oscurità.

CAPITOLO NONO

Quando l'escluso diventa l'eletto

I borghesi sognano un povero conforme ai loro interessi. I preti sognano un povero conforme alle loro speranze. Lui, Francesco d'Assisi, non sogna, non sogna più. Vede: la povertà non ha nulla di gradevole. È una tara, una sofferenza, una piaga. Nessuno è naturalmente degno d'amore, né il ricco né il povero. Per natura l'amore non esiste. Giusto un'acqua torbida in uno specchio, l'incontro di due interessi, un miscuglio di guerra e di commercio. Quel che è naturale è questo modo di amare che vi assomiglia e vi lusinga: gli amici ospitali, le dame profumate. Quel che è soprannaturale è entrare nel lebbrosario vicino ad Assisi, passare da una sala all'altra, camminare con il passo di un contadino, improvvisamente calmo, improvvisamente tranquillo, vedere questi brandelli di carne protesi verso di voi, queste mani luride che si posano sulle vostre spalle, vi palpano il volto, contemplare i fantasmi e stringerli a sé, a lungo, in silenzio, evidentemente in silenzio: non è il caso di parlare di Dio a costoro. Stanno dall'altra parte del mondo. [...] La sanno abbastanza lunga sul mondo per capire da dove viene questo gesto del giovane, per capire che non vien da lui, ma da Dio: solo l'Infinitamente Piccolo può inchinarsi così profondamente, con altrettanta semplice gioia.

Esce di là con la febbre nel cuore, il rossore sulle guance. O piuttosto non ne esce, non ne uscirà più. Ha trovato la casa del suo signore. Ora sa dove abita l'Infinitamente Piccolo: ai margini della luce di quel secolo, là dove la vita manca di tutto, là dove la vita non è altro che vita bruta, meraviglia elementare, miracolo povero.

Christian Bobin

Dopo aver camminato, lungo queste pagine, in compagnia di coloro che soffrono sulla strada, fermiamoci un'ultima volta per svolgere alcune riflessioni che l'insieme di questi percorsi ci suggeriscono. Che cosa ci può rivelare il povero sull'umanità, sulla condizione umana e anche su Dio? Jean Vanier non cessa di ripetere che il grido primordiale di ogni essere e, in particolare, del debole è: «Mi ami?». È un grido che invoca la relazione, la comunione.

Senza mendicare esplicitamente affetto, il povero ci ricorda che uno dei bisogni primordiali dell'uomo è il rispetto, la riconoscenza, la stima. Tutti i nostri compagni lo dicono e lo ridicono: «È preferibile non ricevere nulla che ricevere con disprezzo». Ciò che cercano sopra ogni cosa è uno sguardo che parli loro con rispetto. Uno sguardo che rinvii loro una immagine positiva di se stessi. Il povero, nei rapporti umani, porta spontaneità e immediatezza. Anche cordialità. È un essere viscerale. Non è tanto razionale e cartesiano. Vive nell'istante: domani è un altro giorno. Certo – l'abbiamo visto – queste disposizioni hanno anche il loro rovescio e non sempre sono delle virtù; esse però ci rivelano innegabili qualità umane che possono aiutarci a non considerare ogni cosa sotto il profilo razionale, del rendimento a ogni costo, della produttività e della tecnica, dell'economia senz'anima. Ci ricordano inoltre che spendere tutte le proprie energie per aumentare la propria fortuna e i propri privilegi non è vita.

Con il suo bisogno di un incontro «cuore a cuore», il povero ci porta all'essenza della vita, che è lo scambio, la gratuità, l'amore. Talvolta nei nostri compagni c'è una tale profondità di sguardo, una tale intensità di gratitudine in una stretta di mano, una sensibilità e una delicatezza di cuore così grandi, intuizioni così belle nelle parole semplici, che, quando ne siamo colpiti, diventiamo subito migliori. In pochi istanti essi riescono a mettere sottosopra i nostri cuori.

Viaggiando spesso ai confini dell'esistenza, il povero ci mette a confronto con la morte. A causa della sua fragilità, come il malato e il morente, ci ricorda l'estrema vulnerabilità di ogni vita e può condurci all'umiltà, al distacco dalle cose e al de-centramento da noi stessi. Certo, rifiuti e durezza sono sempre possibili, mentre, però, la ricchezza seduce e provoca, la povertà intenerisce e, mentre il lusso abbaglia o scandalizza, la debolezza suscita il sentimento della compassione. «La povertà rimane un flagello da combattere, ma, allo stesso tempo, è il luogo che attira di più la bontà; è una disgrazia contro cui mobilitare il meglio che c'è nell'uomo, ma è anche un mistero da adorare; fa orrore e affascina; distrugge e induce a superamenti più ardui. In essa si rivela l'odio e il disprezzo dell'uomo per il fratello; in essa meglio si esprime l'amore dell'uomo per l'altro uomo, l'amore dell'uomo per Dio, l'amore di Dio per l'uomo».[1]

Se si ascolta l'appello dei poveri, essi risvegliano in noi sorgenti di compassione, di tenerezza e di bontà e liberano nelle nostre vite un'insospettata capacità di amore. Ma a differenza del malato e, in una certa misura, anche dell'handicappato, essi provocano anche un rifiuto. Il malato non

[1] Jean-Claude Chupin, *Le pauvre est-il un être sacré?*, in «Annales Cardijn», n. 13, 1995, p. 56.

viene accusato di essere malato, ma l'errante viene accusato di essere sporco, alcolizzato e violento.

Allora, per avanzare e perseverare in una relazione autentica con colui che in certi casi ci fa orrore, bisogna oltrepassare una soglia e riconoscere che il povero ci rivela la nostra propria povertà. Colui che ci intriga e che siamo tentati di respingere, è lo stesso che ci può guarire perché mette il dito nelle nostre piaghe e sui limiti che ci impediscono di amare pienamente. Diventa uno specchio salutare, dove, specchiandoci, possiamo convenire che in definitiva non siamo così diversi l'uno dall'altro. Il povero che cacciamo ci può aiutare a riconciliarci in profondità con noi stessi, con gli altri, con la creazione intera. Se fossimo capaci di vederlo innanzitutto come colui che, attraverso le sue debolezze, ci rivela non l'orrore, ma una verità fondamentale sull'umanità, sulla nostra umanità, e cioè sulla nostra fragilità, allora si sarebbe già elevato e noi con lui. Di più: se sapessimo venerare i poveri, la lotta contro la miseria avrebbe fatto un grande passo in avanti. Prima di desiderare di soddisfare i loro bisogni, come Gesù con la samaritana, dovremmo mendicare da loro l'acqua del cuore e stare in mezzo a loro in profonda umiltà e chiedere: «Ho sete, dammi da bere».

Queste riflessioni non riescono a dissipare la nostra perplessità quando negli ambienti cristiani sentiamo dire: «I poveri ci evangelizzano», oppure: «Riceviamo più di quanto offriamo». Manchiamo forse di chiaroveggenza? Forse, all'eccesso della condanna subentra l'eccesso della giustificazione e della gratificazione. In realtà, il povero ci evangelizza non attraverso le sue qualità, ma perché, stimolando il meglio che è in noi e sollecitando un incessante passaggio dall'istintività allo spirituale, ci scuote ed esige da noi una profonda conversione.

Se ci evangelizza, non è perché è un esempio vivo di virtù, ma perché il suo smarrimento ci spinge a rivolgerci verso Colui che ci evangelizza per eccellenza, il Cristo che ha scelto per se stesso la strada dell'abbassamento e della povertà.[2]

È la condizione del povero, e non le disposizioni più o meno virtuose del suo cuore, a costituire il luogo privilegiato della bontà divina. Il suo cuore infatti può essere criminale e menzognero né più né meno che ogni altro cuore umano. Anche lui può cercare il potere e darsi da fare per mascherare la sua povertà. Fatte le dovute proporzioni, il senzacasa che passa le sue giornate a cercare un po' di denaro può essere animato dalla stessa cupidigia del capitalista. E colui che mortifica il compagno, che fa a pugni per un posto all'uscita di una chiesa o per una coperta, si mette allo stesso livello degli oppressori. È dunque suo malgrado, a sua insaputa, che il povero è rivelatore della verità umana. Infatti, il vero servizio che ci rende è che ci umanizza, che ci manifesta che cosa è l'uomo. Il ricco può occultarlo. Anche il povero, ma il povero è più manifestamente la prova vivente che l'uomo non è Dio. Il ricco ne dà invece l'illusione. L'indigente rivela che l'essere umano è piccolo, debole, fragile, peccatore, mortale. Il ricco, invece, e l'intera società cercano di cancellare tutto ciò e fanno in modo che l'uomo appaia ricco, potente, bello, immortale.

La «fortuna» che i senzacasa rappresentano per il nostro mondo è che sono in mezzo a noi. Il malato o il prigionie-

[2] Lo abbiamo potuto constatare: la miseria intollerabile che incontriamo non ci è mai parsa favorire la vita spirituale. È vero anzi il contrario, perché essa distrugge l'uomo, tutto l'uomo. D'altra parte, quando si esalta il povero, è perché, secondo una lettura cristiana, rappresenta il Cristo, è l'icona del Cristo, e dunque lo si sacralizza e lo si santifica.

ro, bisogna spostarsi per andarli a trovare. I senzacasa sono alla nostra porta come Lazzaro. Se li cacciamo, perdiamo la traccia dell'uomo e di Dio. Resta da sapere come ciascuno di noi può rispondere all'appello che essi ci rivolgono. La nostra intuizione profonda, attinta dal francescanesimo e verificata nella nostra vita, è che non ci può essere vero incontro con i poveri se il nostro cuore non è profondamente mosso da uno slancio di fraternità, desideroso di rinunciare veramente a stare al di sopra di loro, fosse anche il più piccolo, per essere semplicemente assieme a loro. C'è uno stretto legame tra povertà e umiltà, tra povertà e pace, tra povertà e riconciliazione.

Darsi ai poveri invece di dominarli, imponendo loro il nostro sapere e i nostri progetti per loro, anche questo vuol dire lasciarsi evangelizzare. Allora non abbiamo più diritti; tutto diventa grazia. Mistero di gratuità, di nascondimento... Abbandonare l'idea di «salvare» qualcuno e, invece, offrire il proprio amore e riaverne, in uno scambio nel quale non si cerca di trasformare l'altro, ma di lasciarsi dall'altro destabilizzare interiormente. La povertà del cuore è essenziale, ma non è totalmente svincolata da un modo di vita che, senza arrivare all'impegno radicale, esige tuttavia di rompere con la ricchezza e di optare per forme di solidarietà reale. La povertà apre e favorisce la relazione con l'altro, la ricchezza la chiude.

Con la nostra scelta di vivere in mezzo ai compagni, diventiamo loro ospiti e ciò fa loro grande onore. Restano colpiti da uno scambio fraterno che arriva fino a loro ed è allora che a parlare sono le viscere: invitano il giorno e la notte per dormire, per dialogare, per un pasto. Sono momenti che diventano vere eucaristie. Per noi è lo stesso incontro che, in qualsiasi circostanza, è un sacramento. Non esiste più alcuna separazione tra il profano e il sacro, che si vorrebbe riservato a uno spazio, a dei riti, a dei comportamenti... Dovunque passiamo, i luoghi dell'abbandono e dell'assenza sono il luogo del Roveto Ardente. In presenza dei nostri amici, siamo invitati a «togliere i nostri sandali perché il luogo su cui stiamo è una terra sacra».[3]

Il povero dunque rivela chi è l'uomo e, per il cristiano, chi è Dio. Perché, secondo la fede cristiana, Dio è il Povero per eccellenza. Povero e umile, si identifica con la persona insignificante; svuotato di se stesso, fa della condizione umana più misera, più abbandonata e perduta, il luogo privilegiato della sua prossimità all'uomo. Perché sia chiaro che l'amore divino è offerto a tutti, infatti, è necessario che raggiunga innanzitutto coloro che rischiamo di escludere dai nostri ranghi. Potrebbe essere altrimenti? «È del tutto imprevedibile. Come può Dio abbassarsi tanto? Ci prende veramente in contropiede. Noi pensiamo che, se fossimo forti e potenti, potremmo costruire un mondo felice; e Lui, l'"Onnipotente", abbandona la sua forza e si fa uomo, nascendo sulla paglia di un presepe. La salvezza cristiana, dunque, ci prende dal lato opposto a quello che avremmo immaginato; alla rovescia. Dio si fa povero, prende il posto dell'escluso, del marginale, dello schiavo e ciò fino alla morte e alla morte della Croce. In questa Pasqua, in questo gesto supremo, capovolge tutti i nostri valori: la debolezza, la povertà, la sofferenza, la stessa morte. Li ha scelti, li ha presi su di sé, Lui, Dio».[4]

«Gesù ha spinto così lontano la ricerca dell'uomo perduto che, volendo testimoniare l'amore di Dio ai più lontani, si è preso anche lui. È sprofondato nel silenzio di Dio. Ma, a causa della sua presenza, del suo grido nell'abisso delle tenebre, il silenzio ha preso una densità infinita: è diventato il linguaggio dell'inaudito. [...] Lo splendore dell'Agape divina non brilla in nessun altro luogo come nella notte della Croce, nel momento in cui il silenzio di Dio si fa più

[3] Esodo, 3, 5.

[4] Jean-Claude Chupin, *Le pauvre est-il un être sacré?*, cit., pp. 66-67.

spesso. Questo silenzio non è soltanto il culmine della Rivelazione; è il luogo dove la Rivelazione si manifesta. Bisogna saper ascoltare questo silenzio dove sgorga e s'ingrandisce, come l'alba al termine della notte, la domanda, l'unica domanda: "Chi è dunque Dio per amarci così?"».[5]

Tutte le riflessioni raccolte in queste pagine, frutto del nostro vissuto e della nostra contemplazione dei poveri e di Cristo, ci paiono costituire un interrogativo per la Chiesa e anche più personalmente per noi. Il servizio ai poveri è ciò che parla meglio di Dio. In un'omelia, pronunciata a Fanjeaux nel 1996, Pierre Claverie, poneva questa domanda: «È o non è essenziale per i cristiani essere presenti nei luoghi della sofferenza e dell'abbandono? Dove deve essere la Chiesa di Gesù Cristo, che è il corpo di Cristo, se non è là innanzitutto? Io credo che, se non sta abbastanza vicina alla Croce del suo Signore, la Chiesa muore. Per quanto paradossale possa sembrare, la sua forza, la sua vitalità, la sua speranza e la sua fecondità, come ben spiega san Paolo, vengono da lì. Non da altri luoghi, né in altro modo. Tutto, tutto il resto è solo fumo negli occhi, illusione mondana. La Chiesa inganna se stessa e inganna il mondo quando si situa come potenza tra le altre potenze [...] o anche come uno spettacolare movimento evangelico». Allora, in ogni tempo e in ogni luogo, la Chiesa può e deve essere povera, fragile, minoritaria, infinitamente disponibile e misericordiosa verso tutti, specie verso coloro che soffrono di più. Liberata d'ora in poi d'ogni sentimento di superiorità, di ogni atteggiamento moraleggiante, di ogni settarismo e di ogni forma di distanza da chicchessia. Liberata ancora di ogni sicurezza eretta a dogma, di ogni arbitraria sacralizzazione, delle fioriture religiose che soffocano la fede e occultano la sfida evangelica, molto più destabilizzante.

[5] Éloi Leclerc, *Le Royaume caché*, DDB, Parigi 1996, pp. 224 e 225.

Per quanto ci riguarda più personalmente, anche il nostro rapporto con Dio è cambiato nel corso del tempo. Il Dio che ora ci abita e che ci parla è il «Bassissimo»,[6] umile e spoglio di trionfi. Non interventista. Che per essere rivelato dipende dall'uomo. È il Dio che ci manda incontro agli altri, soprattutto incontro ai più deprivati, per manifestarvi e ricevervi il suo Amore. Al suo seguito, vogliamo imparare ad essere sempre più svuotati di noi stessi per rivolgerci interamente al bene altrui. Nel nostro cammino umano e spirituale, durante questi anni tra i poveri, anche la nostra fede si è spogliata e «ri-centrata». L'essenza del Vangelo e, di conseguenza, ciò che orienta le nostre scelte, ci sembra consistere ora nell'apertura del nostro essere all'Amore del Padre ed esserne rivestiti per amare incondizionatamente tutti i nostri fratelli, con una predilezione per i più abbandonati. Nell'accogliere il diverso da noi fino ad imparare ad amare il nostro nemico. Nel vivere, infine, nel modo più pieno le Beatitudini. Non c'è amore se non ci lasciamo ricreare dall'esperienza del perdono ricevuto e offerto: ridare all'altro le sue chance, aprire nuove brecce, orizzonti nuovi. Ed anche imparare a rispondere al male lasciandoci inchiodare dal male. Infine, essere sempre cercatori e promotori di senso e di bellezza. Questa è la strada di Cristo... In questo stesso modo vogliamo siano intessute le nostre strade. Umilmente.

«Spetta a noi oggi prendere il Suo posto perché niente di Lui vada perduto».

[6] Il «Bassissimo» è contrapposto all'«Altissimo». L'espressione fa riferimento al titolo di un'opera di Christian Bobin su san Francesco d'Assisi: *Le Très-Bas*, Gallimard, Parigi 1994; trad. it. *Francesco e l'Infinitamente Piccolo*, Edizioni S. Paolo, Cinisello Balsamo 1994 [*N.d.T.*].

Conclusione

Eccoci arrivati al termine del cammino, nel quale ci siamo posti all'ascolto e in compagnia fraterna di coloro che non hanno più storia, più radici, più progetti, che sono morti anzitempo, che sono diventati i lebbrosi delle nostre società. Malgrado le misure governative e le iniziative dei cittadini per evitare che sprofondino ulteriormente nella miseria e nell'oblio, questi fratelli restano in grande misura ancora un enigma. Il racconto della nostra vita condivisa con la loro avrà confermato questa estraneità, ma speriamo abbia anche contribuito a fornire alcune chiavi di comprensione. Chiavi che ci aiutino a discernere nei più poveri, nonostante le differenze di comportamento e la disperazione, le aspirazioni più alte, che sono anche le nostre.

Ancora una volta vogliamo dare la parola ad uno di loro per poter ricordare fino alla fine il grido del povero, così come l'abbiamo incessantemente ascoltato: «Non l'abbiamo scelto noi di vivere così, sulla strada. È la vita che ci ha condotti qui. Io non ho più la forza di vivere. Sopravvivo. La mattina, quando ci alziamo, non siamo fieri di noi, non osiamo neppure guardarci in faccia. Non siamo puliti. Tremiamo. Come volete che si vada a lavorare in questo stato? Qual è il padrone che ci assumerebbe vestiti come siamo? Non è divertente sentirti dire: "Va a lavorare!". Alla cattedrale, un prete è gentile e l'altro ci butta fuori. È anche vero che, per i turisti, un povero in chiesa non è una bella vista!». Poi prosegue con un tono più intimo: «Tutta la mia vita, i miei cinquant'anni, si possono riassumere così: è stata una lunga mendicità per un po' di tenerezza».[1] Non è la lunga mendicità di tutti noi?

Abbiamo visto che le persone sofferenti della strada hanno una loro traiettoria di deriva e che, giorno dopo giorno e notte dopo notte, affondano in un universo caotico privo di riferimenti, in un mondo fuori del nostro, per quanto vicino. Ci sono, ma è come se non ci fossero o non ci fossero più. Il mondo resta a portata di mano e dello sguardo, ma come dietro un vetro infrangibile. Di questo mondo di cui non fanno più parte possono però tutto osservare e su di esso possono portare il loro giudizio, il più delle volte tollerante. Possono anche sognare, anzi sognano sempre di più. Ma presto sono afferrati e soffocati dal fallimento e dal disgusto di sé, dalla vergogna e dall'umiliazione. A tutto ciò bisogna aggiungere l'esiguità dei mezzi a loro disposizione che, in una società sempre più competitiva, finisce per metterli fuori gioco. Senza contare – e non è il meno – la volontà di cacciarli dalla nostra vita fino a vietar loro di dormire su un marciapiede. È allora comprensibile che si ripieghino su se stessi, che si accartoccino sotto una corazza. Anche quando ne avrebbero ancora le capacità, è con una difficoltà crescente che osano prendere qualche iniziativa. Infatti, credere a un progetto, partendo spesso da niente, presume una considerevole mobilitazione psichica. Finiscono allora per collocarsi, o più esattamente per ritrovarsi, loro malgrado, in un'identità di assistiti. Le forze della volontà, del dinamismo si infrangono l'una dopo l'altra.

[1] Parole di Romuald, raccolte nella piazza della cattedrale di Lione, nel mese di agosto 1983.

La vita, tutta la vita, finisce per sfuggire loro dalle mani e con il tempo diventa «una vita per niente».

Ma, allora, c'è una speranza? Sì, perché bisogna credere fino all'ultimo che la vita può rinascere. Bisogna saper ascoltare e accompagnare, da un fallimento a una riuscita, da un successo ad una ricaduta; con lucidità, sapendo che la fragilità rimane e che niente sarà mai definitivamente acquisito. «I progetti di "reinserimento" per coloro che non hanno conosciuto che la strada o che vi hanno vissuto lunghi anni, mettono in moto nell'inconscio "una formidabile e incontrollabile spinta" che tende a distruggerli e a provocarne l'insuccesso. Di fronte a questi fenomeni, bisogna saper resistere, non lasciare che il contatto venga infranto, in ogni caso non lasciare che a recidere il legame sia la delusione. Le parole "abbiamo fatto tutto quello che abbiamo potuto" devono restare aperte sulla possibilità di rifare tutto in un altro momento, in modo diverso, con un'altra organizzazione. Bisogna che l'accoglienza continui, bisogna affrontare altre emergenze».[2] Perché uno «attacchi i vagoni», deve avere di fronte a sé una persona che creda in lui più di quanto ci creda egli stesso. Bisogna infatti tener conto che, fra quelli che vivono sulla strada, molti sono intimamente convinti che di loro non gliene «frega niente a nessuno». Finisce che anche ai loro occhi, come agli occhi di molti altri, essi, non avendo più niente e non facendo più niente, non siano più niente.

Talvolta, da un semplice punto di vista umano, la speranza appare molto tenue. Forse dobbiamo accettare che per certuni l'attesa essenziale alla quale siamo chiamati a rispondere sia soltanto di offrire loro una presenza indefettibile,

[2] Rapporto di Médecins du monde, cfr. Appendice 2.

un'accoglienza e un accompagnamento incondizionati. Il fatto che non ci siano prospettive di reinserimento non significa che non ci sia più niente da vivere. Al contrario. Ciascuno di noi può qualcosa al suo livello: prima di tutto bisogna evitare ogni giudizio affrettato; spesso si condanna il povero invece che la povertà. E poi, bisogna offrire loro tutti quei piccoli gesti che ci ricordano che siamo qualcuno. Le persone che vivono sulla strada – lo abbiamo visto – hanno bisogno di essere riconosciute e amate, di esistere nello sguardo dell'altro, di essere in qualche modo guidate alla loro «epifania intima». Perché la solitudine, il silenzio, il disprezzo o l'indifferenza uccidono senz'altro più del freddo. È una morte interiore. La speranza che, contro tutto e contro tutti, dobbiamo conservare e nutrire è la certezza che ogni vita, anche la più distrutta, ci è donata come un segno salutare per umanizzarci. Quando la sofferenza, la miseria e la morte si presentano all'appuntamento delle nostre vite, esse devono non avere un senso in se stesse, ma costringerci a cercarne uno, a cercare una via d'uscita, un avvenire. Esse ci invitano ad andare oltre l'istinto vitale per scavare più a fondo nell'essenza della vita.

Questo libro vuole essere un invito a uscire da sé, dal proprio universo, per avere il coraggio di vivere – o almeno di accennare – un incontro con la persona abbandonata e rompere così il cerchio in cui sono rinchiusi i poveri. Un invito anche ad usare riverenza nei loro confronti, e dar prova di generosità, di bellezza e di bontà invece che di sospetto, d'inquisizione, di calcolo. I poveri vengono trattati ancora troppo spesso da inferiori, come dei bambini. Ne potremmo riferire moltissimi esempi, di cui noi stessi siamo stati testimoni. Restituire al povero la sua umanità e la sua dignità vuol dire riconoscere che ha una ricchezza da offrirci. Senza questa intima convinzione, non faremo altro che governare la miseria, non rimettendo mai l'uomo in piedi. I nostri gesti e le nostre parole devono rendere possibile uno scambio autentico e rendere la nostra esistenza la più discreta possibile. Nella parabola del buon samaritano, l'uomo ferito viene raccolto e accudito soltanto per il tempo necessario. Non di più. Non di meno. Chi l'ha soccorso, quando la sua presenza non è più necessaria, si eclissa.

Ci sono molti modi di vivere l'incontro con il povero e di essergli fratello. Il nostro consiste nel condividere la vita delle persone che soffrono sulla strada, mettendoci al loro livello, raso terra. Allora si presentano momenti in cui siamo abbagliati da una calda tenerezza, momenti di una densità umana sconvolgente, come se la sofferenza, con la messa a nudo che provoca, ci trasportasse in un al di là dell'umano, ad una sorta di trasfigurazione e di pacificazione, preludio della condizione umana liberata da ogni costrizione. È nell'accompagnamento gratuito il segreto di questa felicità reciproca e noi siamo perfettamente coscienti della fortuna nascosta in questa scelta di vita, la cui durezza si eclissa dietro tanti gesti di amicizia e di consolazione che ci vengono offerti. Senza la loro accoglienza, potremmo stare in mezzo a coloro che vogliamo raggiungere? Malgrado tutto, la volontà di questa esperienza chiede di essere rinnovata ad ogni istante. C'è sempre un salto da fare nell'ignoto, un ghiaccio da rompere e questa immersione esige energie fisiche, psicologiche, spirituali. Non tutto viene da sé ad ogni momento.[3]

Una sola cosa è, in ogni caso, necessaria e urgente: ciascuno nel suo posto deve far «apparire» al nostro sguardo,

[3] Vivremo sempre così? Quale sarà il nostro futuro? Lo ignoriamo. Come tutti noi, sotto moltissimi aspetti. Quello della salute, per esempio. Noi non abbiamo firmato l'impegno a morire necessariamente sulla strada, ma desideriamo rimanere disponibili, aperti, permeabili, fiduciosi, con la gioia come segnale d'allarme, come «indice di fattibilità». Cercheremo dunque di aggiustare le nostre scelte sulla nostra traiettoria, che consiste nell'inabissarci con i sofferenti, stando loro vicini con tenerezza e compassione, presentandoci a tutti a mani vuote.

al nostro campo mentale, al nostro cuore i poveri come persone; sollevare senza indugio la sofferenza di coloro che sono minacciati di morte sociale e che non contano più nulla né per gli altri né per se stessi, inventando un gesto, una parola che ricostruisca la relazione, che ristabilisca la fiducia nella vita. Come nel mattino di Pasqua, dobbiamo incessantemente rotolare la pietra di tutte le tombe. Infine, la miseria non sarà mai veramente vinta finché considereremo i poveri come oggetto di pietà e non li serviremo invece come soggetti della nostra stima. Finché non li ringrazieremo di proteggerci da ogni forma di autogratificazione. Perché la loro presenza è una fortunata spina nella carne delle Chiese e del mondo. Scopriremo allora come, pur apparendo sotto certi aspetti *indesiderabili*, ci siano così *preziosi*.

APPENDICI

Appendice 1

La Carta di Magdala

- *Luogo d'accoglienza* dove condividiamo i pasti, le preoccupazioni, le gioie, le speranze, le lotte...; il luogo della festa.
- *Luogo della parola, dell'ascolto, della condivisione*, dove i poveri hanno la parola, dove noi possiamo prendere la parola.
- *Luogo di Chiesa* in unione con una comunità parrocchiale, dove ci riconosciamo fratelli e sorelle.
- *Luogo di celebrazione, di proclamazione della fede*, dove celebriamo l'Eucaristia, dove preghiamo e cantiamo, dove trasmettiamo il Vangelo – catechesi dei bambini, degli adulti –, dove ci prepariamo ai sacramenti: il battesimo, l'eucaristia, il matrimonio; dove riceviamo il sacramento della riconciliazione; dove accompagnamo ciascuno (ciascuna) perché sia sepolto(a) degnamente.
- *Luogo di formazione, di azione*, dove possiamo rileggere e capire la nostra storia, aprirci ai problemi del mondo. Con il sostegno di una comunità ecclesiale e/o di una comunità religiosa.

Appendice 2

Médecins du monde

*Rapporto sull'indagine riguardante 400 casi realizzata dal gruppo degli psichiatri nel maggio 1995**

I senzacasa che noi abbiamo incontrato non costituiscono una popolazione omogenea: le difficoltà che precedono l'esclusione, generalmente progressive, possono essere molto differenti.

Molto spesso, esse risalgono all'infanzia, segnata da profonde carenze affettive, da lutti, da separazioni, da affidi. Difficoltà sociali e fattori di fragilizzazione psichica si cumulano e si amplificano. Nulla sembra aver mai funzionato veramente (scolarizzazione caotica, assenza di formazione, delinquenza precoce) nel processo di strutturazione della personalità.

È un po' come se non avessero mai potuto «approdare da qualche parte», a una relazione affettiva stabile, a un inserimento professionale durevole e, per certuni, neppure a una forma di appartenenza sociale.

Altri corrispondono più classicamente a quelle che gli psichiatri definiscono come «personalità psicopatiche»: impulsività, immediatezza, intolleranza verso la frustrazione conducono a passaggi all'azione (aggressivi, delittuosi, tossicomaniacali, ma anche suicidari) che segnano i loro rapporti verso gli altri e i comportamenti personali.

* Vengono qui riprodotte le pagine del rapporto da 72 a 77. Il corsivo è nostro.

Tuttavia, sono numerosi coloro che, malgrado queste «disposizioni», un tempo erano in grado di riprendersi: lasciavano un lavoro, ma ne trovavano un altro; dopo una serie di assestamenti, molti finivano per stabilizzarsi.

Da alcuni anni, invece, a causa dell'irrigidimento del mercato del lavoro, le conseguenze di tali comportamenti non sono più le stesse: qualcosa si spezza molto presto. La strada lo aspira e lo amplifica.

Finiscono allora nell'erranza con una medesima, e molto più disperata, maniera di essere: progetti velleitari, rapida deriva nell'alcolismo e nella politossicodipendenza, richieste di riparazione sotto forme di rivendicazioni talvolta aggressive.

Sono numerosi anche coloro che si descrivono come vittime di una sorta di «affondamento» al quale avrebbero assistito passivamente, non trovando più presa negli avvenimenti della loro vita. La separazione dalla moglie, la perdita di relazioni con i figli, la disoccupazione e infine la perdita della casa: *è come se non avessero potuto far niente per impedirlo, e non riescono a spiegarlo*. Vivono la loro esclusione come una fatalità, *come il risultato di un ingranaggio di difficoltà, e sembrano essersi ormai stabilizzati in una dimensione depressiva*.

L'evocazione del passato è dolorosa. Parlano più volentieri delle difficoltà legate alle attuali condizioni di esistenza, talvolta anche della vergogna che li umilia e che porta alcuni a rompere i vincoli familiari. Con la famiglia non hanno ormai che rapporti episodici («sarebbe per loro troppo doloroso se lo sapessero. [...] Non voglio che lo sappiano, andrò io a trovarli quando andrà meglio»). Il ricorso all'alcol è frequente e spesso fonte di sensi di colpa.

L'alcol e gli ansiolitici consentono di attenuare le manifestazioni sintomatiche «di ordine ansioso-depressivo» (ansietà diffusa, disturbi del sonno, astenia, somatizzazioni varie), che sono frequenti, ma difficili da individuare come tali. Esse sono in genere legate alle condizioni di vita (come parlare di disturbi del sonno nel caso di una persona che vive sulla strada?), ad uno stato di disperazione in rapporto ad una situazione esistenziale drammatica.

Ma, in alcuni casi, si possono nondimeno individuare i precedenti di una turba depressiva riguardante la desocializzazione, scatenata spesso da una rottura affettiva o da un lutto.

Sempre più numerosi sono anche i giovani con meno di venticinque anni. Alcune associazioni organizzano centri sociali di accoglienza loro riservati che prevedono anche l'alloggio. Alcuni sembrano «rivendicare» la loro marginalità, o almeno la fondatezza della rottura con la famiglia, che invece spesso è stata loro imposta. *Di questa chiusura difensiva si deve tenere conto, e non lasciarsi ingannare dalla loro inadeguatezza.* Ciò impone un approccio prudente, che spesso risulta difficile.

Bisogna ricordare anche che, tra i senza fissa dimora, gli immigrati clandestini formano un gruppo particolarmente esposto, e spesso in grande miseria. Ogni difficoltà, infatti, nel loro caso viene ingrandita: isolamento, assenza di prospettive sociali (in termini anche di alloggio, perché le strutture che li accettano sono un'eccezione), sentimenti di insicurezza permanente. I responsabili politici sembrano non tener conto che la clandestinità è anche un dramma umano: una violenza sociale e psichica inaccettabile, rotture vissute come irrimediabili, sogni infranti dall'impossibilità di ritornare al paese di origine.

Non ritorneremo qui sui casi (come abbiamo detto, numerosi) che presentano disturbi psicopatologici profondi, come gli psicotici descritti nella seconda parte. Molti di essi cumulano gli handicap della fragilità e dell'assenza della famiglia: d'altronde è proprio il puntello provocato dal contesto familiare allargato che consente a molti pazienti seguiti in psichiatria di non essere gravemente desocializzati.

Ci sono persone lasciate, in qualche modo, sul ciglio del-

la strada, perché non erano in grado di inserirsi – transitoriamente o durevolmente – nella logica del rendimento e dalla competitività che caratterizza sempre di più i rapporti sociali. *La fragilità, sia essa sociale e/o psicologica, non perdona più.*

Infine, non si può non interrogarsi sulla lenta erosione e sullo straripamento delle difese psichiche legati alle condizioni di vita segnate durevolmente (per alcuni, fin dall'infanzia) dalla precarietà, dalla carenza di sostegni familiari, dall'assenza di prospettive per l'avvenire, dalla degradazione del «legame sociale», di cui parlano i sociologi.

È in questo senso che ragionare in termini di causalità psichica può sembrare insufficiente, e cioè inefficace. Si devono almeno introdurre altri riscontri clinici, misurando il rischio di una «psichiatrizzazione del sociale».

Ma non prendere in considerazione i determinismi individuali, in larga misura inconsci, che conducono a rideclinare nel sociale una realtà psichica molto fragilizzata, conduce a realizzare un argine molto illusorio.

VIVERE SULLA STRADA...

Quando qualcuno finisce sulla strada, i presidi sociali cui può fare ricorso, siano essi istituzionali o associativi, sono fortunatamente numerosi.

Con la loro intermediazione, molte persone in situazione di grande precarietà riescono a «risalire la china». Coloro che abbiamo incontrato e ai quali talvolta ci siamo accompagnati per un certo tempo, confermano l'esistenza di queste reti di protezione, dell'aiuto offerto dai lavoratori sociali (assistenti sociali, educatori dei centri di accoglienza).

Ma la strada da percorrere è straordinariamente difficile e lunga, anche per coloro che hanno una formazione sufficiente per sperare di ritrovare un impiego.

Riuscire a fare un progetto per l'avvenire, quando si sono già conosciute la disoccupazione e la degradazione progressiva delle condizioni di vita, «arrivarci a credere» a partire dal niente, *suppone una considerevole mobilitazione psichica.*

La situazione catastrofica dell'occupazione fa sì che si tratti in generale di un inserimento molto relativo (CES...) vissuto come svalorizzante, e a maggior ragione quando tende a prolungarsi nel tempo.

È così che, per non andare a fondo, alcuni aderiscono ai progetti che vengono loro proposti, lasciandosi portare. Nel momento in cui si ritrovano soli, perché il progetto è partito, non ce la fanno a portarlo avanti. Ciò dimostra quanto la loro adesione fosse fragile e quanto fosse sopravvalutata – anche da loro stessi – la loro capacità di autonomia. Sembrano aver aderito al progetto di reinserimento senza essere riusciti a interiorizzarlo. In qualche modo, si sono identificati con l'immagine di se stessi che veniva loro rinviata dall'esterno. Allora vengono brutalmente riagguantati dalla logica del fallimento, da un'angoscia massiccia.

Queste rotture del contratto di lavoro sono tanto più dolorose perché talvolta portano all'«abbandono» da parte di coloro che avevano sostenuto il progetto e alla rigida perdita dei vantaggi conseguiti. Per altri – e sono la maggioranza di quelli che incontriamo – la stessa idea di un contratto di reinserimento è inadeguata. Non sono presenti a se stessi, non sono in grado di far fronte da soli alle procedure amministrative (ancora troppo complesse), e si avverte che ci vorrà molto tempo. Tuttavia le possibilità di alloggio stabile sono in generale accompagnate da un progetto di reinserimento e da una logica di riabilitazione.

L'approdo sulla strada è spesso il segno del fallimento di queste soluzioni intermedie. Che sia brutale, oppure, come avviene più di frequente, lo sbocco di un graduale processo di esclusione, esso *costituisce uno shock da cui molti non riescono più a riprendersi, soprattutto se vi restano a lungo. Allora non sopravvivono che a prezzo di una «riorga-*

nizzazione esistenziale» che rischia di condannarli a rimanervi.

La solitudine e l'isolamento affettivo dei senza fissa dimora costituiscono uno dei problemi più importanti, e sicuramente il più difficile da risolvere.

Vengono progressivamente abbandonati i tentativi di cercare una casa e un impiego. In parte a causa dei fallimenti precedenti, questi tentativi vengono molto spesso considerati come insormontabili; e ciò aggrava ulteriormente il ripiegamento su se stessi, la demotivazione depressiva. Con una rapidità talvolta vertiginosa si perdono i riferimenti temporali, spaziali, della socialità.

Tutto viene riorganizzato attorno alla sopravvivenza, in condizioni estremamente difficili, con i rischi della violenza, del furto (gli ultimi effetti personali, i documenti...), dell'esaurimento legato alla mancanza di sonno. Di questa logica di sopravvivenza restano prigioniere anche le richieste di aiuto (alloggio d'urgenza, nutrimento, cure mediche di solito molto tardive) e le risposte che vengono date spesso non fanno che aggravare la spirale della marginalizzazione; poteri particolarmente destrutturanti sembrano possedere i grandi centri di alloggio, che spesso funzionano come ghetti di esclusione. *Rifiutare di servirsene, rischiando di soffrire il freddo, per numerosi senzacasa resta l'ultima espressione di una dignità distrutta.*

Come sottolinea Serge Paugnam: «La loro vita somiglia a una fuga in avanti, senza speranza. Al limite, molti non hanno più nulla da perdere. Hanno interiorizzato la loro condizione di marginali e cercano prima di tutto di far fronte ai bisogni più immediati».

Alcuni pervengono così poco a poco a una forma di ricostruzione di sé, riappropriandosi surrettiziamente dello spazio (luoghi in cui dormono, in cui mendicano), attraverso le relazioni con gli altri senza fissa dimora compagni di erranza, attraverso il ricorso più o meno organizzato ai sistemi di assistenza, e talvolta anche attraverso una forma di nuovo narcisismo nella accettazione – secondo un modello spesso ludico – della condizione di marginalità.

Per anni, ad esempio, Rue du Jura è stata ogni giorno «occupata» da un gruppo, composto prevalentemente da uomini, che noi chiamiamo gli «habitué». Il luogo funzionava come uno spazio di accoglienza e, d'altronde, essi non chiedevano niente di più. Ci davano notizie gli uni degli altri. Alcuni, a partire da questo luogo, hanno potuto fare le pratiche per riottenere la carta di identità o per l'assegnazione dell'RMI. Attraverso questa forma di tolleranza e di familiarità è stato possibile fare qualcosa per altri.

Ma molti sono morti, e *non si dirà mai abbastanza che la strada è anche questo: la morte, sia essa brutale o distillata giorno dopo giorno* dalle condizioni di vita e dal ricorso all'alcol.

In certuni a favorire la desocializzazione è stato l'alcolismo. *Per altri, il consumo di alcol è diventato necessario per sopportare l'angoscia, la vergogna, la paura, e anche il freddo. Unico mezzo per sfuggire, in maniera immediata e illusoria, a ciò che viene vissuto come una caduta senza uscita. E, tragicamente, esso può anche renderla irrimediabile.*

Quando il ricorso all'alcol si amplifica, molti, come fa notare Jean-Pierre Martin, sembrano presentare «una attivazione profonda dell'autocoscienza, con la perdita della nozione di diritto. Diventano persone senza diritti, nel senso pieno del termine».

La marginalizzazione grave, se diventa duratura, si accompagna ad una disorganizzazione che è tanto più rapida e profonda, in quanto si iscrive in una personalità già fragilizzata.

La sopravvivenza mobilita l'energia residua, ma in una logica di confinamento. In certuni sembra operare un annientamento del pensiero a favore dell'immediatezza e dell'agire. Ripiegamento e fuga in avanti costituiscono un modo di proteggersi contro l'insorgere della disperazione e dell'angoscia: *soprattutto non pensare…*

L'elaborazione di un progetto più interiorizzato suppone, perciò, una ricostruzione della persona che potrà essere realizzata solo progressivamente, a partire dai luoghi di accoglienza che ne fanno emergere l'esigenza.

Appendice 3

Vita e morte di un uomo chiamato «clochard»

Lettera aperta ad André

André, stasera penso a te; ripenso a questo stesso giorno di novembre di quattro anni fa, quando venisti per la prima volta in questa casa.

Faceva freddo. Era un mattino grigio nella nostra cittadina di periferia. Una coltre sottile di neve, sciogliendosi, rendeva il terreno sdrucciolevole. Stavi addossato al muro d'un giardino. Ti conoscevo bene, ma solo di vista. Erano almeno quindici anni che ti avevo notato quando, alla messa domenicale, andavi a fare la comunione. Risalivi con dignità il corridoio centrale. Genuflessioni e segni di croce punteggiavano la tua avanzata dal fondo della chiesa. Eri pulito, ben rasato, profumato (Dio mio, quanto era forte il tuo profumo di sandalo!), fin troppo elegante con il fazzoletto che spuntava dal taschino; ti sono sempre piaciute le *pochettes*; non avresti disdegnato d'usare un tovagliolo, in mancanza d'altro. A quel tempo lavoravi come giardiniere in una comunità di religiose. Poi ho lasciato il villaggio. La vita ha fatto in modo che ti dimenticassi. E quando, alcuni anni più tardi, sono tornata, non ti ho riconosciuto. O almeno, non ti ho riconosciuto subito. In chiesa non stavi con noi, nella nostra assemblea domenicale. Ci attendevi all'uscita, sulla porta; con la testa bassa, la mano tesa, con lo sguardo fisso davanti a te.

Dunque, quel mattino, stavi addossato, in piedi contro quel muro. Eri solo, stanco, triste. Sono passata in macchina. Che cosa potevo fare per te? Alcuni istanti dopo, ripassando, ti ho visto per terra che cercavi di risollevarti. Ti ho aiutato a rimetterti in piedi. Mi hai detto: «Ho freddo». Che cosa potevo fare per te? Era mezzogiorno; avevo fretta; i bambini in macchina si spazientivano. Allora ti ho condotto da noi. Nel garage, ti sei scaldato vicino al radiatore; hai mangiato qualcosa e ti sei addormentato... Ti ho svegliato per dirti che dovevo uscire, che restavi solo in casa, che lasciavo la porta aperta. Con grande calma mi hai risposto: «Fiducia, fiducia, sto attento io». Eri avaro di parole. Hai passato l'intero pomeriggio nello stesso posto, senza muoverti. La sera mio marito ti ha accompagnato all'ostello Notre-Dame des Sans-Abri. Alcuni giorni dopo eri di nuovo nei dintorni; andavi su e giù per le vie del paese. Rivedo la tua sagoma, mezzo uomo e mezzo animale, insaccata in un vecchio cappotto di pelle, con il viso livido per il freddo, la barba coperta di brina; i capelli lunghi scompigliati. Zoppicavi nelle scarpe troppo grandi. Portavi in una grossa sporta tutta la tua ricchezza. Per il peso ti squilibrava ad ogni passo. Lasciavi, passando, un odore insopportabile. «Dédé il vagabondo», «Quel barbone da niente», così ti chiamavano. Tu e il tuo compagno «il Grande Paul», tutti gli abitanti vi vedevano ovunque. Non conoscevi che le panche dei giardini e il piccolo caffè della Posta, il portone della chiesa e la pensilina del bus.

Quando qualche tempo dopo, in una notte glaciale (faceva meno otto), ti abbiamo trovato intorpidito dal freddo e dall'alcol sotto la pensilina del bus, ti abbiamo raccolto e sistemato di nuovo vicino al radiatore, nel garage. Non ricordo più se sei stato tu a chiederci o noi che ti abbiamo proposto di venire a passare le notti d'inverno da noi. È stato così che a poco a poco abbiamo familiarizzato... Arrivavi ogni sera verso le cinque o le sei. Ti avevamo riservato un angolo del garage. Talvolta accettavi anche da mangiare, ma non avevi mai molta fame. Ti riposavi e, sul far del giorno, molto discretamente, prendevi la via dei campi.

Camminavi tutto il giorno, senza temere il freddo, o la pioggia, o la stanchezza. Ci dicevi: «Faccio il giro dei miei clienti»; alcune persone che ti davano regolarmente di che sopravvivere. Una sera hai sbagliato casa. Sei entrato dagli amici di fronte. Ci hai riso su. I nostri amici un po' meno. Quando ti scoprirono, la loro sorpresa fu un insieme di timore e di disgusto. Avevi acceso la tua candela. Perché ti piaceva tanto veder bruciar la fiamma delle candele, mentre era molto più semplice accendere la luce? Noi pensavamo che con la bella stagione ci avresti piantati in asso. E invece no. Prendesti l'abitudine di lasciare nel garage la tua grossa borsa durante la giornata.

Col passare dei giorni, con parole semplici, ci hai svelato il tuo passato, ci hai raccontato la tua vita dura, confidato i tuoi sentimenti e le tue speranze (eri poco loquace e piuttosto riservato). Ci hai raccontato la tua storia a spizzichi e bocconi:

«Sono nato nel 1911 in una famiglia di poveri della Haute-Savoie. Sono il sesto di otto figli.

«Nel 1914 mio padre è partito per la guerra. Poco dopo mia madre è morta, dando alla luce mio fratello più piccolo. Sono stato io a vederla per ultimo. Quant'era bella! Un minuto prima che chiudessero la cassa, ho spinto la porta della sua camera. Non me lo scorderò mai, mai...

«I miei genitori erano degli incoscienti. Non si fanno tanti figli quando non c'è un tozzo di pane da mettere sulla tavola tutti i giorni...

«Non mi hanno tirato su col biberon, ma col cannone. La prima volta che mi sono ubriacato avevo sei anni... tornavo da scuola... c'era sempre una bottiglia di grappa sul tavolo.

«Non so né leggere né scrivere. Ma so fare la mia firma».

Un giorno hai detto ai bambini: «Andate a scuola, non fate come me. Io ero uno sfaticato, e poi c'era la legna da raccogliere, le bestie da governare. Io me ne andavo in montagna.

«Perché tornare al paese? Lassù, i miei fratelli e le mie sorelle sono ancora più poveri di me... Solo Joseph, il più grande, è andato a scuola. Quando l'ho lasciato, era capo cantoniere. Le ragazze sono sposate. Non so neanche come si chiamano. Yvonne è a Marsiglia, lavora in un bar. È difficile mantenere i contatti con la famiglia. Parti per il militare e non sempre trovi un compagno disposto a scrivere una lettera per tuo conto... E poi bisogna andare di qua e di là, da questo e da quello per guadagnarti la strozza...

«Mio padre è morto cadendo dal carretto; il cavallo lo ha trascinato a lungo. Non ha voluto andare all'ospedale, anche se non era bello da vedersi.

«Dopo il militare, sono stato a Evian, sono stato a Megève, sono stato a Ginevra. Sono stato giardiniere e sterratore; ho lavorato da un macellaio. Dopo la guerra, ho fatto la guardia ai prigionieri tedeschi nel campo di Annecy; tutto l'inverno nella neve fino alla cintola, e mai malato, neanche un raffreddore!».

È vero. Tu andavi fiero della tua resistenza ai microbi, della tua resistenza fisica, del tuo «coraggio» come dicevi. «Ho lavorato alla diga di Génissiat. È là che ho conosciuto "Padre Padrone". Sono stato con lui per anni. Per essere un padrone, era un padrone, uno di quelli veri...». Ci hai parlato spesso di questo tuo amico in termini elogiativi e con commozione. «No, non mi sono mai sposato; nella mia vita ho avuto delle donne, ma non sono mai stato abbastanza ricco per trovarmi una moglie...».

Eri pudico. Le confidenze erano rare e le facevi con rustica delicatezza.

Di tappa in tappa, una diversa dall'altra, sei arrivato in quella comunità di religiose dove tenevi il giardino.

Ma non sarà per lungo tempo, perché le grandi proprietà

finiscono, si spezzettano e nessuno ha più bisogno di giardinieri. E poi l'attrazione del bere e la tua eccessiva ammirazione dei padroni cominciava forse a dare fastidio... Lasci il giardinaggio e parti per la stagione della vendemmia. Ma quali richiami segreti ti fanno ritornare nella nostra cittadina e a viverci per otto anni da clochard?

André, sei sempre più presente a casa mia. I miei figli sopportano sempre meno la tua mancanza di igiene. Il nostro seminterrato non è sistemato. È solo un grande garage. Chiediamo al comune di prenderti in carico. Ci rispondono che non possono fare niente per te perché non hai il domicilio.

Allora comincio a darmi da fare. Innanzitutto a farti rilasciare la carta di identità. Tu non possiedi alcun documento. Per fortuna ricordi il luogo e la data di nascita. Scrivo per ottenere un estratto di nascita, ti facciamo una foto (è la cosa che ti costa di più), in Comune certifichiamo che risiedi da noi. Infine, eccoti tutto felice di avere ritrovato una identità.

Cerchiamo di farti lavare. Dopo aver eliminato le bestioline che ti divorano in ogni parte del corpo, ti porto dal barbiere. Lavo la tua biancheria. Per il mangiare, tu non sei un tipo difficile; ma siccome hai degli orari strani, ti fornisco un fornelletto ad alcol (non hai mai voluto altro) e ti arrangi a farti la cucina da solo. Piuttosto che vederti mendicare, preferiamo darti una piccola somma per le tue spese.

Mettiamo mano al seminterrato che, come ho detto, era soltanto un garage senza divisori. Diventa un piccolo cantiere. Ed ecco una camera decente, indipendente e dotata di acqua corrente, di bagno e di riscaldamento. Un angolino tutto per te.

Allo stesso tempo, trovo l'indirizzo del tuo «Padre Padrone» e gli scrivo. Mi risponde a giro di posta. Ecco uno stralcio della sua lettera: «Sono contento di ricevere notizie di André B., che ho perso di vista dalla mia partenza per l'Algeria, nel 1960. È un bravissimo ragazzo, buon lavoratore e dotato d'una forza non comune, gran mangiatore e gran bevitore. Dal 1952 al 1958 ha lavorato da noi, nei nostri cantieri».

Per mezzo suo, ottengo il tuo numero di iscrizione alla Sécurité sociale; è l'inizio per ricostruire la tua vita passata... Non è molto facile. Non ti ricordi con esattezza i nomi dei tuoi datori di lavoro, confondi gli indirizzi e le date. Con molta fatica, riusciamo a controllarli. Ti ricordi quando abbiamo percorso tutti i dintorni di Lione per ritrovare la fattoria dove avevi custodito le vacche? Non la riconoscevi più a causa delle nuove costruzioni. Mi dicevi che uno dei padroni si chiamava Meissonnier. Ho cercato invano. Poi un giorno, mi salta agli occhi un cartello «Maïa-Sonnier» e mi dà la soluzione che cercavo.

Ho potuto sperimentare spesso che la Provvidenza ci accompagna. Alcune assistenti sociali, competenti e disponibili, mi facilitano il compito. Devo anche scrivere agli archivi militari di Pau. In breve, con un po' di tempo, di telefonate, di lettere e con qualche viaggio, riusciamo a mettere insieme tredici datori di lavoro che hanno versato i contributi sul tuo conto, per complessivi ventisei anni di lavoro. Al termine di sei mesi di pratiche, potrai così ricevere una piccola pensione.

Durante questo periodo, ti dai da fare per offrirci qualche servizio: porti i bidoni della spazzatura in fondo alla strada, togli le erbacce dai viali, spacchi una montagna di legna per il camino. Noi ti affidiamo le chiavi di casa. A partire da quel momento, ti erigi a guardiano notturno. Un anno eravamo partiti per le vacanze e avevamo prestato la villa ad amici. Una notte, che sono rientrati molto tardi, avendo sentito dei rumori, ti sei appostato dietro la porta con l'accetta in mano... Fortunatamente, prima di partire, avevamo fatto le presentazioni!

Non passa giorno che tu non mi consigli di chiudere bene la porta. Forse è la tua vecchia diffidenza contadina.

Sei felice, bevi con moderazione, vai sempre meno in paese. Sembri apprezzare la solitudine. Accudisci il nostro cane e il tempo passa senza grandi novità. Sei sempre sereno e fin troppo ossequioso: «Mi scusi, signora, con tutto il rispetto che le devo...». Non stringi mai la mano a nessuno prima di averla strofinata sui pantaloni. Stai davanti alla televisione, ti piace il circo, e alcune trasmissioni sugli animali. Ma, per paura di consumare troppo, spegni subito: «Il contatore cammina, la corrente è cara». Non perdi mai la messa domenicale, «nel giorno del Signore»: «È quanto c'è di meglio. Io so che Gesù è con me...» mi dicevi, percuotendoti il petto.

Un giorno mi hai detto: «Se fossi ricco andrei dal dentista e potrei mangiare meglio». Ti erano rimasti solo due denti. Ti ho accompagnato per diverse settimane all'Antiquaille, dove ti hanno messo una doppia dentiera, che indossavi senza lavarla mai... Ma il bel tempo non è durato per molto. Dapprima ti sei lussato una spalla, l'anno dopo ti sei fratturato il femore. Non hai voluto chiamare il medico, sei rimasto immobile per due giorni senza lamentarti. Difficile immaginare la tua resistenza al dolore! Ospedalizzazione, intervento chirurgico difficile, visto il tuo stato di salute, rieducazione in un istituto per convalescenti. Durante le mie visite, cerco di insegnarti a leggere... Stai fuori di casa tre mesi. La tua fretta eccessiva ti fa ritornare prima del previsto. Al tuo ritorno, vuotando le tasche del tuo vestito trovo manciate intere di pillole multicolori. Tutte le medicine che non avevi mai preso («Non voglio avvelenarmi, alla vita ci tengo!»). A partire da quel momento le tue forze cominciano a declinare. Cammini col bastone. Non esci quasi più. E quando esci è solo per sederti in giardino. Non hai più appetito. Non hai più forze. Secondo la prescrizione del medico, continuiamo a curarti a casa. Un'infermiera ogni mattina viene a farti le pulizie. Di tanto in tanto, viene a farti visita il prete della parrocchia e ne sei molto felice. Ricevi con piacere l'unzione dei malati. Ormai passi tutto il giorno a letto senza fare niente. Ci assicuri che non ti annoi: «Io annoiarmi? Sono più felice di un re; qui è meglio che all'albergo. È la mia vita che non va e io la prendo come viene. La vita è quanto di meglio c'è sulla terra. Bisogna saperla prendere com'è».

Adesso, anche il nostro vicinato ti accetta. Ci chiedono notizie del «Signor André». Per la festa dell'Assunzione, vuoi vedere «tua Figlia», come la chiami. Hai una devozione particolare per la Vergine Maria. Fai un grande sforzo e ti prepari. «Un uomo religioso come me, al mille per cento, voglio andare a festeggiare "la Santa" a Fourvière».[1] È una spedizione. Fa molto caldo. Come d'abitudine, hai indossato diversi pullover, uno sull'altro, e una giacca con una grande *pochette*. Il pomeriggio ti accompagno alla basilica. Non posso impedirmi di ricordare che molti anni fa, in occasione della luminaria dell'8 dicembre, avevi acceso un lampioncino sotto la tettoia del bus, che ti faceva da riparo... Dopo una breve sosta nella basilica, prendiamo una consumazione che sei fiero di offrirmi. Formiamo davvero una strana coppia... La tua ultima grande gioia fu la visita, per i Santi, del tuo «Padre Padrone». Non lo vedevi da vent'anni e continuavi a ripetere «Mi ha fatto davvero piacere. Non è per nulla cambiato».

Ci hai lasciato. André, la casa è deserta, i medici hanno deciso di asportare la grossa ernia che ti comprime il cuore e l'esofago. Visto il tuo stato di salute, è un rischio, ma bisogna correrlo. Poco prima di essere portato in sala operatoria, probabilmente già sotto l'effetto dell'anestesia, mi hai detto ridendo che partivi per un viaggio: «Andrò in dro-

[1] Fourvière è una collina situata nella parte vecchia di Lione, sulla quale sorge un famoso santuario della Vergine [*N.d.T.*].

gheria là davanti, poi al bistrot là dietro, farò un giro a destra e uno a sinistra». Sottolineando le parole con i gesti, mi mostravi i quattro punti cardinali... È così che l'indomani lasciasti questa terra. Avevi settant'anni.

André, è vero che, soprattutto nei primi tempi dopo il tuo arrivo, ci sono stati momenti difficili. I nostri vicini non ne volevano sapere della tua presenza. Una volta ti sei mangiato un vaso di marmellata di more, che i ragazzi avevano impiegato tutto il pomeriggio a raccogliere. Un'altra volta, avevo perso una banconota da 500 franchi, tu pensavi che dubitassi di te e ne eri infelice (hai applaudito freneticamente quando l'ho trovata). Non ti piaceva lavarti: «Io non sono un manichino» ci dicevi, oppure: «Non devo mica andarmi a sposare». Eri testardo come un mulo e lo sapevi. Eri facile agli scoppi di collera, ma anche di risate.

Sì, André, noi ti abbiamo dato un tetto, un po' di calore umano, un po' di dignità. Ma tu, nostro ospite, ci hai lasciato una eredità. Ci hai insegnato la discrezione, la gratitudine, la gioia di vivere. Durante i tuoi funerali, abbiamo capito che Dio ci aveva dato da vivere insieme una avventura meravigliosa.

Marie-Odile Gentil-Roland
«L'Arche sous l'arc-en-ciel»

Appendice 4

Operazione Thermos

Tutto è avvenuto nella discrezione. Senza pubblicità. È stato fatto quello che si doveva fare: l'operazione thermos è nata a Lille il 6 gennaio 1994. Ma alcuni ci stavano pensando già da molto tempo. Sapete com'è... si crede sempre di essere soli a metter mente a un progetto... Si ha paura di lanciarsi... Si ha sempre paura di quello che pensano gli altri. Allora, spesso, ci vuole l'intervento di un elemento esterno. In qualche modo, di un «detonatore». Di quel genere di parole, di incontri, di avvenimenti che ci spingono ad andare avanti, ad agire. Per noi questo elemento è stato l'incontro con Michel e Colette. Ambedue hanno fatto la scelta di vivere quotidianamente sulla strada, con i senza-casa. Di vivere da pellegrini, in nome della loro fede e forse di molte altre cose. Nel Suo Nome forse. È l'inizio di dicembre; alcuni di noi condividono con loro un pasto. Al centro della discussione sono gli uomini e le donne che incontrano tutti i giorni. Ascoltiamo la loro testimonianza. Michel e Colette sottolineano quanto sia difficile, a Lille, per quelli che vivono sulla strada, trovare un pasto caldo. Ci riflettiamo insieme. Insieme, progettiamo un'azione concreta: l'Operazione Thermos.

Di che cosa si tratta esattamente? La finalità è di «condividere» una tazza di brodo con un uomo o una donna senza casa. Condividere non vuol dire semplicemente dare. Vuol dire «bere con», «vivere assieme a loro un momento conviviale»... Potersi sentir dire: «Tu vali molto per me», «Tu conti per me». Sentire che da qualche parte c'è qualcuno che ci ama. L'operazione thermos è nata per questo. Niente di più. E ciò, una sera alla settimana. Una équipe si piazza a un punto fisso, munita di pentole e di fornelli. Gli altri volontari a gruppi di due percorrono le vie di Lille, l'atrio della stazione, la metropolitana... per incontrare coloro che, non potendoli chiamare per nome, si chiamano i «senza fissa dimora».

Ci troviamo così in una ventina circa. Diversi gruppi si danno il cambio da una settimana all'altra. In questo modo, l'operazione thermos ci consente di «passare all'azione», pur continuando a far bene ciò che dobbiamo fare, in particolare a studiare. Un diario ci permette di sapere cosa è successo la settimana prima.

Ad essere impegnati in questa iniziativa oggi siamo una cinquantina di studenti. Cinquanta studenti che offrono un po' del loro tempo (ma chi dà e chi riceve, alla fine?), cinquanta studenti che non vorrebbero che si banalizzasse il fatto che la società nella quale viviamo, la nostra casa comune, conta tanti senzacasa, senza lavoro, senza famiglia, tanti senza niente. Banalizzare l'esclusione vuol dire favorirla. E il dovere di amare allora?

Il 1994 ci lancia una sfida: fare in modo che le ragioni minoritarie che ci spingono a impegnarci contro l'esclusione (o a sostenere coloro che operano in tal senso) l'abbiano sempre vinta su quelle, maggioritarie, che vorrebbero spingere a non fare nulla o a temporeggiare. L'urgenza è un dovere.

N.B. L'Operazione Thermos esiste anche a Valenciennes.

Appendice 5

Alla frontiera

Sono là. Alle nostre porte. Nelle nostre strade. Sulle panche. Seduti sui marciapiedi, sui gradini del métro. Sono ovunque. Mi entrano negli occhi. Mi entrano nel cervello. Mi guardano. Io li fuggo. Mi tendono la mano. Do loro un franco, per loro, forse, e anche per me. Un po' più in là ridò un franco e poi un altro franco ancora, perché non so più cosa fare. Risvegliano la mia cattiva coscienza. È un po' come se pagassi un pedaggio. Pago per poter tirare dritto, e la sera mi chiedo: «Che cosa si deve fare?», ma anche: «Perché farlo?». Forse mi preoccupo soprattutto di mettermi in pace la coscienza? Che cosa voglio eliminare, il mio senso di colpa o l'ingiustizia? Verrà forse un giorno in cui ci porremo la domanda: «Come escludere gli esclusi?». È così che i nazisti avevano inventato «la soluzione finale».

Non è urgente, invece, cambiare il modo di vedere le cose?

Tutti questi esclusi al fondo delle strade e al fondo di tutto, io li ho visti e, se non posso più togliermeli dalla testa è perché, avendoli guardati, ora «essi mi guardano». Sono responsabile. Non colpevole. Non colpevolizzato, ma responsabile, come sono responsabile della mia fede, della mia libertà e del mio amore. «Mi riguarda...».

Li vedo tutti i giorni seduti sul marciapiede, appoggiati in fila contro il muro. Si appoggiano al muro e il muro è rivestito di ricche pubblicità. Per vestirsi non hanno che la povertà e la pubblicità sopra le loro teste ripete che bisogna riuscire, che bisogna arricchirsi, che bisogna essere i primi. Loro sono gli ultimi. La pubblicità dice che bisogna eliminare la concorrenza e loro sono gli eliminati, gli esclusi.

Tutti questi esclusi disegnano sulle nostre strade una frontiera. Ciascuno di loro è una sentinella. Stanno là di guardia giorno e notte. Mi avvertono: al di là di loro, non c'è più umanità. Sono il termine del mondo, sono la fine del mondo. Dall'altra parte c'è la giungla, la barbarie. Sono l'ultima linea di resistenza dell'uomo, dopo c'è il deserto. Nel nostro universo di potenti dove domina l'economia, gli esclusi mi guardano come specchi per gridarmi che io non sono Dio. Nell'epoca dei media e nella società dell'apparire e delle apparenze, gli esclusi mi mettono a confronto crudamente con coloro che per vivere non hanno che la vita. Tutti questi esclusi mi pongono una domanda, sempre la stessa che non riesco a far tacere: «Che hai fatto di tuo fratello?». Stanno là e mi pongono la loro esigenza: dare non basta. È urgente darsi. È urgente diventare responsabili della responsabilità.

Jean Debruynne
«La Croix», 19 ottobre 1994

Appendice 6

Senzacasa

Riprendiamo da «Le Dimanche», bollettino diocesano di Amiens, questo bel dialogo, questa meditazione del marginale con il vescovo... Si svolge in un paese in cui un certo Martin fece un giorno un gesto di condivisione che ha scavalcato i secoli... «I poveri saranno sempre in mezzo a voi».

«Cosa vuoi che faccia per te?». È la domanda inattesa rivolta da Cristo al cieco che, sul bordo della strada, implora la sua pietà. È la domanda che dobbiamo rivolgere al senzacasa che taglia la nostra strada o che bussa alla nostra porta, se vogliamo evitare le facili non risposte.

«Che cosa vuoi?».

«Una monetina».

È questo che il povero domanda ed è questo che mi irrita. Ma come? Sta davanti a noi come uno scandalo sociale, come una piaga aperta sul fianco della nostra società, come una vergogna e non domanda che qualche franco per sopravvivere alcune ore. Voglio indicargli il servizio sociale che lo informerà sui diritti dell'aiuto che eccezionalmente gli potrà venire accordato... Mi ascolta... Finge di mostrarsi interessato. Ma ciò che gli interessa è la fine del mio discorso: gli do o non gli do la monetina che aspetta?

«Che cosa vuoi?».

«Una coperta».

Con questo freddo, non puoi restare tutta la notte nella rientranza di questo portone! Ti porto in un centro di accoglienza. Là starai caldo. Ti daranno un letto. Potrai lavarti. Ma lui non ne vuole sapere. Ogni argomento è buono per rivendicare la sua libertà. Ciò che gli interessa è una coperta che gli permetta di restare in un angolo, di vivere a modo suo. Non è pronto per reinserirsi in questa società troppo complessa, troppo costrittiva. Se si trova sulla strada, è perché non ne vuol sapere della nostra società così confortevole.

«Che cosa vuoi?».

«Un angolo per dormire».

Ma perché hai lasciato la tua casa e ti sei messo sulla strada? Lo so, cerchi lavoro, tua moglie ti ha chiuso la porta in faccia! Esci di prigione! Non hai più una lira! Mi vergogno di non poterti offrire che delle buone parole. Come restituirgli il lavoro, l'amore, l'onorabilità? E ho paura che sia già troppo tardi. Ha preso la strada ed ora la strada l'ha preso, inesorabilmente! È diventata casa sua.

«Che cosa vuoi?».

«Un bicchiere».

Ah! Ecco. Finalmente sei sincero. Non hai ancora bevuto abbastanza? Non posso rendermi complice della degradazione alla quale ti porta l'alcol. Dovresti fare uno sforzo. Ma che testa hai? Credi che i tuoi figli sarebbero felici di vederti in questo stato? Ma lui, è proprio perché non può vedersi così che beve.

«Che cosa vuoi?».

«E tu?».

Che mi dia del tu mi sorprende e mi diverte. Non ho l'abitudine che la gente mi parli così direttamente. Ma sono pieno di indulgenza e non mi sogno neppure di adombrarmi. È un sempliciotto, mi dico. D'un tratto però, mi sento fremere. Mi accorgo che, fin dal primo contatto, io gli sto dando del tu. Neppure io ho l'abitudine di dare del tu alle persone. Sì, forse ai bambini. Dall'alto della mia dignità di persona ricca e sistemata, con quali occhi l'ho guardato? È rimasto sulla soglia della mia porta. Non l'ho neanche fatto entrare. Ma è lui ora a interrogarmi.

«Che cosa vuoi?».

«Disturbarti».

È vero che se tu fossi pulito e ben rasato, se avessi un tetto, un impiego, una famiglia, ti passerei accanto senza vederti. Non ci saremmo rivolti la parola. Ciascuno se ne sarebbe restato per conto suo. Non ci troveremmo su questa soglia a parlare. Ma tu mi disturbi e bisogna spiegarsi. La tua ombra minaccia il mio comfort e il mio benessere. Tu mi fai paura perché so che basterebbe un po' di sfortuna a mettermi al tuo posto. Tu mi fai vergognare perché accetto a fatica la tua estraneità.

«Che cosa vuoi?».

«Lasciami essere».

Improvvisamente penso all'«Abbandona il tuo paese» di Abramo. Immagino Giuseppe e Maria che a Betlemme cercano una stalla per partorire. Sento la voce di Colui che non aveva una pietra ove posare il capo. Sotto gli stracci puzzolenti vedo il sorriso angelico di Francesco.

Ho mille ragioni per volere che la miseria scompaia. Ma ne ho almeno una per dire grazie alla persona in miseria: essa mi rinvia un'eco del Vangelo. Dopo tutto, con la mia casa e il mio salario, con la mia dignità e la mia assicurazione sulla vita, non sono che un nomade che erra nel deserto verso l'orizzonte della Terra promessa. Noi siamo tutti di passaggio. La nostra vera dimora è altrove, da qualche parte nel cuore di Dio.

«Va, continua la tua strada!».

Prendi il «sole» che chiedi. Sarà il prezzo della lezione che mi impartisci. E conducimi nella folla dei senzacasa verso colui che deve nascere. A Betlemme, abiterà in mezzo a noi, come un senzacasa tra i senzacasa.

Jacques Noyer
Vescovo di Amiens

Indice